英法德日汉
图解词典

ENGLISH · FRANÇAIS · DEUTSCH · 日本語 · 汉语

贾文波 车玉平 （日）纪田顺一郎 译

外语教学与研究出版社

FOREIGN LANGUAGE TEACHING AND RESEARCH PRESS

北京 BEIJING

京权图字: 01 - 2003 - 6731

A Dorling Kindersley Book
www.dk.com

Original title: **FIVE LANGUAGE VISUAL DICTIONARY**
Copyright © 2003 Dorling Kindersley Limited, London

图书在版编目(CIP)数据

英法德日汉图解词典／贾文波,车玉平,(日)纪田顺一郎译 . — 北京:外语教学与研究出版社, 2003.11 (2007.4 重印)
ISBN 978 - 7 - 5600 - 3831 - 5

Ⅰ. 英… Ⅱ. ①贾… ②车… ③纪… Ⅲ. 图解词典—英、法、德、日、汉 Ⅳ. H061

中国版本图书馆 CIP 数据核字 (2003) 第 125012 号

出 版 人:李朋义
责任编辑:鄂德昌 孙 菲 吴 毅
封面设计:韩晓梦
出版发行:外语教学与研究出版社
社 址:北京市西三环北路 19 号 (100089)
网 址:http://www.fltrp.com
印 刷:中华商务联合印刷(广东)有限公司
开 本:889×1194 1/16
印 张:25.25
版 次:2005 年 1 月第 1 版 2007 年 4 月第 2 次印刷
书 号:ISBN 978 - 7 - 5600 - 3831 - 5
定 价:109.00 元
＊ ＊ ＊
如有印刷、装订质量问题出版社负责调换
制售盗版必究 举报查实奖励
版权保护办公室举报电话: (010)88817519

出 版 说 明

　　《英法德日汉图解词典》是外语教学与研究出版社从英国DK出版公司引进，其原文本是DK公司于2003年推出的图解词典 *5 Language Visual Dictionary*，目前的这本词典用日语和汉语替换了原书中的西班牙语和意大利语，以适应中国市场的需要。

　　本词典用图解这种直观方式来解释各种事物，清楚明了。词汇以所属范畴分类，便于查找。全书附图1 600余张，五种语言共计收词30 000余条，涉及到人们日常生活中接触的方方面面。图片清晰、生动，色彩鲜明，准确反映了事物的各个细节。

　　此次出版的《英法德日汉图解词典》精心编排了五种语言的索引，以方便读者查阅。

　　鉴于书中所涉及的某些事物的叫法与国内的习惯叫法有一定差异，且五种语言审视事物的角度有所不同，故在同一事物的用词上不尽一致。编者在确定最后的汉语释义时，以英语、法语、德语原文为基础，结合具体的图片，做了较为灵活的处理。由于原书涉及事物较多，译文中难免尚有不尽完善之处，欢迎广大读者批评指正。

外语教学与研究出版社

contents
table des matières
Inhalt
目次
目录

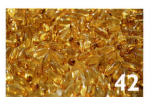

about the dictionary

The use of pictures is proven to aid understanding and the retention of information. Working on this principle, this highly-illustrated multilingual dictionary presents a large range of useful current vocabulary in five languages.

The dictionary is divided thematically and covers most aspects of the everyday world in detail, from the restaurant to the gym, the home to the workplace, outer space to the animal kingdom. You will also find additional words and phrases for conversational use and for extending your vocabulary.

This is an essential reference tool for anyone interested in languages – practical, stimulating, and easy-to-use.

A few things to note
The five languages are always presented in the same order – English, French, German, Japanese and Chinese.

The French and German Nouns are given with their definite articles reflecting the gender (masculine, feminine, or neuter) and number (singular or plural), for example:

seed	almonds
la graine	les amandes
der Samen	die Mandeln
種子	アーモンド
种子	杏仁

Verbs are indicated by a (v) after the English, for example:

harvest (v) • récolter • ernten
• 収穫する • 收获

Each language also has its own index at the back of the book. Here you can look up a word in any of the five languages and be referred to the page number(s) where it appears. The gender is shown using the following abbreviations:

m = masculine
f = feminine
n = neuter

à propos du dictionnaire

Il est bien connu que les illustrations nous aident à comprendre et retenir l'information. Fondé sur ce principe, ce dictionnaire multilingue richement illustré présente un large éventail de vocabulaire courant et utile dans cinq langues.

Le dictionnaire est divisé de façon thématique et couvre en détail la plupart des aspects du monde quotidien, du restaurant au gymnase, de la maison au lieu de travail, de l'espace au monde animal. Vous y trouverez également des mots et expressions supplémentaires pour la conversation et pour enrichir votre vocabulaire.

Il s'agit d'un outil de référence essentiel pour tous ceux qui s'intéressent aux langues – pratique, stimulant et d'emploi facile.

Quelques points à noter
Les cinq langues sont toujours présentées dans le même ordre – anglais, français, allemand, japonais et chinois.

Les noms français et allemands sont donnés avec leurs articles définis qui indiquent leur genre (masculin, féminin ou neutre) et leur nombre (singulier ou pluriel):

seed	almonds
la graine	les amandes
der Samen	die Mandeln
種子	アーモンド
种子	杏仁

Les verbes sont indiqués par un (v) après l'anglais, par exemple:

harvest (v) • récolter • ernten
• 収穫する • 收获

Chaque langue a également son propre index à la fin du livre. Vous pourrez y vérifier un mot dans n'importe laquelle des cinq langues et vous serez renvoyé au(x) numéro(s) de(s) page(s) où il figure. Le genre est indiqué par les abréviations suivantes:

m = masculin
f = féminin
n = neutre

über das Wörterbuch

Bilder helfen erwiesenermaßen, Informationen zu verstehen und zu behalten. Dieses mehrsprachige Wörterbuch enthält eine Fülle von Illustrationen und präsentiert gleichzeitig ein umfangreiches aktuelles Vokabular in fünf Sprachen.

Das Wörterbuch ist thematisch gegliedert und behandelt eingehend die meisten Bereiche des heutigen Alltags, vom Restaurant und Fitnesscenter, Heim und Arbeitsplatz bis zum Tierreich und Weltraum. Es enthält außerdem Wörter und Redewendungen, die für die Unterhaltung nützlich sind und das Vokabular erweitern.

Dies ist ein wichtiges Nachschlagewerk für jeden, der sich für Sprachen interessiert – es ist praktisch, anregend und leicht zu benutzen.

Einige Anmerkungen
Die fünf Sprachen werden immer in der gleichen Reihenfolge aufgeführt – Englisch, Französisch, Deutsch, Japanisch und Chinesisch.

Für Französisch und Deutsch werden Substantive mit den bestimmten Artikeln, die das Geschlecht (Maskulinum, Femininum oder Neutrum) und den Numerus (Singular oder Plural) ausdrücken, angegeben, zum Beispiel:

seed	almonds
la graine	les amandes
der Samen	die Mandeln
種子	アーモンド
种子	杏仁

Die Verben sind durch ein (v) nach dem englischen Wort gekennzeichnet:

harvest (v) • récolter • ernten
• 収穫する • 收获

Am Ende des Buchs befinden sich Register für jede Sprache. Sie können dort ein Wort in einer der fünf Sprachen und die jeweilige Seitenzahl nachsehen. Die Geschlechtsangabe erfolgt mit folgenden Abkürzungen:

m = Maskulinum
f = Femininum
n = Neutrum

この事典について

図や写真が，情報を理解したり記憶したりする助けになることは明白である。この原則に従い，本事典は豊富な図版を使用し，現在使われている実用的な語彙を幅広い分野から採録して，これを5カ国語で示している。

本事典はテーマ別に分かれており，レストランからスポーツジム，家庭から職場，宇宙空間から動物界にいたるまで，日常的な世界のほとんどの面を詳細にカバーしている。また会話のためや語彙の拡充のために加えられている語句もある。

言葉に興味のあるすべての人にとって必須の参照ツールであるといえよう。実用的で，興味を刺激し，使い方は簡単である。

いくつかの注意点

5つの言語の配列は常に同じで，英語・フランス語・ドイツ語・日本語・中国語の順となる。

フランス語とドイツ語は，名詞には文法上の性（男性，女性，中性）と数（単数，複数）を反映させた定冠詞を付した。例：

seed
la graine
der Samen
種子
种子

almonds
les amandes
die Mandeln
アーモンド
杏仁

動詞は英語のあとに(v)と示した。例：

harvest (*v*) • récolter • ernten
● 収穫する ● 收获

それぞれの言語ごとの索引を巻末に付した。これによって5つの言語のどれからでも語を捜すことができ，その語がどのページに出ているのかもわかる。文法上の性は次のように略語で示した。

m ＝ 男性
f ＝ 女性
n ＝ 中性

词典介绍

　　众所周知，图片的使用有助于对信息的理解与记忆，基于此原则，这本配有大量插图的多语种词典用英、法、德、日、汉五种语言介绍了大量的当代有用词汇。

　　本词典按主题划分，涵盖了从餐馆到健身房，住宅到工作场所，外层空间到动物王国等日常生活中的大多数方面。书中还附有补充单词和词组以备日常对话及扩充词汇量之用。

　　本词典集实用性、直观性、方便性于一身，是语言爱好者必备的参考工具。

几点说明

　　五种语言均按：英语、法语、德语、日语、汉语的顺序排列。

　　法语和德语用定冠词标注单词的性（阳性、阴性或中性）和数（单数或复数）。例如：

seed
la graine
der Samen
種子
种子

almonds
les amandes
die Mandeln
アーモンド
杏仁

　　英语的动词后标有(v)，例如：

harvest (*v*) • récolter • ernten
● 收穫する ● 收获

　　各种语言均在书后附有索引，可以查到相应语种的词汇及所在页。词性用以下缩写形式表示：

　　m ＝ 阳性
　　f ＝ 阴性
　　n ＝ 中性

how to use this book

Whether you are learning a new language for business, pleasure, or in preparation for a holiday abroad, or are hoping to extend your vocabulary in an already familiar language, this dictionary is a valuable learning tool which you can use in a number of different ways.

When learning a new language, look out for cognates (words that are alike in different languages) and false friends (words that look alike but carry significantly different meanings). You can also see where the languages have influenced each other. For example, English has imported many terms for food from other European languages but, in turn, exported terms used in technology and popular culture.

You can compare two or three languages or all five, depending on how wide your interests are.

Practical learning activities
• As you move about your home, workplace, or college, try looking at the pages which cover that setting. You could then close the book, look around you and see how many of the objects and features you can name.

• Challenge yourself to write a story, letter, or dialogue using as many of the terms on a particular page as possible. This will help you retain the vocabulary and remember the spelling. If you want to build up to writing a longer text, start with sentences incorporating 2–3 words.

• If you have a very visual memory, try drawing or tracing items from the book onto a piece of paper, then close the book and fill in the words below the picture.

• Once you are more confident, pick out words in a foreign-language index and see if you know what they mean before turning to the relevant page to check if you were right.

comment utiliser ce livre

Que vous appreniez une nouvelle langue pour les affaires, le plaisir ou pour préparer vos vacances, ou encore si vous espérez élargir votre vocabulaire dans une langue qui vous est déjà familière, ce dictionnaire sera pour vous un outil d'apprentissage précieux que vous pourrez utiliser de plusieurs manières.

Lorsque vous apprenez une nouvelle langue, recherchez les mots apparentés (mots qui se ressemblent dans différentes langues) et les faux amis (mots qui se ressemblent mais ont des significations nettement différentes). Vous pouvez aussi voir comment les langues se sont influencées. Par exemple, l'anglais a importé des autres langues européennes de nombreux termes désignant la nourriture mais, en retour, exporté des termes employés dans le domaine de la technologie et de la culture populaire.

Vous pouvez comparer deux ou trois langues ou bien toutes les cinq, selon votre intérêt.

Activités pratiques d'apprentissage
• Lorsque vous vous déplacez dans votre maison, au travail ou à l'université, essayez de regarder les pages qui correspondent à ce contexte. Vous pouvez ensuite fermer le livre, regarder autour de vous et voir combien d'objets vous pouvez nommer.

• Forcez-vous à écrire une histoire, une lettre ou un dialogue en employant le plus de termes possibles choisis dans une page. Ceci vous aidera à retenir le vocabulaire et son orthographe. Si vous souhaitez pouvoir écrire un texte plus long, commencez par des phrases qui incorporent 2 à 3 mots.

• Si vous avez une mémoire très visuelle, essayez de dessiner ou de décalquer des objets du livre sur une feuille de papier, puis fermez le livre et inscrivez les mots sous l'image.

• Une fois que vous serez plus sûr de vous, choisissez des mots dans l'index de la langue étrangère et essayez de voir si vous en connaissez le sens avant de vous reporter à la page correspondante pour vérifier.

die Benutzung des Buchs

Ganz gleich, ob Sie eine Sprache aus Geschäftsgründen, zum Vergnügen oder als Vorbereitung für einen Auslandsurlaub lernen, oder Ihr Vokabular in einer Ihnen bereits vertrauten Sprache erweitern möchten, dieses Wörterbuch ist ein wertvolles Lernmittel, das Sie auf vielfältige Art und Weise benutzen können.

Wenn Sie eine neue Sprache lernen, achten Sie auf Wörter, die in verschiedenen Sprachen ähnlich sind sowie auf falsche Freunde (Wörter, die ähnlich aussehen aber wesentlich andere Bedeutungen haben). Sie können ebenfalls feststellen, wie die Sprachen einander beeinflusst haben. Englisch hat zum Beispiel viele Ausdrücke für Nahrungsmittel aus anderen europäischen Sprachen übernommen und andererseits viele Begriffe aus der Technik und Popkultur ausgeführt.

Sie können je nach Ihrem Interesse zwei oder drei, oder auch alle fünf Sprachen miteinander vergleichen.

Praktische Übungen
• Versuchen Sie sich zu Hause, am Arbeits- oder Studienplatz den Inhalt der Seiten einzuprägen, die Ihre Umgebung behandeln. Schließen Sie dann das Buch und prüfen Sie, wie viele Gegenstände Sie in den anderen Sprachen sagen können.

• Schreiben Sie eine Geschichte, einen Brief oder Dialog und benutzen Sie dabei möglichst viele Ausdrücke von einer bestimmten Seite des Wörterbuchs. Dies ist eine gute Methode, sich das Vokabular und die Schreibweise einzuprägen. Sie können mit kurzen Sätzen von zwei bis drei Worten anfangen und dann nach und nach längere Texte schreiben.

• Wenn Sie ein visuelles Gedächtnis haben, können Sie Gegenstände aus dem Buch abzeichnen oder abpausen. Schließen Sie dann das Buch und schreiben Sie die passenden Wörter unter die Bilder.

• Wenn Sie mehr Sicherheit haben, können Sie Wörter aus einem der Fremdsprachen- register aussuchen und deren Bedeutung aufschreiben, bevor Sie auf der entsprechenden Seite nachsehen.

この事典の使い方

　仕事，娯楽あるいは海外旅行のために新しい言語を学んでいる人にとっても，すでに知っている言語のボキャブラリーを増やそうと思っている人にとっても，この事典はいろいろな使い方のできる有用な学習ツールとなる。

　新しい言語を学んでいるのなら，同族語（異なる言語間に見られる似ている語）や「偽りの友」（見かけは似ているが意味の大きく異なる語）に注意しよう。それぞれの言語が互いにどのように影響しあっているかもわかることであろう。たとえば，英語は食べ物についての多くの語を他のヨーロッパの言語からとり入れているが，代わりに科学技術や大衆文化の用語を提供している。

　興味の幅しだいで2つ，3つ，あるいは5つすべての言語を比較することが可能である。

実際の学習法

● 自宅や職場，大学を歩きまわるときに，そうした場が扱われているページを見てみよう。次に本を閉じてまわりを見まわし，ものや特徴の名称をいくつ挙げられるか確認してみよう。

● あるページに出ている語をできるだけ多く使って，話，手紙，会話文を書いてみよう。語彙を身につけ，綴りを覚えるのに役立つ。長めの文章を作ってみたければ，2つか3つの語を組み合わせて，文を始めてみよう。

● 図版をよく覚えているのなら，その図版を紙に書き写すか，なぞるかしてから本を閉じ，その図版の下に該当する語を書き込んでみよう。

● さらに自信がついたら，外国語の索引から語を選び出してその意味を思い出し，それから該当ページを見て正しく覚えているか確認してみよう。

使用说明

　无论出于工作、娱乐或出国度假的需要，还是为了扩充一门您业已熟悉语言的词汇量，本词典都是满足您各种需求的极有价值的工具。

　当学习一门新的语言时，请留心同源词（虽属不同的语种但词形相近）和"假朋友"词（词形相近但含义却大相径庭）。在此还可以看出语言之间的相互影响之处。例如，英语在吸收了欧洲其他国家许多食品方面词汇的同时，其在科技及流行文化领域的词汇也融入了那些国家的语言。

　您可以依据自己的兴趣比较本词典中的两三种甚至全部的五种语言。

实用学习法

● 当您在家中、工作场所或大学中信步时，尝试翻看本词典的相关内容，然后合上书环顾四周，看看能说出多少个物品的名称及其相关特征。

● 挑战自己，写一篇故事、一封信或一则对话，尽可能多地用到本词典某一页中的词汇，这有助于您保持一定的词汇量，并记住单词的拼写。如果您还想通过写更长的文章来提高自己的写作能力，不妨先从用两三个词造句做起。

● 如果您拥有出众的视觉记忆力，不妨把书中所示的物品画在或拓绘在纸上，然后合上书，将相关的词汇一一标出。

● 一旦您信心增强，就可以在外文索引中摘出一些单词，看看是否知道它们所表达的意思，然后再翻到相应的页检查一下是否正确。

people
les gens
die Menschen
人
人

body • le corps • der Körper • 人体 • 人体

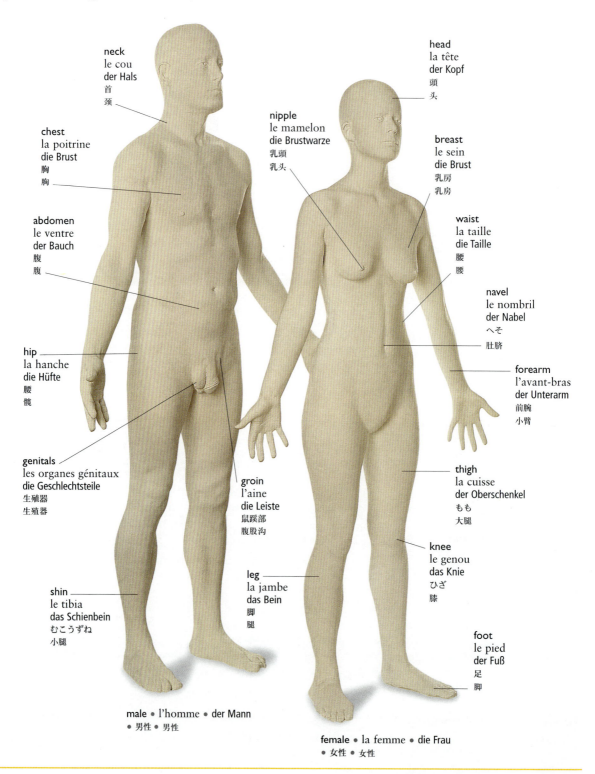

neck
le cou
der Hals
首
颈

head
la tête
der Kopf
頭
头

nipple
le mamelon
die Brustwarze
乳頭
乳头

breast
le sein
die Brust
乳房
乳房

chest
la poitrine
die Brust
胸
胸

waist
la taille
die Taille
腰
腰

abdomen
le ventre
der Bauch
腹
腹

navel
le nombril
der Nabel
へそ
肚脐

hip
la hanche
die Hüfte
腰
髋

forearm
l'avant-bras
der Unterarm
前腕
小臂

genitals
les organes génitaux
die Geschlechtsteile
生殖器
生殖器

groin
l'aine
die Leiste
鼠蹊部
腹股沟

thigh
la cuisse
der Oberschenkel
もも
大腿

knee
le genou
das Knie
ひざ
膝

shin
le tibia
das Schienbein
むこうずね
小腿

leg
la jambe
das Bein
脚
腿

foot
le pied
der Fuß
足
脚

male • l'homme • der Mann
● 男性 ● 男性

female • la femme • die Frau
● 女性 ● 女性

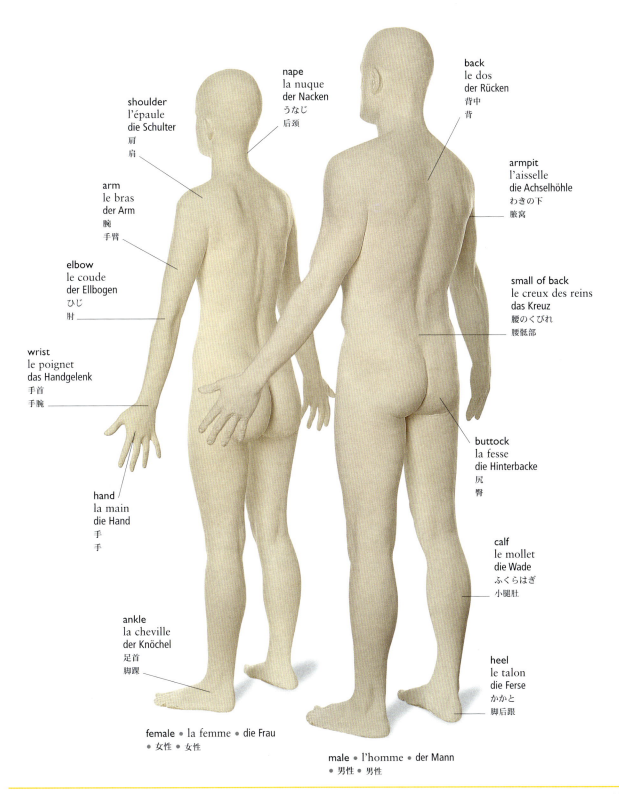

shoulder
l'épaule
die Schulter
肩
肩

nape
la nuque
der Nacken
うなじ
后颈

back
le dos
der Rücken
背中
背

arm
le bras
der Arm
腕
手臂

armpit
l'aisselle
die Achselhöhle
わきの下
腋窝

elbow
le coude
der Ellbogen
ひじ
肘

small of back
le creux des reins
das Kreuz
腰のくびれ
腰骶部

wrist
le poignet
das Handgelenk
手首
手腕

buttock
la fesse
die Hinterbacke
尻
臀

hand
la main
die Hand
手
手

calf
le mollet
die Wade
ふくらはぎ
小腿肚

ankle
la cheville
der Knöchel
足首
脚踝

heel
le talon
die Ferse
かかと
脚后跟

female • la femme • die Frau
• 女性 • 女性

male • l'homme • der Mann
• 男性 • 男性

face • le visage • das Gesicht • 顔 • 面部

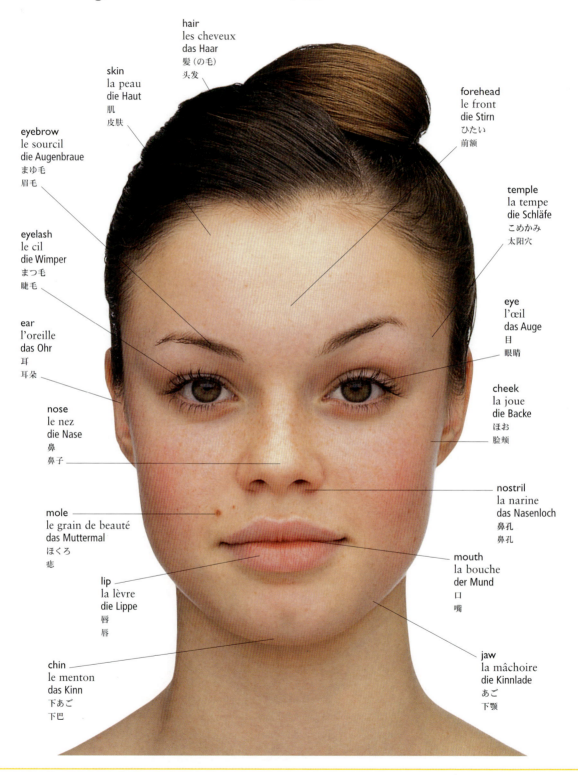

hair
les cheveux
das Haar
髪（の毛）
头发

skin
la peau
die Haut
肌
皮肤

forehead
le front
die Stirn
ひたい
前額

eyebrow
le sourcil
die Augenbraue
まゆ毛
眉毛

temple
la tempe
die Schläfe
こめかみ
太阳穴

eyelash
le cil
die Wimper
まつ毛
睫毛

eye
l'œil
das Auge
目
眼睛

ear
l'oreille
das Ohr
耳
耳朵

cheek
la joue
die Backe
ほお
脸颊

nose
le nez
die Nase
鼻
鼻子

nostril
la narine
das Nasenloch
鼻孔
鼻孔

mole
le grain de beauté
das Muttermal
ほくろ
痣

mouth
la bouche
der Mund
口
嘴

lip
la lèvre
die Lippe
唇
唇

chin
le menton
das Kinn
下あご
下巴

jaw
la mâchoire
die Kinnlade
あご
下颚

 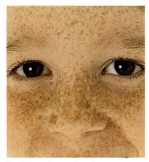  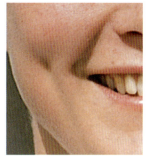

wrinkle • la ride • die Falte
• しわ • 皱纹

freckle • la tache de rousseur
• die Sommersprosse • そばかす
• 雀斑

pore • le pore • die Pore
• 毛穴 • 毛孔

dimple • la fossette
• das Grübchen • えくぼ
• 酒窝

hand • la main • die Hand • 手 • 手

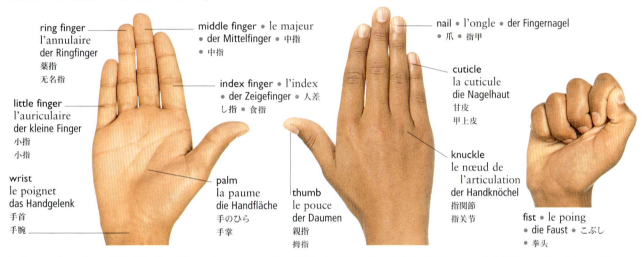

ring finger
l'annulaire
der Ringfinger
薬指
无名指

middle finger • le majeur
• der Mittelfinger • 中指
• 中指

nail • l'ongle • der Fingernagel
• 爪 • 指甲

little finger
l'auriculaire
der kleine Finger
小指
小指

index finger • l'index
• der Zeigefinger • 人差
し指 • 食指

cuticle
la cuticule
die Nagelhaut
甘皮
甲上皮

wrist
le poignet
das Handgelenk
手首
手腕

palm
la paume
die Handfläche
手のひら
手掌

thumb
le pouce
der Daumen
親指
拇指

knuckle
le nœud de
l'articulation
der Handknöchel
指関節
指关节

fist • le poing
• die Faust • こぶし
• 拳头

foot • le pied • der Fuß • 足 • 脚

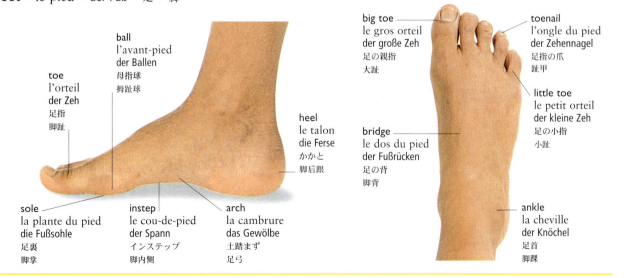

ball
l'avant-pied
der Ballen
母指球
拇趾球

big toe
le gros orteil
der große Zeh
足の親指
大趾

toenail
l'ongle du pied
der Zehennagel
足指の爪
趾甲

toe
l'orteil
der Zeh
足指
脚趾

heel
le talon
die Ferse
かかと
脚后跟

bridge
le dos du pied
der Fußrücken
足の背
脚背

little toe
le petit orteil
der kleine Zeh
足の小指
小趾

sole
la plante du pied
die Fußsohle
足裏
脚掌

instep
le cou-de-pied
der Spann
インステップ
脚内側

arch
la cambrure
das Gewölbe
土踏まず
足弓

ankle
la cheville
der Knöchel
足首
脚踝

muscles • les muscles • die Muskeln • 筋肉 • 肌肉

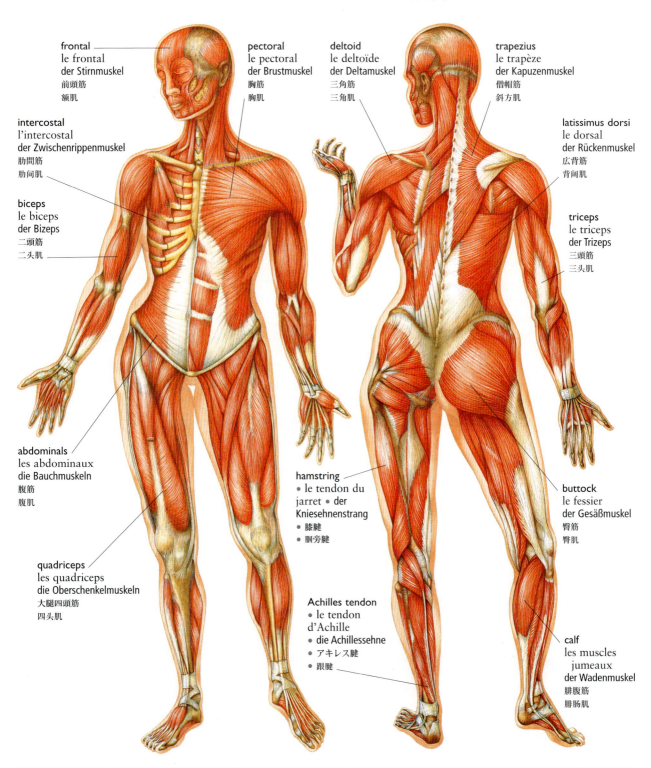

frontal
le frontal
der Stirnmuskel
前頭筋
额肌

intercostal
l'intercostal
der Zwischenrippenmuskel
肋間筋
肋间肌

biceps
le biceps
der Bizeps
二頭筋
二头肌

abdominals
les abdominaux
die Bauchmuskeln
腹筋
腹肌

quadriceps
les quadriceps
die Oberschenkelmuskeln
大腿四頭筋
四头肌

pectoral
le pectoral
der Brustmuskel
胸筋
胸肌

deltoid
le deltoïde
der Deltamuskel
三角筋
三角肌

hamstring
• le tendon du
jarret • der
Kniesehnenstrang
• 膝腱
• 膕旁腱

Achilles tendon
• le tendon
d'Achille
• die Achillessehne
• アキレス腱
• 跟腱

trapezius
le trapèze
der Kapuzenmuskel
僧帽筋
斜方肌

latissimus dorsi
le dorsal
der Rückenmuskel
広背筋
背阔肌

triceps
le triceps
der Trizeps
三頭筋
三头肌

buttock
le fessier
der Gesäßmuskel
臀筋
臀肌

calf
les muscles
jumeaux
der Wadenmuskel
腓腹筋
腓肠肌

skeleton • le squelette • das Skelett • 骨骼 • 骨骼

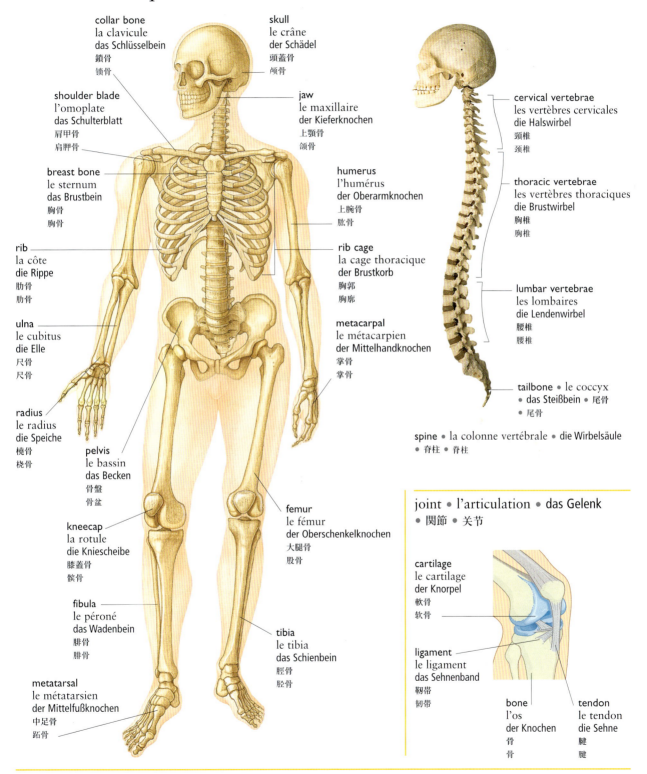

collar bone
la clavicule
das Schlüsselbein
鎖骨
锁骨

skull
le crâne
der Schädel
頭蓋骨
颅骨

shoulder blade
l'omoplate
das Schulterblatt
肩甲骨
肩胛骨

jaw
le maxillaire
der Kieferknochen
上顎骨
颌骨

breast bone
le sternum
das Brustbein
胸骨
胸骨

humerus
l'humérus
der Oberarmknochen
上腕骨
肱骨

rib
la côte
die Rippe
肋骨
肋骨

rib cage
la cage thoracique
der Brustkorb
胸郭
胸廓

ulna
le cubitus
die Elle
尺骨
尺骨

metacarpal
le métacarpien
der Mittelhandknochen
掌骨
掌骨

radius
le radius
die Speiche
橈骨
桡骨

pelvis
le bassin
das Becken
骨盤
骨盆

kneecap
la rotule
die Kniescheibe
膝蓋骨
髌骨

femur
le fémur
der Oberschenkelknochen
大腿骨
股骨

fibula
le péroné
das Wadenbein
腓骨
腓骨

tibia
le tibia
das Schienbein
脛骨
胫骨

metatarsal
le métatarsien
der Mittelfußknochen
中足骨
跖骨

cervical vertebrae
les vertèbres cervicales
die Halswirbel
頸椎
颈椎

thoracic vertebrae
les vertèbres thoraciques
die Brustwirbel
胸椎
胸椎

lumbar vertebrae
les lombaires
die Lendenwirbel
腰椎
腰椎

tailbone • le coccyx
• das Steißbein • 尾骨
• 尾骨

spine • la colonne vertébrale • die Wirbelsäule
• 脊柱 • 脊柱

joint • l'articulation • das Gelenk
• 関節 • 关节

cartilage
le cartilage
der Knorpel
軟骨
软骨

ligament
le ligament
das Sehnenband
靱帯
韧带

bone
l'os
der Knochen
骨
骨

tendon
le tendon
die Sehne
腱
腱

internal organs • les organes internes • die inneren Organe • 内臓 • 内脏

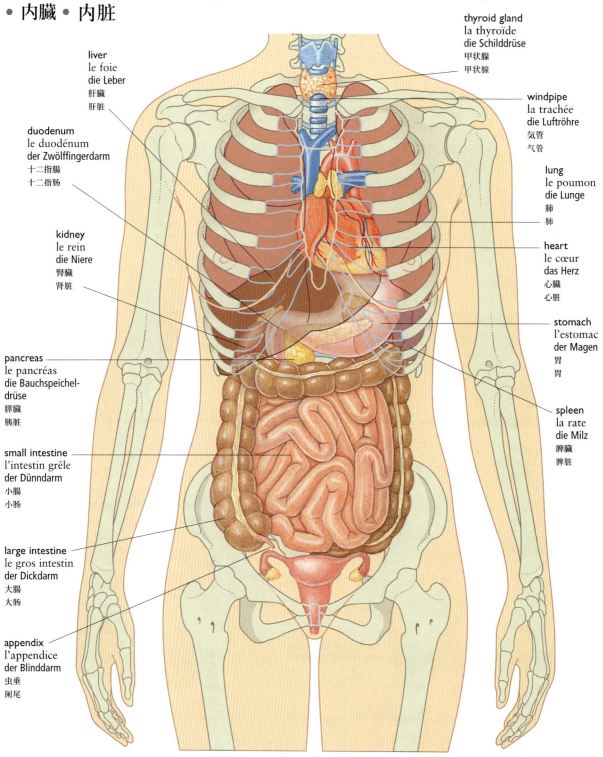

thyroid gland
la thyroïde
die Schilddrüse
甲状腺
甲状腺

liver
le foie
die Leber
肝臟
肝脏

windpipe
la trachée
die Luftröhre
気管
气管

duodenum
le duodénum
der Zwölffingerdarm
十二指腸
十二指肠

lung
le poumon
die Lunge
肺
肺

kidney
le rein
die Niere
腎臟
肾脏

heart
le cœur
das Herz
心臟
心脏

stomach
l'estomac
der Magen
胃
胃

pancreas
le pancréas
die Bauchspeichel-
drüse
膵臟
胰脏

spleen
la rate
die Milz
脾臟
脾脏

small intestine
l'intestin grêle
der Dünndarm
小腸
小肠

large intestine
le gros intestin
der Dickdarm
大腸
大肠

appendix
l'appendice
der Blinddarm
虫垂
阑尾

head • la tête • der Kopf • 頭部 • 头部

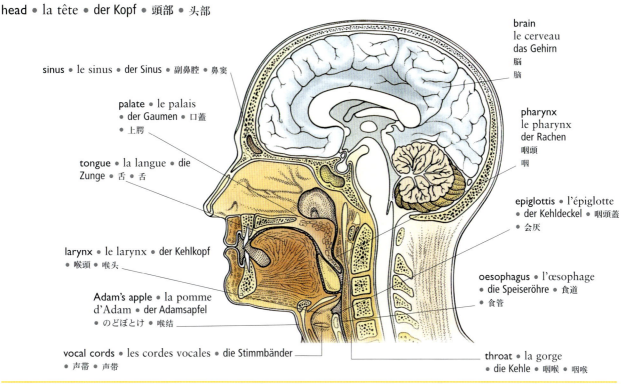

brain
le cerveau
das Gehirn
脳
脑

sinus • le sinus • der Sinus • 副鼻腔 • 鼻窦

palate • le palais
• der Gaumen • 口蓋
• 上腭

tongue • la langue • die
Zunge • 舌 • 舌

larynx • le larynx • der Kehlkopf
• 喉頭 • 喉头

Adam's apple • la pomme
d'Adam • der Adamsapfel
• のどぼとけ • 喉结

vocal cords • les cordes vocales • die Stimmbänder
• 声帯 • 声带

pharynx
le pharynx
der Rachen
咽頭
咽

epiglottis • l'épiglotte
• der Kehldeckel • 咽頭蓋
• 会厌

oesophagus • l'œsophage
• die Speiseröhre • 食道
• 食管

throat • la gorge
• die Kehle • 咽喉 • 咽喉

body systems • les systèmes du corps • die Körpersysteme • 体の組織 • 人体系统

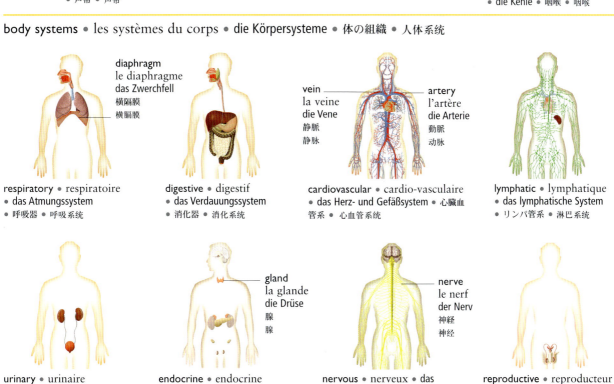

diaphragm
le diaphragme
das Zwerchfell
横隔膜
横膈膜

respiratory • respiratoire
• das Atmungssystem
• 呼吸器 • 呼吸系统

digestive • digestif
• das Verdauungssystem
• 消化器 • 消化系统

vein
la veine
die Vene
静脈
静脉

artery
l'artère
die Arterie
動脈
动脉

cardiovascular • cardio-vasculaire
• das Herz- und Gefäßsystem • 心臟血
管系 • 心血管系统

lymphatic • lymphatique
• das lymphatische System
• リンパ管系 • 淋巴系统

urinary • urinaire
• das Harnsystem • 泌尿器
• 泌尿系统

gland
la glande
die Drüse
腺
腺

endocrine • endocrine
• das endokrine System
• 内分泌腺 • 内分泌系统

nerve
le nerf
der Nerv
神経
神经

nervous • nerveux • das
Nervensystem • 神経系
• 神经系统

reproductive • reproducteur
• das Fortpflanzungssystem
• 生殖器 • 生殖系统

reproductive organs • les organes de reproduction
• die Fortpflanzungsorgane • 生殖器官 • 生殖器官

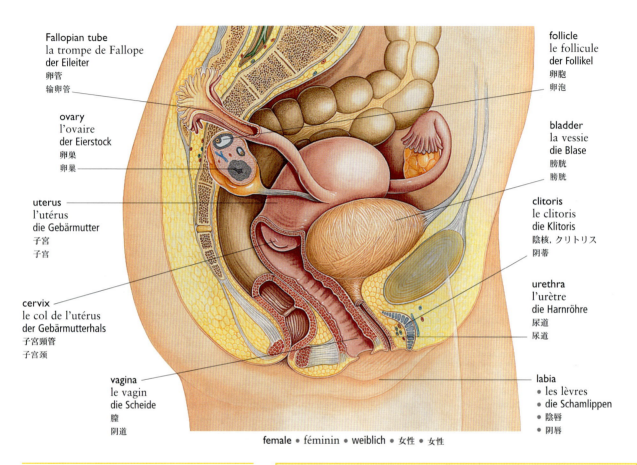

Fallopian tube
la trompe de Fallope
der Eileiter
卵管
输卵管

ovary
l'ovaire
der Eierstock
卵巣
卵巢

uterus
l'utérus
die Gebärmutter
子宮
子宫

cervix
le col de l'utérus
der Gebärmutterhals
子宮頸管
子宫颈

vagina
le vagin
die Scheide
膣
阴道

follicle
le follicule
der Follikel
卵胞
卵泡

bladder
la vessie
die Blase
膀胱
膀胱

clitoris
le clitoris
die Klitoris
陰核, クリトリス
阴蒂

urethra
l'urètre
die Harnröhre
尿道
尿道

labia
• les lèvres
• die Schamlippen
• 陰唇
• 阴唇

female • féminin • weiblich • 女性 • 女性

reproduction • la reproduction
• die Fortpflanzung • 生殖 • 生殖

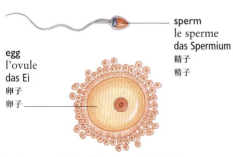

sperm
le sperme
das Spermium
精子
精子

egg
l'ovule
das Ei
卵子
卵子

fertilization • la fertilisation • die Befruchtung
• 受精 • 受精

hormone	impotent	menstruation
l'hormone	impuissant	les règles
das Hormon	impotent	die Menstruation
ホルモン	性交不能の	月経
荷尔蒙	阳痿	月经
ovulation	fertile	intercourse
l'ovulation	fécond	les rapports sexuels
der Eisprung	fruchtbar	der Geschlechtsverkehr
排卵	妊娠可能な	性交
排卵	有生殖能力的	性交
infertile	conceive	sexually transmitted disease
stérile	concevoir	la maladie sexuellement transmissible
steril	empfangen	die Geschlechtskrankheit
不妊の	妊娠する	性病
不育	怀孕	性病

english • français • deutsch • 日本語 • 汉语

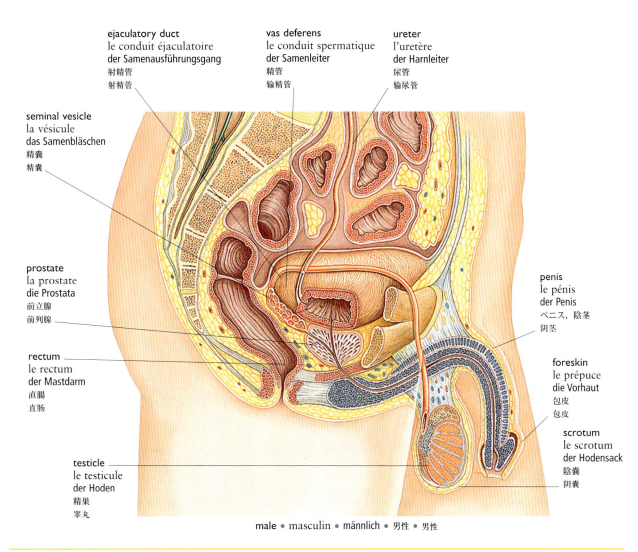

ejaculatory duct
le conduit éjaculatoire
der Samenausführungsgang
射精管
射精管

vas deferens
le conduit spermatique
der Samenleiter
精管
输精管

ureter
l'uretère
der Harnleiter
尿管
输尿管

seminal vesicle
la vésicule
das Samenbläschen
精嚢
精囊

penis
le pénis
der Penis
ペニス，陰茎
阴茎

prostate
la prostate
die Prostata
前立腺
前列腺

foreskin
le prépuce
die Vorhaut
包皮
包皮

rectum
le rectum
der Mastdarm
直腸
直肠

scrotum
le scrotum
der Hodensack
陰嚢
阴囊

testicle
le testicule
der Hoden
精巣
睾丸

male • masculin • männlich • 男性 • 男性

contraception • la contraception • die Empfängnisverhütung
• 避妊 • 避孕

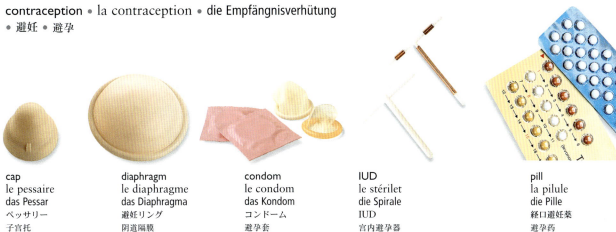

cap
le pessaire
das Pessar
ペッサリー
子宫托

diaphragm
le diaphragme
das Diaphragma
避妊リング
阴道隔膜

condom
le condom
das Kondom
コンドーム
避孕套

IUD
le stérilet
die Spirale
IUD
宫内避孕器

pill
la pilule
die Pille
経口避妊薬
避孕药

family • la famille • die Familie • 家族 • 家庭

grandmother • la grand-mère • die Großmutter • 祖母 • 祖母

grandfather • le grand-père • der Großvater • 祖父 • 祖父

uncle • l'oncle • der Onkel • おじ • 姑父

aunt • la tante • die Tante • おば • 姑妈

father • le père • der Vater • 父 • 父亲

mother • la mère • die Mutter • 母 • 母亲

cousin • le cousin • der Cousin • いとこ • 表兄弟

brother • le frère • der Bruder • 兄弟 • 兄弟

sister • la sœur • die Schwester • 姉妹, 兄弟 • 姉妹

wife • la femme • die Ehefrau • 妻 • 妻子

daughter-in-law la belle-fille die Schwiegertochter 嫁, 息子の妻 儿媳

son • le fils • der Sohn • 息子 • 儿子

daughter • la fille • die Tochter • 娘 • 女儿

son-in-law • le gendre • der Schwiegersohn • 婿, 娘の夫 • 女婿

grandson • le petit-fils • der Enkel • 孫 • 孙子

granddaughter • la petite-fille • die Enkelin • 孫娘 • 孙女

husband • le mari • der Ehemann • 夫 • 丈夫

relatives	parents	grandchildren	stepmother	stepson	generation
les parents	les parents	les petits-enfants	la belle-mère	le beau-fils	la génération
die Verwandten	die Eltern	die Enkelkinder	die Stiefmutter	der Stiefsohn	die Generation
親類	両親	孫	継母	継息子	世代
亲戚	父母	孙子女，外孙子女	继母	继子	世代
grandparents	children	stepfather	stepdaughter	partner	twins
les grands-parents	les enfants	le beau-père	la belle-fille	le/la partenaire	les jumeaux
die Großeltern	die Kinder	der Stiefvater	die Stieftochter	der Partner/die Partnerin	die Zwillinge
祖父母	子供	継父	継娘	配偶者	双子
祖父母，外祖父母	孩子	继父	继女	配偶	双胞胎

stages • les stades • die Stadien
● 成長段階 ● 成长阶段

mother-in-law
● la belle-mère
● die Schwiegermutter
● 義母 ● 岳母

father-in-law
● le beau-père
● der Schwiegervater
● 義父 ● 岳父

baby ● le bébé
● das Baby ● 赤ちゃん
● 婴儿

child ● l'enfant
● das Kind ● 子供
● 儿童

brother-in-law
● le beau-frère
● der Schwager ● 義理の
兄弟 ● 妻(姐)妹夫

sister-in-law ● la belle-
sœur ● die Schwägerin
● 義理の姉妹 ● 妻(姐)妹

boy ● le garçon
● der Junge ● 少年
● 男孩

girl ● la fille
● das Mädchen
● 少女 ● 女孩

teenager ● l'adolescente
● die Jugendliche
● ティーンエージャー
● 青少年

adult ● l'adulte ● der
Erwachsene ● 大人
● 成年人

niece ● la nièce
● die Nichte ● 姪
● 外甥女

nephew ● le neveu
● der Neffe ● 甥 ● 外甥

Mrs
Madame
Frau
夫人
太太

titles • les titres • die Anreden
● 敬称 ● 称谓

Miss
Mademoiselle
Fräulein
嬢
小姐

Mr
Monsieur
Herr
氏
先生

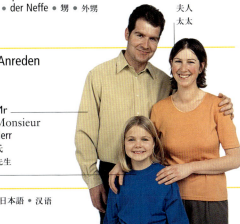

man ● l'homme
● der Mann
● 男性 ● 男人

woman ● la femme
● die Frau ● 女性
● 女人

relationships • les relations • die Beziehungen • 人間関係 • 人际关系

manager
le chef
der Chef
(部などの) 長
经理

assistant
l'assistante
die Assistentin
助手
助理

business partner
l'associée
die Geschäftspartnerin
共同経営者
生意伙伴

employer
l'employeuse
die Arbeitgeberin
雇用主
雇主

employee
l'employé
der Arbeitnehmer
従業員
雇员

colleague
le collègue
der Kollege
同僚
同事

office • le bureau • das Büro • 事務所 • 办公室

neighbour • le voisin
• der Nachbar • 隣人 • 邻居

friend • l'ami • der Freund
• 友達 • 朋友

acquaintance
• la connaissance • der Bekannte
• 知人 • 熟人

penfriend • le correspondant
• der Brieffreund • ペンフレンド
• 笔友

boyfriend
le petit ami
der Freund
ボーイフレンド
男朋友

girlfriend
la petite amie
die Freundin
ガールフレンド
女朋友

fiancé
le fiancé
der Verlobte
婚約者 (男)
未婚夫

fiancée
la fiancée
die Verlobte
婚約者 (女)
未婚妻

couple • le couple • das Paar • カップル • 情侣

engaged couple • les fiancés • die Verlobten • 婚約中のカップル • 未婚夫妻

emotions • les émotions • die Gefühle • 感情 • 情感

smile
le sourire
das Lächeln
ほほえみ
微笑

happy • heureux • glücklich
• うれしい • 快乐

sad • triste • traurig • 悲しい
• 悲伤

excited • excité • aufgeregt
• 興奮した • 兴奋

bored • ennuyé • gelangweilt
• 退屈した • 无聊

surprised • surpris
• überrascht • 驚いた • 惊讶

scared • effrayé • erschrocken
• おびえた • 惊恐

frown • le froncement
de sourcils • das
Stirnrunzeln • まゆをひそ
める • 皱眉

angry • fâché • verärgert
• 怒った • 恼怒

confused • confus • verwirrt
• 困惑した • 困惑

worried • inquiet • besorgt
• 心配した • 忧虑

nervous • nerveux • nervös
• 神経質な • 紧张

proud • fier • stolz
• 誇りに思う • 自豪

confident • confiant
• selbstsicher • 自信のある
• 自信

embarrassed • gêné
• verlegen • 照れくさい
• 尴尬

shy • timide • schüchtern
• はにかんだ • 羞涩

upset	laugh (v)	sigh (v)	shout (v)
consterné	rire	soupirer	crier
bestürzt	lachen	seufzen	schreien
気が滅った	笑う	ためいきをつく	叫ぶ
烦躁	笑	叹息	叫喊
shocked	cry (v)	faint (v)	yawn (v)
choqué	pleurer	s'évanouir	bâiller
schockiert	weinen	in Ohnmacht fallen	gähnen
ショックを受けた	泣く	気を失う	あくびする
震惊	哭	晕倒	打哈欠

life events • les événements de la vie • die Ereignisse des Lebens • 人生の出来事 • 人生大事

be born (v) • naître • geboren werden • 生まれる • 出生

start school (v) • commencer à l'école • zur Schule kommen • 就学する • 入学

make friends (v) • faire des amis • sich befreunden • 友達を作る • 交友

graduate (v) • obtenir sa licence • graduieren • 卒業する • 毕业

get a job (v) • trouver un emploi • eine Stelle bekommen • 就職する • 就业

fall in love (v) • tomber amoureux • sich verlieben • 恋をする • 恋爱

get married (v) • se marier • heiraten • 結婚する • 結婚

have a baby (v) • avoir un bébé • ein Baby bekommen • 子供を生む • 生子

wedding • le mariage • die Hochzeit • 結婚式 • 婚礼

divorce • le divorce • die Scheidung • 離婚 • 离婚

funeral • l'enterrement • das Begräbnis • 葬式 • 葬礼

christening le baptême die Taufe 洗礼式 洗礼	die (v) mourir sterben 死亡する 死亡
bar mitzvah la bar-mitsvah die Bar Mizwa バルミツバー（宗教上の成人式） 犹太男孩成人(13岁)仪式	make a will (v) faire son testament sein Testament machen 遺言を書く 立遗嘱
anniversary l'anniversaire der Hochzeitstag 記念日 纪念日	birth certificate l'acte de naissance die Geburtsurkunde 出生証明書 出生证明
emigrate (v) émigrer emigrieren 移住する 移民	wedding reception le repas de noces die Hochzeitsfeier 結婚披露宴 婚宴
retire (v) prendre sa retraite in den Ruhestand treten 退職する 退休	honeymoon le voyage de noces die Hochzeitsreise 新婚旅行 蜜月

celebrations • les fêtes • die Feste • お祝い • 节庆

birthday party
la fête
die Geburtstagsfeier
誕生日パーティー
生日聚会

card
la carte
die Karte
カード
贺卡

present
le cadeau
das Geschenk
プレゼント
礼物

birthday • l'anniversaire • der Geburtstag • 誕生日 • 生日

Christmas • le Noël • das Weihnachten • クリスマス • 圣诞节

festivals • les fêtes • die Feste • 祭り • 节日

Passover • la Pâque • das Passah • 過越の祭り • 逾越节

New Year • le Nouvel An • das Neujahr • 新年 • 新年

carnival • le carnaval • der Karneval • カーニバル • 狂欢节，嘉年华会

procession
le défilé
der Umzug
行進
游行

Ramadan • le Ramadan • der Ramadan • ラマダン • 斋月

ribbon
le ruban
das Band
リボン
缎带

Thanksgiving • la fête de Thanksgiving • der Thanksgiving Day • 感謝祭 • 感恩节

Easter • Pâques • das Ostern • 復活祭，イースター • 复活节

Halloween • la veille de la Toussaint • das Halloween • ハロウィーン • 万圣节

Diwali • la Diwali • das Diwali • ディワーリ • 排灯节

appearance
l'apparence
die äußere Erscheinung
身なり
外表

children's clothing • les vêtements d'enfants • die Kinderkleidung • 子供服 • 童装

baby • le bébé • das Baby • 乳児 • 婴儿

snowsuit • la combinaison de neige • der Schneeanzug • スノースーツ (防寒着) • 儿童防雪装

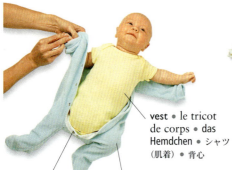

vest • le tricot de corps • das Hemdchen • シャツ (肌着) • 背心

popper
le bouton-pression
der Druckknopf
ホック
摁扣

babygro • la grenouillère • der Strampelanzug • オーバーオール • 婴儿连脚裤

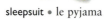

sleepsuit • le pyjama • der Schlafanzug • ねまき • 婴儿睡衣

romper suit • la combinaison-short • der Spielanzug • ロンパース • 连衫裤

bib • le bavoir • das Lätzchen • よだれかけ • 围嘴

mittens • les moufles • die Babyhandschuhe • 手袋 • 婴儿手套

booties • les chaussons • die Babyschuhe • 乳児用深靴 • 婴儿鞋

terry nappy • la couche éponge • die Stoffwindel • パイル地のおむつ • 绒布尿布

disposable nappy • la couche jetable • die Wegwerfwindel • 使い捨ておむつ • 一次性尿布

plastic pants • la culotte en plastique • das Gummihöschen • ビニールパンツ • 塑料尿裤

---

toddler • le petit enfant • das Kleinkind • 幼児 • 幼儿

sunhat • le chapeau de soleil • der Sonnenhut • 日よけ帽 • 遮阳帽

apron • le tablier • die Schürze • 前掛け • 围兜

dungarees
la salopette
die Latzhose
胸当てズボン
工装裤

shorts
le bermuda
die Shorts
半ズボン
短裤

t-shirt
le t-shirt
das T-Shirt
Tシャツ
T恤衫

skirt
la jupe
der Rock
スカート
裙子

child • l'enfant • das Kind • 子供 • 儿童

dress • la robe
• das Kleid • ワンピース
• 连衣裙

hood
la capuche
die Kapuze
フード
风帽

jeans
le jean
die Jeans
ジーンズ
牛仔裤

backpack
le sac à dos
der Rucksack
バックパック
背包

toggle
le bouton
der Knebelknopf
トグルボタン
棒形纽扣

scarf
l'écharpe
der Schal
マフラー
围巾

anorak
l'anorak
der Anorak
アノラック
滑雪衫

sandals
les sandales
die Sandalen
サンダル
凉鞋

wellington boots
• les bottes de
caoutchouc
• die Gummistiefel
• ゴム長ぐつ
• 长筒橡胶靴

summer • l'été • der
Sommer • 夏 • 夏天

raincoat • l'imperméable
• der Regenmantel
• レインコート • 雨衣

autumn • l'automne
• der Herbst • 秋 • 秋天

duffel coat • le duffel-
coat • der Dufflecoat • ダ
ッフルコート • 粗呢外套

winter • l'hiver • der
Winter • 冬 • 冬天

dressing gown
la robe de chambre
der Morgenrock
ガウン
晨衣，室内便袍

logo
le logo
das Logo
ロゴ
标识

trainers
les baskets
die Sportschuhe
トレーニングシューズ
运动鞋

nightie
la chemise de nuit
das Nachthemd
ねまき
儿童睡衣

slippers
les pantoufles
die Hausschuhe
スリッパ
拖鞋

nightwear • les vêtements de nuit • die Nachtwäsche
• 寝るときの衣類 • 睡衣

football strip • la tenue
de foot • der Fußballdress
• サッカー（の）ユニフォーム
• 足球球衣

tracksuit • le
survêtement • der
Trainingsanzug • トレー
ニングウェア • 运动服

leggings • les leggings
• die Leggings • レギン
ス • 儿童保暖裤

natural fibre la fibre naturelle die Naturfaser 天然繊維 天然纤维	Is it machine washable? C'est lavable en machine? Ist es waschmaschinenfest? 洗濯機で洗えますか？ 这可以机洗吗？
synthetic synthétique synthetisch 合成の 合成的	Will this fit a two-year-old? C'est la taille pour deux ans? Passt das einem Zweijährigen? ２歳の子に合いますか？ 这适合两岁的孩子穿吗？

men's clothing • les vêtements pour hommes • die Herrenkleidung • 紳士服 • 男装

collar
le col
der Kragen
えり
衣領

tie
la cravate
die Krawatte
ネクタイ
領帯

belt
la ceinture
der Gürtel
ベルト
腰帯

lapel
le revers
das Revers
えりの折り返し
翻領

buttonhole
la boutonnière
das Knopfloch
ボタン穴
扣眼儿

jacket
la veste
die Jacke
ジャケット
上装

cuff
la manchette
die Manschette
カフス
袖口

pocket
la poche
die Tasche
ポケット
口袋

trousers
le pantalon
die Hose
ズボン
裤子

button
le bouton
der Knopf
ボタン
纽扣

lining
la doublure
das Futter
裏地
衬里

business suit • le costume
• der Straßenanzug • スーツ
• 西装

coat • le manteau
• der Mantel • コート
• 外套

leather shoes
• les chaussures
en cuir • die
Lederschuhe
• 革靴 • 皮鞋

shirt	dressing gown	tracksuit	long
la chemise	le peignoir	le survêtement	long
das Hemd	der Bademantel	der Trainingsanzug	lang
シャツ	ガウン	トラックスーツ	長い
衬衫	晨衣	运动服	长
cardigan	underwear	raincoat	short
le cardigan	les sous-vêtements	l'imperméable	court
die Strickjacke	die Unterwäsche	der Regenmantel	kurz
カーディガン	下着	レインコート	短い
羊毛衫	内衣裤	雨衣	短

Do you have this in a larger/smaller size?
Avez-vous ça en plus grand/petit?
Haben Sie das eine Nummer größer/kleiner?
これの大きい／小さいサイズはありますか？
有没有大/小一码的尺寸？

May I try this on?
Je peux l'essayer?
Kann ich das anprobieren?
これを試着してもいいですか？
我可以试穿一下吗？

blazer • le blazer • der Blazer
● ブレザー • 休闲上衣

sports jacket • la veste de sport • das Sportjackett • スポーツジャケット • 粗呢夹克

waistcoat • le gilet • die Weste • ベスト • 马甲

v-neck
l'encolure en V
der V-Ausschnitt
Ｖネック
V型领

round neck
le col rond
der runde Ausschnitt
丸首
圆领

t-shirt
● le t-shirt
● das T-Shirt
● Tシャツ
● T恤衫

anorak • l'anorak • der Anorak • アノラック • 滑雪衫

sweatshirt • le sweat-shirt • das Sweatshirt • スエットシャツ • 运动衫

windcheater • le coupe-vent • die Windjacke • ウインドブレーカー • 防风夹克

sweatpants
● le pantalon de jogging
● die Trainingshose
● スエットパンツ
● 运动裤

sweater • le pullover • der Pullover • セーター • 套头毛衣

pyjamas • le pyjama • der Schlafanzug • パジャマ • 睡衣

vest • le tricot de corps • das Unterhemd • アンダーシャツ • 背心

casual wear • les vêtements sport • die Freizeitkleidung • 普段着 • 便装

shorts • le short • die Shorts ● 半ズボン • 短裤

briefs • le slip • der Slip ● ブリーフ • 三角内裤

boxer shorts • le caleçon ● die Boxershorts • トランクス ● 平角短裤

socks • les chaussettes ● die Socken • ソックス ● 袜子

women's clothing • les vêtements pour femmes • die Damenkleidung • 婦人服 • 女装

neckline
l'encolure
der Ausschnitt
えりぐり
領口

jacket
la veste
die Jacke
ジャケット
上装

seam
la couture
die Naht
縫い目
缝合线

sleeve
la manche
der Ärmel
袖
袖子

ankle length
long
knöchellang
くるぶし丈
及脚踝长

skirt
la jupe
der Rock
スカート
裙子

hem
l'ourlet
der Saum
（かがった）すそ
裙边

knee-length
à genou
knielang
ひざ丈
及膝长

tights
les collants
die Strumpfhose
パンティーストッキング
连裤袜

shoes
les chaussures
die Schuhe
靴
鞋

strapless
sans bretelles
trägerlos
ひもなし
无肩带

sleeveless
sans manches
ärmellos
袖なし
无袖

evening dress • la robe du soir • das Abendkleid • イブニングドレス • 晩礼服

dress • la robe • das Kleid • ワンピース • 连衣裙

blouse
le chemisier
die Bluse
ブラウス
女士衬衫

trousers
le pantalon
die Hose
ズボン
裤子

casual • décontracté • leger • 普段着 • 便装

lingerie • la lingerie • die Unterwäsche • 肌着類 • 女用内衣

negligée • le négligé
• das Negligé • ガウン
• 女用长睡衣

slip • le caraco
• der Unterrock • スリッ
プ • 衬裙

strap
la bretelle
der Träger
ストラップ
肩带

camisole • la camisole
• das Mieder • カミソー
ル • 紧身内衣

basque • la guêpière
• das Bustier • ビスチェ
• 女式短上衣

suspenders
la jarretelle
der Strumpfhalter
靴下止め
吊袜带

stockings • les bas
• die Strümpfe • ストッ
キング • 长筒袜

tights • le collant
• die Strumpfhose • パン
ティーストッキング • 连裤
袜

vest
la chemise
das Unterhemd
肌着
背心

bra • le soutien-gorge
• der Büstenhalter
• ブラジャー • 胸罩

knickers • le slip
• der Slip • パンティー
• 女用内裤

nightdress • la
chemise de nuit • das
Nachthemd • ねまき
• 女睡衣

wedding • le mariage • die Hochzeit • 結婚式 • 婚礼

lace
la dentelle
die Spitze
レース
花边

veil
le voile
der Schleier
ベール
头纱

bouquet
le bouquet
das Bukett
ブーケ
花束

train
la traîne
die Schleppe
すそ
拖裾

wedding dress • la robe de mariée
• das Hochzeitskleid • ウェディングドレス
• 结婚礼服

corset le corset das Korsett コルセット 束腹	tailored ajusté gut geschnitten 注文仕立ての, テーラードの 剪裁考究
garter la jarretière das Strumpfband ガーター 松紧袜带	halter neck dos-nu rückenfrei ホールターネック 露背装
shoulder pad l'épaulette das Schulterpolster 肩パッド 垫肩	sports bra le soutien-gorge sport der Sport-BH スポーツ用ブラジャー 运动胸罩
waistband la ceinture der Rockbund ベルト 腰带	underwired à armature mit Formbügeln ワイヤー入りの (ブラジャー) 内有金属丝的(胸罩)

accessories • les accessoires • die Accessoires • アクセサリー
• 配饰

cap • la casquette • die Mütze • 野球帽 • 帽子

hat • le chapeau • der Hut • （縁のある）帽子 • 礼帽

scarf • le foulard • das Halstuch • スカーフ • 围巾

buckle
la boucle
die Gürtelschnalle
バックル
腰带扣

belt • la ceinture • der Gürtel • ベルト • 腰带

handle
le manche
der Griff
柄
柄

tip
la pointe
die Spitze
先端
尖

umbrella • le parapluie • der Regenschirm • 傘 • 伞

handkerchief • le mouchoir • das Taschentuch • ハンカチ • 手帕

bow tie • le nœud papillon • die Fliege • 蝶ネクタイ • 领结

tie-pin • l'épingle de cravate • die Krawattennadel • ネクタイピン • 领带夹

gloves • les gants • die Handschuhe • 手袋 • 手套

---

jewellery • les bijoux • der Schmuck • 宝石細工 • 首饰

pendant • le pendentif • der Anhänger • ペンダント • 项链坠

brooch • la broche • die Brosche • ブローチ • 胸针

cufflink • le bouton de manchette • der Manschettenknopf • カフスボタン • 袖扣

string of pearls
le rang de perles
die Perlenkette
真珠のネックレス
珍珠项链

link
le maillon
das Glied
鎖の環
链环

clasp
le fermoir
der Verschluss
留め金
链扣

earring • la boucle d'oreille • der Ohrring • イヤリング • 耳环

ring
la bague
der Ring
指輪
戒指

stone
la pierre
der Edelstein
宝石
宝石

necklace
le collier
die Halskette
ネックレス
项链

watch • la montre • die Uhr • 腕時計 • 手表

bracelet • le bracelet • das Armband • ブレスレット • 手镯

chain • la chaîne • die Kette • チェーン • 项链

jewellery box • la boîte à bijoux • der Schmuckkasten • 宝石箱 • 首饰盒

bags • les sacs • die Taschen • バッグ類 • 包

wallet • le portefeuille • die Brieftasche • 札入れ • 钱夹

purse • le porte-monnaie • das Portemonnaie • 財布 • 钱包

fastening
le fermoir
der Verschluss
留め具
扣环

shoulder bag • le sac à bandoulière • die Umhängetasche • ショルダーバッグ • 挎包

handles
les poignées
die Griffe
持ち手
提手

shoulder strap
la bretelle
der Schulterriemen
肩ひも
背带

holdall • le fourre-tout • die Reisetasche • （旅行用の）大型手提かばん • 旅行袋

briefcase • la serviette • die Aktentasche • 書類かばん • 公文包

handbag • le sac à main • die Handtasche • ハンドバッグ • 手提包

backpack • le sac à dos • der Rucksack • バックパック • 背包

shoes • les chaussures • die Schuhe • 靴 • 鞋

eyelet
l'œillet
die Öse
はと目
鞋眼

lace
le lacet
der Schnürsenkel
ひも
鞋带

tongue • la languette • die Zunge • 舌皮 • 鞋舌

heel
le talon
der Absatz
かかと
鞋跟

sole
la semelle
die Sohle
靴底
鞋底

lace-up • la chaussure lacée • der Schnürschuh • ひも靴 • 系带鞋

walking boot
le pataugas
der Wanderschuh
ハイキング用靴
步行靴

trainer • la basket • der Sportschuh • 運動靴 • 运动鞋

leather shoe • la chaussure de cuir • der Lederschuh • 革靴 • 皮鞋

flip-flop • la tong • die Strandsandale • ビーチサンダル • 平底人字拖鞋

high heel shoe • la chaussure à talon • der Schuh mit hohem Absatz • ハイヒール • 高跟鞋

platform shoe • la chaussure à semelle compensée • der Plateauschuh • 厚底靴 • 厚底鞋

sandal • la sandale die Sandale • サンダル • 凉鞋

slip-on • le mocassin der Slipper • カジュアルシューズ • 无带便鞋

brogue • le richelieu der Herrenhalbschuh • オックスフォードシューズ • 镂花皮鞋

hair • les cheveux • das Haar • 髪 • 头发

comb
le peigne
der Kamm
くし
发梳

comb (v) • peigner • kämmen
● くしでとかす ● 梳头

brush
la brosse
die Haarbürste
ブラシ
发刷

brush (v) • brosser • bürsten
● ブラッシングする ● 刷头发

hairdresser
la coiffeuse
die Friseurin
美容師
美发师

sink
le lavabo
das Waschbecken
流し
洗头盆

client
la cliente
die Kundin
客
顾客

wash (v) • laver • waschen • 洗う • 洗

robe
le peignoir
der Frisierumhang
ケープ
罩衫

rinse (v) • rincer • ausspülen
● すすぐ ● 冲洗

cut (v) • couper • schneiden
● カットする ● 剪

blow dry (v) • sécher • föhnen
● ドライヤーで乾かす ● 吹干

set (v) • faire une mise en
plis • legen • セットする
● 定型

---

accessories • les accessoires • die Frisierartikel • 付属品 • 美发用品

hairdryer • le
sèche-cheveux
● der Föhn
● ドライヤー
● 吹风机

shampoo • le shampoing
● das Shampoo • シャンプー
● 洗发水

conditioner • l'après-shampoing
● die Haarspülung
● コンディショナー ● 护发素

gel • le gel • das
Haargel • ジェル
● 发胶

hairspray • la laque
● das Haarspray ● ヘアスプレ
ー ● 定型水

curling tongs
● le fer à friser
● der Lockenstab
● カールごて
● 卷发钳

scissors • les ciseaux
● die Schere • はさみ
● 剪刀

hairband • le serre-tête
● der Haarreif ● ヘアバンド
● 发箍

curler • le bigoudi
● der Lockenwickler
● カーラー ● 卷发夹子

hairpin • la pince à cheveux
● die Haarklammer ● ヘアピン
● 发卡

styles • les coiffures • die Frisuren • 髪型 • 发型

ribbon
le ruban
das Band
リボン
丝带

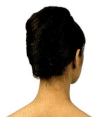

ponytail • la queue de cheval • der Pferdeschwanz • ポニーテール • 马尾辫

plait • la natte • der Zopf • 三つ編み • 麻花辫

french pleat • le rouleau • die Hochfrisur • フレンチプリーツ • 法式盘头

bun • le chignon • der Haarknoten • 束ね髪 • 发髻

pigtails • les couettes • die Schwänzchen • 二つ結び • 小辫

bob • au carré • der Bubikopf • ボブ • 女式短发

crop • la coupe courte • der Kurzhaarschnitt • 短髪 • 短发

curly • frisé • kraus • 巻き毛 • 卷发

perm • la permanente • die Dauerwelle • パーマ • 烫发

straight • raide • glatt • ストレート • 直发

roots
les racines
die Wurzeln
髪の付け根
发根

highlights • les reflets • die Strähnen • ハイライト • 挑染

bald • chauve • kahl • 禿頭 • 禿顶

wig • la perruque • die Perücke • かつら • 假发

colours • les couleurs • die Haarfarben • 髪の色 • 发色

blonde • blond • blond • ブロンド • 金色

brunette • châtain • brünett • ブルネット, 栗色 • 深褐色

auburn • auburn • rotbraun • 赤褐色 • 红褐色

ginger • roux • rot • 赤毛 • 红棕色

black • noir • schwarz • 黒 • 黑色

grey • gris • grau • グレイ • 灰色

white • blanc • weiß • 白 • 白色

dyed • teint • gefärbt • 染めた色 • 染色的

hairtie la bande de cheveux das Haarband 髪留め 发带	greasy gras fettig ベタベタした 油性(发质)
trim (v) rafraîchir nachschneiden 調髪する 修剪	dry sec trocken パサパサした 干性(发质)
barber le coiffeur der Herrenfriseur 理髪師 理发师	normal normal normal 正常な 中性(发质)
dandruff les pellicules die Schuppen ふけ 头皮屑	scalp le cuir chevelu die Kopfhaut 頭皮 头皮
split ends les fourches die gespaltenen Haarspitzen 枝毛 发梢分叉	straighten (v) décrêper glätten ストレートにする 拉直

beauty • la beauté • die Schönheit • 美容 • 美容

hair dye
la teinture de cheveux
das Haarfärbemittel
毛染め
染发剂

eye shadow
le fard à paupières
der Lidschatten
アイシャドー
眼影

mascara
le mascara
die Wimperntusche
マスカラ
睫毛膏

eyeliner
l'eye-liner
der Eyeliner
アイライナー
眼线液

blusher
le fard à joues
das Puderrouge
ほお紅
腮红

foundation
le fond de teint
die Grundierung
ファンデーション
粉底

lipstick
le rouge à lèvres
der Lippenstift
口紅
口红

make-up • le maquillage • das Make-up • 化粧
• 化妆

eyebrow pencil • le crayon à sourcils • der Augenbrauenstift
• アイブローペンシル • 眉笔

eyebrow brush • la brosse à sourcils • das Brauenbürstchen
• まゆ用ブラシ • 眉刷

tweezers • la pince à épiler
• die Pinzette • ツィーザー
• 眉夹

lip gloss • le brillant à lèvres • das Lipgloss • リップグロス
• 唇彩

lip brush • le pinceau à lèvres • der Lippenpinsel
• リップブラシ • 唇刷

lip liner • le crayon à lèvres • der Lippenkonturenstift
• リップライナー • 唇线笔

brush • le pinceau • der Puderpinsel • パウダーブラシ
• 化妆刷

concealer • le correcteur
• der Korrekturstift • コンシーラー • 遮瑕膏

face powder
la poudre
der Gesichtspuder
フェースパウダー
粉饼

mirror
le miroir
der Spiegel
鏡
化妆镜

powder puff
la houppette
die Puderquaste
（化粧用）パフ
粉扑

compact • le poudrier
• die Puderdose • コンパクト • 粉盒

beauty treatments • les soins de beauté • die Schönheitsbehandlungen • 美容術 • 美容护理

face pack • le masque de beauté • die Gesichtsmaske
• パック • 面膜

facial • le soin du visage
• die Gesichtsbehandlung
• 美顔術 • 面部护理

sunbed • le lit U.V. • die Sonnenbank • サンベッド
• 紫外线浴床

exfoliate (v) • exfolier
• die Haut schälen
• 角質を落とす • 去死皮

wax • l'épilation • die Enthaarung • 脱毛 • 热蜡脱毛

pedicure • la pédicurie
• die Pediküre • ペディキュア
• 趾甲护理

toiletries • les accessoires de toilette • die Toilettenartikel • 化粧品 • 化妆用品

cleanser • le démaquillant • der Reiniger • クレンジングローション • 洁面水

toner • le tonique • das Gesichtswasser • (収斂用) 化粧水 • 爽肤水

moisturizer • la crème hydratante • die Feuchtigkeitscreme • (保湿用) 化粧液 • 保湿霜

self-tanning cream • l'autobronzant • die Selbstbräunungscreme • 日焼けクリーム • 美黑霜

perfume • le parfum • das Parfum • 香水 • 香水

eau de toilette • l'eau de toilette • das Eau de Toilette • オー・ド・トワレ • 淡香水

manicure • la manucure • die Maniküre • マニキュア • 指甲护理

nail varnish remover
le dissolvant
der Nagellackentferner
除光液
洗甲水

nail file • la lime à ongles
• die Nagelfeile • 爪やすり
• 指甲锉

nail varnish • le vernis à ongles • der Nagellack • マニキュア液 • 指甲油

nail scissors
les ciseaux à ongles
die Nagelschere
爪切りばさみ
指甲剪

nail clippers
le coupe-ongles
der Nagelknipser
爪切り
指甲刀

complexion le teint der Teint 肌の色 肤色	oily gras fettig 油性の 油性(皮肤)	tan le bronzage die Sonnenbräune 日焼け 棕褐色皮肤
fair clair hell 色白の 皮肤白皙	sensitive sensible empfindlich 敏感性の 敏感性的	tattoo le tatouage die Tätowierung 入れ墨 纹身
dark foncé dunkel 色黒の 肤色较深	hypoallergenic hypoallergénique hypoallergen 低刺激性の 低变应原的	cotton balls les boules de coton die Wattebällchen 球形の脱脂綿 棉球
dry sec trocken 乾燥性の 干性(皮肤)	shade le ton der Farbton 色合い, 色調 色调	anti-wrinkle antirides Antifalten- しわ防止の 抗皱

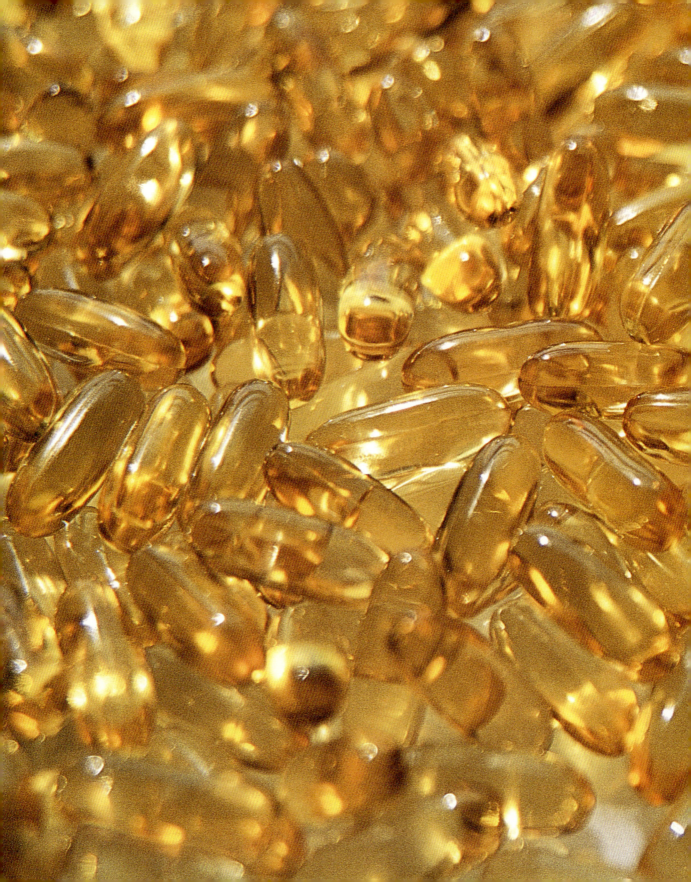

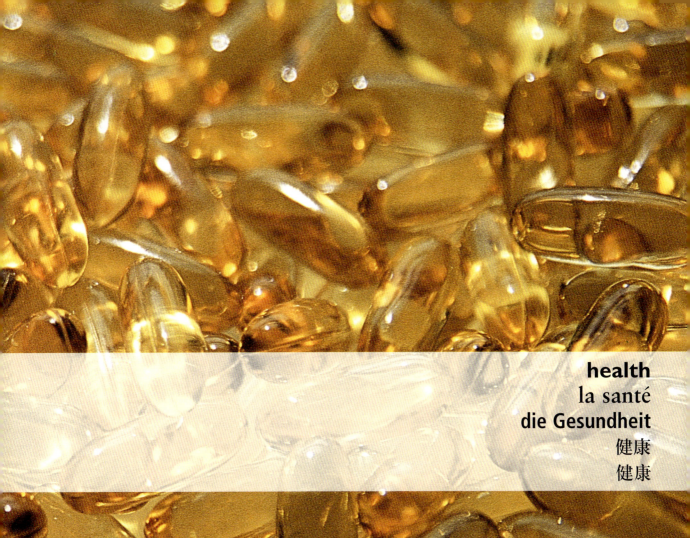
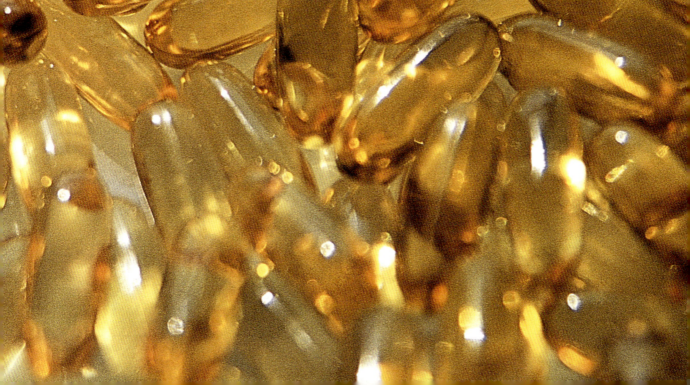

health
la santé
die Gesundheit
健康
健康

illness • la maladie • die Krankheit • 病気 • 疾病

headache • le mal de tête • die Kopfschmerzen • 頭痛 • 头痛

nosebleed • le saignement de nez • das Nasenbluten • 鼻血 • 鼻血

cough • la toux • der Husten • 咳 • 咳嗽

fever • la fièvre • das Fieber • 熱 • 发烧

sneeze • l'éternuement • das Niesen • くしゃみ • 喷嚏

cold • le rhume • die Erkältung • 風邪 • 感冒

flu • la grippe • die Grippe • インフルエンザ • 流感

inhaler l'inhalateur der Inhalationsapparat 吸入器 吸入器

asthma • l'asthme • das Asthma • 喘息 • 哮喘

cramp • les crampes • die Krämpfe • 痙攣 • 痉挛

nausea • la nausée • die Übelkeit • 吐き気 • 恶心

chickenpox • la varicelle • die Windpocken • 水疱瘡 • 水痘

rash • l'éruption • der Hautausschlag • 発疹 • 皮疹

heart attack la crise cardiaque der Herzinfarkt 心臓発作 心脏病发作	diabetes le diabète die Zuckerkrankheit 糖尿病 糖尿病	eczema l'eczéma das Ekzem 湿疹 湿疹	chill le refroidissement die Verkühlung 寒気 寒战	vomit (v) vomir sich übergeben 吐く 呕吐	diarrhoea la diarrhée der Durchfall 下痢 腹泻
stroke l'attaque der Schlaganfall 脳卒中 中风	hayfever le rhume des foins der Heuschnupfen 花粉熱 枯草热	infection l'infection die Infektion 感染 传染	stomach ache le mal d'estomac die Magenschmerzen 胃痛 胃痛	epilepsy l'épilepsie die Epilepsie てんかん 癫痫	measles la rougeole die Masern はしか 麻疹
blood pressure la tension der Blutdruck 血圧 血压	allergy l'allergie die Allergie アレルギー 过敏	virus le virus der Virus ウイルス 病毒	faint (v) s'évanouir in Ohnmacht fallen 気絶する 昏厥	migraine la migraine die Migräne 偏頭痛 偏头痛	mumps les oreillons der Mumps おたふくかぜ 腮腺炎

doctor • le médecin • der Arzt • 医師 • 医生

consultation • la consultation • die Konsultation • 診察 • 诊断

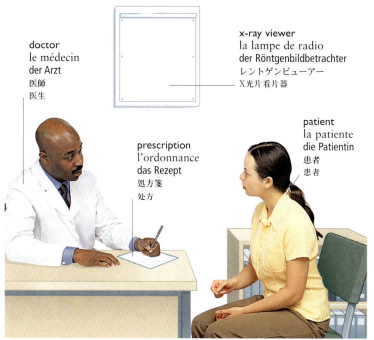

doctor
le médecin
der Arzt
医師
医生

x-ray viewer
la lampe de radio
der Röntgenbildbetrachter
レントゲンビューアー
X光片看片器

prescription
l'ordonnance
das Rezept
处方箋
处方

patient
la patiente
die Patientin
患者
患者

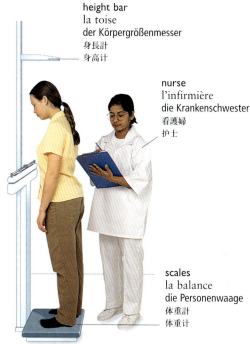

height bar
la toise
der Körpergrößenmesser
身長計
身高计

nurse
l'infirmière
die Krankenschwester
看護婦
护士

scales
la balance
die Personenwaage
体重計
体重计

blood pressure gauge • le sphygmotensiomètre
• der Blutdruckmesser • 血圧計 • 血压计

stethoscope • le stéthoscope
• das Stethoskop • 聴診器 • 听诊器

cuff • le manchon
• die Luftmanschette
• 加圧帯 • 充气袖带

appointment	medical examination
le rendez-vous	l'examen médical
der Termin	die Untersuchung
予約	健康診断
预约	体检
surgery	inoculation
le cabinet	l'inoculation
das Sprechzimmer	die Impfung
診察室	接種
诊疗室	接种
waiting room	thermometer
la salle d'attente	le thermomètre
der Warteraum	das Thermometer
待合室	体温計
候诊室	体温计

I need to see a doctor.
J'ai besoin de voir un médecin.
Ich muss einen Arzt sprechen.
医者に診てもらわなければなりません。
我需要看医生。

It hurts here.
J'ai mal ici.
Es tut hier weh.
ここが痛むのです。
这儿疼。

injury • la blessure • die Verletzung • けが • 创伤

sling
l'écharpe
die Schlinge
つり包帯
医用吊带

neck brace
la minerve
die Halskrawatte
三角巾
颈托

sprain • l'entorse • die Verstauchung • ねんざ • 扭伤

fracture • la fracture • die Fraktur • 骨折 • 骨折

whiplash • le coup du lapin • das Schleudertrauma • むち打ち症 • 头颈部损伤

cut • la coupure • der Schnitt • 切り傷 • 割伤

graze • l'écorchure • die Abschürfung • すり傷 • 擦伤

bruise • la contusion • die Prellung • 打撲傷 • 瘀伤

splinter • l'écharde • der Splitter • （とげでの）刺し傷 • 刺伤

sunburn • le coup de soleil • der Sonnenbrand • 日焼け • 晒伤

burn • la brûlure • die Brandwunde • やけど • 烧伤

bite • la morsure • der Biss • かみ傷 • 咬伤

sting • la piqûre • der Stich • 刺し傷 • 蜇伤

accident	haemorrhage	concussion	**Will he/she be all right?**
l'accident	l'hémorragie	la commotion cérébrale	Est-ce qu'il/elle va se remettre?
der Unfall	die Blutung	die Gehirnerschütterung	Wird er/sie es gut überstehen?
事故	出血	脳震盪	彼／彼女は大丈夫でしょうか？
事故	大出血	脑震荡	他/她没事吧?
emergency	blister	head injury	**Please call an ambulance.**
l'urgence	l'ampoule	le traumatisme crânien	Appelez une ambulance s'il vous plaît.
der Notfall	die Blase	die Kopfverletzung	Rufen Sie bitte einen Krankenwagen.
緊急, 急患	水ぶくれ	頭のけが	救急車を呼んでください。
紧急情况	水泡	头部损伤	请叫救护车。
wound	poisoning	electric shock	**Where does it hurt?**
la blessure	l'empoisonnement	le choc électrique	Où avez-vous mal?
die Wunde	die Vergiftung	der elektrische Schlag	Wo haben Sie Schmerzen?
外傷	中毒	感電	どこが痛みますか？
伤口	中毒	电击	哪里疼?

first aid • les premiers secours • die erste Hilfe • 応急手当 • 急救

ointment • la pommade • die Salbe
• 軟こう • 药膏

plaster • le pansement • das Pflaster • ばんそうこ
• 创可贴

safety pin
l'épingle de sûreté
die Sicherheitsnadel
安全ピン
安全别针

bandage
le bandage
die Bandage
包帯
绷带

painkillers
les analgésiques
die Schmerztabletten
鎮痛剤
止痛药

antiseptic wipe
la serviette antiseptique
das Desinfektionstuch
消毒用ウェットティッシュ
消毒湿巾

tweezers
la pince fine
die Pinzette
ツィーザー
镊子

scissors
les ciseaux
die Schere
はさみ
剪刀

antiseptic
l'antiseptique
das Antiseptikum
消毒薬
消毒剂

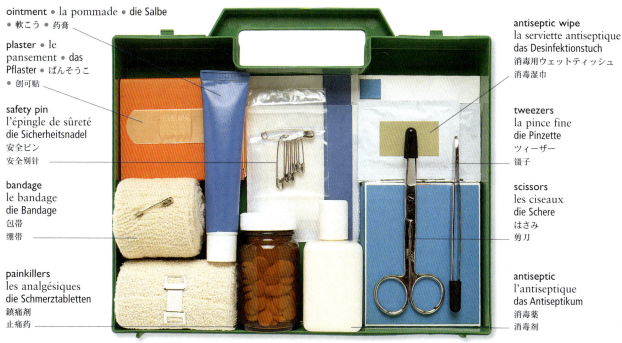

first aid box • la trousse de premiers secours • der Erste-Hilfe-Kasten • 救急箱 • 急救箱

gauze • la gaze
• die Gaze
• ガーゼ
• 纱布

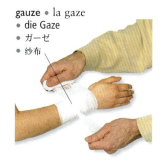

dressing • le pansement
• der Verband • 包帯
• 包扎

splint • l'attelle • die Schiene • 添え木 • 医用夹板

adhesive tape
le sparadrap
das Leukoplast
粘着テープ
橡皮膏

resuscitation • la réanimation
• die Wiederbelebung • 蘇生法
• 复苏术

shock	pulse	choke (v)	Can you help me?
le choc	le pouls	étouffer	Est-ce que vous pouvez m'aider?
der Schock	der Puls	ersticken	Können Sie mir helfen?
ショック	脈拍	窒息する	手を貸してくれますか？
休克	脉搏	窒息	你能帮帮我吗?
unconscious	breathing	sterile	Do you know first aid?
sans connaissance	la respiration	stérile	Pouvez-vous donner les soins d'urgence?
bewusstlos	die Atmung	steril	Beherrschen Sie die erste Hilfe?
意識不明の	呼吸	滅菌した	応急手当ができますか？
不省人事	呼吸	无菌	你会急救吗?

hospital • l'hôpital • das Krankenhaus • 病院 • 医院

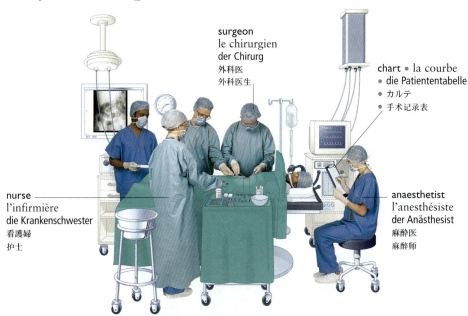

surgeon
le chirurgien
der Chirurg
外科医
外科医生

chart • la courbe
• die Patientetabelle
• カルテ
• 手术记录表

nurse
l'infirmière
die Krankenschwester
看護婦
护士

anaesthetist
l'anesthésiste
der Anästhesist
麻酔医
麻醉师

operating theatre • la salle d'opération • der Operationssaal • 手術室 • 手术室

blood test • l'analyse de sang • die Blutuntersuchung
• 血液検査 • 验血

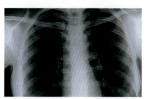

injection • l'injection
• die Spritze • 注射 • 注射

x-ray • la radio • die Röntgenaufnahme • レントゲン
• X光

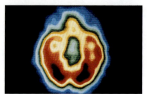

scan • la scanographie
• der CT-Scan • CTスキャン
• CT扫描

trolley • le chariot • die fahrbare Liege • 移動式処置台
• 移动病床

call button • le bouton d'appel
• der Rufknopf • ナースコール
• 呼叫按钮

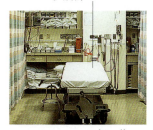

emergency room • la salle des urgences • die Notaufnahme
• 救急処置室 • 急诊室

ward • la salle • die Krankenhausstation • 病棟
• 病房

wheelchair • la chaise roulante • der Rollstuhl
• 車いす • 轮椅

operation l'opération die Operation 手術 手术	discharged renvoyé entlassen 退院となった 出院	visiting hours les heures de visite die Besuchszeiten 面会時間 探视时间	maternity ward la maternité die Entbindungsstation 産科病棟 产科病房	intensive care unit le service de soins intensifs die Intensivstation 集中治療室 加护病房
admitted admis aufgenommen 病院に運ばれた 收治的	clinic la clinique die Klinik 診療所 诊所	children's ward la pédiatrie die Kinderstation 小児病棟 儿童病房	private room la chambre privée das Privatzimmer 個室 单人病房	outpatient le malade en consultation externe der ambulante Patient 外来患者 门诊病人

departments • les services • die Abteilungen • 診療部門 • 科室

ENT • l'O.R.L.
• die HNO-Abteilung
• 耳鼻咽喉科 • 耳鼻喉科

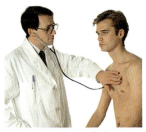

cardiology • la cardiologie
• die Kardiologie • 心臓病科
• 心脏病科

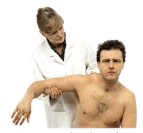

orthopaedy • l'orthopédie
• die Orthopädie • 整形外科
• 整形外科

gynaecology • la gynécologie
• die Gynäkologie • 婦人科 • 妇科

physiotherapy • la
kinésithérapie • die
Physiotherapie • 理学療法科
• 理疗科

dermatology • la dermatologie
• die Dermatologie • 皮膚科 • 皮
肤科

paediatrics • la pédiatrie
• die Pädiatrie • 小児科 • 儿科

radiology • la radiologie
• die Radiologie • 放射線科
• 放射科

surgery • la chirurgie
• die Chirurgie • 外科
• 外科

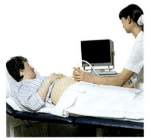

maternity • la maternité
• die Entbindungsstation • 産科
• 产科

psychiatry • la psychiatrie
• die Psychiatrie • 精神科
• 精神科

ophthalmology
• l'ophtalmologie
• die Ophthalmologie • 眼科
• 眼科

neurology	urology	plastic surgery	pathology	result
la neurologie	l'urologie	la chirurgie esthétique	la pathologie	le résultat
die Neurologie	die Urologie	die plastische Chirurgie	die Pathologie	das Ergebnis
神経科	泌尿器科	形成外科	病理学	結果
神经科	泌尿科	矫形外科	病理学	结果
oncology	endocrinology	referral	test	consultant
l'oncologie	l'endocrinologie	l'orientation d'un patient	l'analyse	le spécialiste
die Onkologie	die Endokrinologie	die Überweisung	die Untersuchung	der Facharzt
腫瘍科	内分泌科	(専門医などへの) 紹介	検査	専門医
肿瘤科	内分泌科	转诊	检查	专科医生

dentist • le dentiste • der Zahnarzt • 歯科医 • 牙医

tooth • la dent • der Zahn • 歯 • 牙齿

enamel
l'émail
der Zahnschmelz
エナメル質
釉质

gum
la gencive
das Zahnfleisch
歯ぐき
牙龈

nerve
le nerf
der Nerv
神経
神经

root
la racine
die Zahnwurzel
歯根
牙根

premolar
la prémolaire
der vordere
Backenzahn
小臼歯
前白齿

incisor
l'incisive
der Schneidezahn
門歯
门牙

molar
la molaire
der Backenzahn
臼歯
白齿

canine
la canine
der Eckzahn
犬歯
犬齿

toothache la rage de dents die Zahnschmerzen 歯痛 牙痛	drill la fraise der Bohrer ドリル 牙钻
plaque la plaque der Zahnbelag 歯垢 牙菌斑	dental floss le fil dentaire die Zahnseide デンタルフロス 牙线
decay la carie die Karies 虫歯 龋齿	extraction l'extraction die Extraktion 抜歯 拔牙
filling le plombage die Zahnfüllung 充填剤 填充物	crown la couronne die Krone 人工歯冠 齿冠

check-up • la visite de contrôle • der Check-up • 診察 • 检查

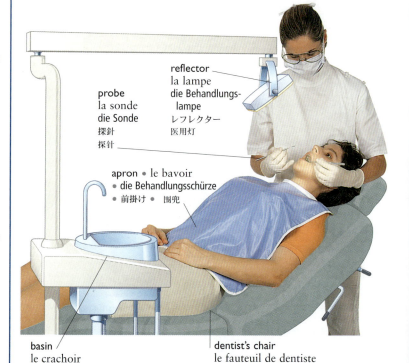

reflector
la lampe
die Behandlungs-
lampe
レフレクター
医用灯

probe
la sonde
die Sonde
探針
探针

apron • le bavoir
• die Behandlungsschürze
• 前掛け • 围兜

basin
le crachoir
das Speibecken
うがい台
漱口池

dentist's chair
le fauteuil de dentiste
der Patientenstuhl
歯科診察台
牙科椅

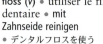

floss (v) • utiliser le fil
dentaire • mit
Zahnseide reinigen
• デンタルフロスを使う
• 用牙线洁齿

brush (v) • brosser
• bürsten • 歯ブラシで磨
く • 刷牙

brace • l'appareil
dentaire • die
Zahnspange • 歯列矯正器
• 畸齿矫正器

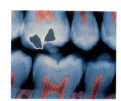

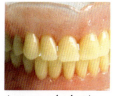

dental x-ray • la radio
dentaire • die Röntgen-
aufnahme • 歯科レントゲ
ン • 口腔X光

x-ray film • la radio
• das Röntgenbild
• X線写真 • 牙片

dentures • le dentier
• die Zahnprothese
• 義歯、入れ歯 • 假牙

optician • l'opticien • der Augenoptiker • 眼鏡屋 • 配镜师

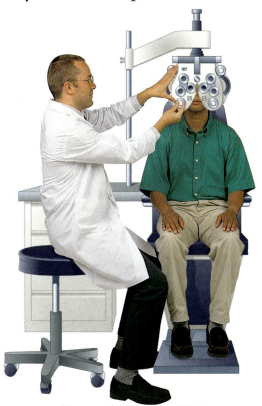

case
l'etui
das Futteral
ケース
眼镜盒

lens
le verre
das Glas
レンズ
镜片

frame
la monture
das Brillengestell
フレーム
镜架

glasses • les lunettes • die Brille
• 眼鏡 • 眼镜

sunglasses • les lunettes de soleil
• die Sonnenbrille • サングラス • 太阳镜

cleaning fluid
la solution nettoyante
das Reinigungsmittel
洗浄液
清洁液

disinfectant solution
la solution désinfectante
das Desinfektionsmittel
消毒液
消毒液

lens case
l'étui à lentilles
der Kontaktlinsenbehälter
レンズケース
隐形眼镜盒

contact lenses • les lentilles de contact • die Kontaktlinsen • コンタクトレンズ
• 隐形眼镜

eye test • l'examen de la vue • der Sehtest
• 视力检查 • 视力检查

eye • l'œil • das Auge • 目 • 眼睛

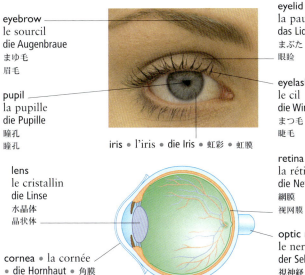

eyebrow
le sourcil
die Augenbraue
まゆ毛
眉毛

pupil
la pupille
die Pupille
瞳孔
瞳孔

eyelid
la paupière
das Lid
まぶた
眼睑

eyelash
le cil
die Wimper
まつ毛
睫毛

iris • l'iris • die Iris • 虹彩 • 虹膜

lens
le cristallin
die Linse
水晶体
晶状体

retina
la rétine
die Netzhaut
網膜
视网膜

optic nerve
le nerf optique
der Sehnerv
視神経
视神经

cornea • la cornée
• die Hornhaut • 角膜
• 角膜

vision la vue die Sehkraft 视力 视力	astigmatism l'astigmatisme der Astigmatismus 乱视 散光
diopter la dioptrie die Dioptrie ジオプトリー 屈光度	long sight la presbytie die Weitsichtigkeit 远视 远视
tear la larme die Träne 涙 眼泪	short sight la myopie die Kurzsichtigkeit 近视 近视
cataract la cataracte der graue Star 白内障 白内障	bifocal bifocal Bifokal- 远近两用的 双光的

pregnancy • la grossesse • die Schwangerschaft • 妊娠 • 怀孕

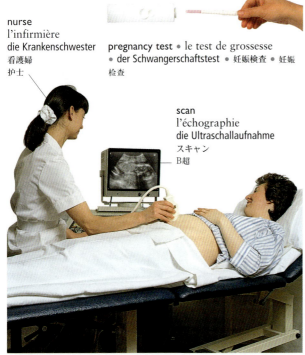

nurse
l'infirmière
die Krankenschwester
看護婦
护士

pregnancy test • le test de grossesse
• der Schwangerschaftstest • 妊娠検査 • 妊娠
検査

scan
l'échographie
die Ultraschallaufnahme
スキャン
B超

ultrasound • les ultrasons • der Ultraschall • 超音波診断
• 超声波（检查）

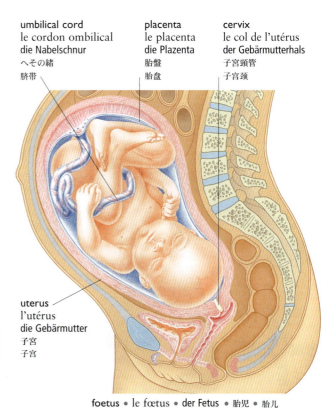

umbilical cord
le cordon ombilical
die Nabelschnur
へその緒
脐带

placenta
le placenta
die Plazenta
胎盤
胎盘

cervix
le col de l'utérus
der Gebärmutterhals
子宮頸管
子宫颈

uterus
l'utérus
die Gebärmutter
子宮
子宫

foetus • le fœtus • der Fetus • 胎児 • 胎儿

ovulation l'ovulation der Eisprung 排卵 排卵	antenatal prénatal vorgeburtlich 出産前の 出生前	amniotic fluid le liquide amniotique das Fruchtwasser 羊水 羊水	dilation la dilatation die Erweiterung （子宮頸管の）拡張 扩张术	stitches les points de suture die Naht 縫合 缝合	breech par le siège Steiß- 逆子 逆产
conception la conception die Empfängnis 受胎 怀孕	trimester le trimestre das Trimester 妊娠の一期 怀孕三个月	amniocentesis l'amniocentèse die Amniozentese 羊水穿刺 羊水穿刺诊断	epidural la péridurale die Periduralanästhesie 硬膜外麻酔 硬膜外麻醉	delivery l'accouchement die Entbindung 分娩 分娩	premature prématuré vorzeitig 未熟の 早产的
pregnant enceinte schwanger 妊娠している 怀孕的	embryo l'embryon der Embryo （初期の）胎児 胚胎	contraction la contraction die Wehe （子宮の）収縮 宫缩	caesarean section la césarienne der Kaiserschnitt 帝王切開 剖腹产	birth la naissance die Geburt 出産 出生	gynaecologist le gynécologue der Gynäkologe 婦人科医 妇科医生
expectant enceinte schwanger 妊娠中の 待产的	womb l'utérus die Gebärmutter 子宮 子宫	break waters (v) perdre les eaux das Fruchtwasser geht ab 破水する 破羊水	episiotomy l'épisiotomie der Dammschnitt 会陰切開 外阴切开术	miscarriage la fausse couche die Fehlgeburt 流産 流产	obstetrician l'obstétricien der Geburtshelfer 産科医 产科医生

childbirth • la naissance • die Geburt • 出産 • 分娩

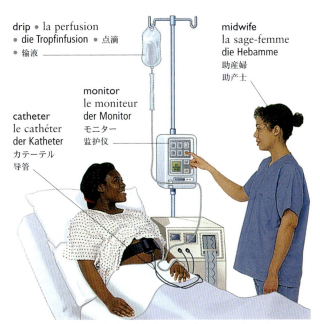

drip • la perfusion
• die Tropfinfusion • 点滴
• 输液

monitor
le moniteur
der Monitor
モニター
监护仪

catheter
le cathéter
der Katheter
カテーテル
导管

midwife
la sage-femme
die Hebamme
助産婦
助产士

induce labour (v) • déclencher l'accouchement • die Geburt
einleiten • 陣痛を促す • 引产

forceps • le forceps
• die Geburtszange
• 鉗子 • 产钳

ventouse cup • la ventouse
• die Saugglocke • 吸引カップ
• 吸杯

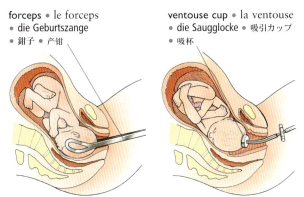

assisted delivery • l'accouchement assisté • die assistierte
Entbindung • 補助分娩 • 助产

identity tag • le bracelet d'identité
• das Erkennungsetikett • 認識票、名札
• 身份标签

newborn baby • le nouveau-né • das Neugeborene
• 新生児 • 新生儿

incubator • la couveuse • der Brutkasten • 保育器 • 育婴箱

scales
le pèse-bébé
die Waage
乳児用の体重計
婴儿秤

birth weight • le poids de naissance • das Geburtsgewicht
• 出生時の体重 • 出生时体重

nursing • l'allaitement • das Stillen • 授乳
• 哺乳

breast pump • la pompe à lait
• die Brustpumpe • 搾乳器 • 吸乳器

nursing bra • le soutien-
gorge d'allaitement
• der Stillbüstenhalter • 授乳
用のブラジャー • 哺乳胸罩

breastfeed (v) • donner le sein
• stillen • 授乳する • 喂母乳

pads • les coussinets
• die Einlagen • パッド
• 乳垫

alternative therapy • les thérapies alternatives • die Alternativtherapien • 代替療法 • 替代疗法

teacher
le maître
der Lehrer
指導者
辅导教师

massage • le massage
• die Massage • マッサージ • 按摩

shiatsu • le shiatsu
• das Shiatsu • 指圧 • 指压按摩

yoga • le yoga • das Yoga • ヨガ • 瑜伽

mat
le tapis
die Matte
マット
垫子

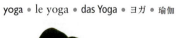

chiropractic • la chiropractie
• die Chiropraktik • 脊柱指压療法
• 脊柱按摩法

osteopathy • l'ostéopathie
• die Osteopathie • 整骨療法
• 整骨疗法

reflexology • la réflexiologie
• die Reflexzonenmassage • 反
射法 • 足底反射疗法

meditation • la méditation
• die Meditation • 瞑想 • 冥想

counsellor • le conseiller
• der Berater • カウンセラー
• 顾问

reiki • le reiki • das Reiki
• 霊気(療法) • 灵气疗法

acupuncture • l'acuponcture
• die Akupunktur • 鍼療法 • 针灸

group therapy • la thérapie de groupe • die Gruppentherapie
• 集団療法 • 集体治疗

ayurveda • la médecine
ayurvédique • das Ayurveda
• アーユルベーダ • 印度草药疗法

hypnotherapy
• l'hypnothérapie
• die Hypnotherapie • 催眠療法
• 催眠疗法

essential oils • les huiles
essentielles • die ätherischen
Öle • 精油(芳香油) • 精油

herbalism • la phytothérapie
• die Kräuterheilkunde • 薬草学
• 草药学

aromatherapy
• l'aromathérapie • die
Aromatherapie • アロマテラピー
• 芳香疗法

homeopathy
• l'homéopathie • die
Homöopathie • 同種療法 • 顺势
疗法

acupressure • l'acupression
• die Akupressur • 指圧療法
• 指压疗法

therapist • la thérapeute • die Therapeutin
• セラピスト • 治疗师

psychotherapy • la
psychothérapie • die
Psychotherapie • 心理療法 • 精神疗法

crystal healing	naturopathy	relaxation	herb
la guérison par cristaux	la naturopathie	la relaxation	les herbes médicinales
die Kristalltherapie	die Naturheilkunde	die Entspannung	das Heilkraut
水晶療法	自然療法	リラクゼーション	ハーブ, 薬草
水晶疗法	自然疗法	放松	药草
hydrotherapy	feng shui	stress	supplement
l'hydrothérapie	le feng shui	le stress	le supplément
die Wasserbehandlung	das Feng Shui	der Stress	die Ergänzung
水治療法	風水	ストレス	栄養補助食品
水疗	风水	压力	营养品

home
la maison
das Haus
住宅
家居

house • la maison • das Haus • 住宅 • 房屋

roof
le toit
das Dach
屋根
屋顶

chimney
la cheminée
der Schornstein
煙突
烟囱

dormer window
le chien assis
das Mansardenfenster
屋根窓
屋顶窗

gutter
la gouttière
die Dachrinne
樋
檐槽

tile
la tuile
der Dachziegel
瓦
瓦片

wall
le mur
die Mauer
壁
墙壁

eaves
l'avant-toit
der Dachvorsprung
ひさし
屋檐

shutter
le volet
der Fensterladen
よろい戸
百叶窗

porch
le porche
das Vordach
ポーチ
门廊

window
la fenêtre
das Fenster
窓
窗户

extension
l'agrandissement
der Anbau
増築部分
(建筑物)增建部分

path
l'allée
der Weg
小道
小径

front door
la porte d'entrée
die Haustür
玄関 (入口)
前门

detached individuelle Einzel(haus) 一戸建ての 独立式	townhouse la maison de deux étages das dreistöckige Haus タウンハウス 独栋住宅	garage le garage die Garage 車庫 车库	floor l'étage das Stockwerk 階 楼层	burglar alarm l'alarme die Alarmanlage 防犯ベル 防盗警报	rent (v) louer mieten 賃借する 租用
semidetached mitoyenne Doppel(haus) 二軒一棟の 半独立式	bungalow la pavillon der Bungalow 平屋建ての家 平房	attic le grenier der Dachboden アチック 阁楼	courtyard la cour der Hof 中庭 庭院	letterbox la boîte aux lettres der Briefkasten 郵便受け 信箱	rent le loyer die Miete 賃貸料, 家賃 房租
terraced attenante Reihen(haus) 長屋式の 连排式	basement le sous-sol das Kellergeschoss 地下室 地下室	room la chambre das Zimmer 部屋 房间	porch light la lampe d'entrée die Haustürlampe 玄関灯 门廊灯	landlord le propriétaire der Vermieter 家主 房东	tenant le locataire der Mieter 借家人, 間借人 房客

entrance • l'entrée • der Eingang • 玄関 • 入口

flat • l'appartement • die Wohnung • アパート • 公寓

hand rail
la main courante
das Geländer
手すり
扶手

landing
le palier
der Treppenabsatz
踊り場
楼梯平台

staircase
l'escalier
die Treppe
階段
楼梯

banister
la rampe
das Treppengeländer
手すり子(手すりの支柱)
楼梯栏杆

hallway • le vestibule • die Diele • 玄関の間 • 门厅

balcony • le balcon • der Balkon • バルコニー • 阳台

block of flats • l'immeuble • der Wohnblock • 一棟のアパート • 公寓楼

intercom • l'interphone • die Sprechanlage • インターホン • 对讲器

doorbell • la sonnette • die Türklingel • 呼び鈴 • 门铃

doormat • le paillasson • der Fußabtreter • ドアマット • 门垫

door knocker • le marteau de porte • der Türklopfer • ノッカー • 门环

door chain • la chaîne de sûreté • die Türkette • ドアチェーン • 门链

key • la clef • der Schlüssel • 鍵 • 钥匙

lock • la serrure • das Schloss • 錠 • 锁

bolt • le verrou • der Türriegel • かんぬき, 差し錠 • 门闩

lift • l'ascenseur • der Fahrstuhl • エレベーター • 电梯

internal systems • les systèmes domestiques • die Hausanschlüsse • 家庭内の装置 • 室内系统

radiator • le radiateur • der Heizkörper • 暖房 • 暖气片

blade • l'aile • der Flügel
• 羽 • 扇叶

fan • le ventilateur • der Ventilator • 扇風機 • 风扇

heater • l'appareil de chauffage • der Heizofen • ストーブ, ヒーター • 电暖器

convector heater • le convecteur • der Heizlüfter • 対流式暖房 • 对流式电暖器

---

electricity • l'électricité • die Elektrizität • 電気 • 电

filament
le filament
der Glühfaden
フィラメント
灯丝

bayonet fitting • le culot à baïonette • die Bajonettfassung
• 差込みプラグ
• 灯泡接口

light bulb • l'ampoule • die Birne • 電球 • 灯泡

earthing • la mise à la terre • die Erdung
• アース • 接地

pin • la broche
• der Pol • 叉, ピン
• 插片

plug • la prise • der Stecker
• プラグ • 插头

neutral • neutre
• neutral • 中性の(帯電していない) • 零线

live • sous tension
• geladen
• 電流が通じた
• 火线

wires • les fils • die Leitung
• 電線 • 电线

---

voltage la tension die Spannung 電圧 电压	fuse le fusible die Sicherung ヒューズ 保险丝	socket la prise de courant die Steckdose コンセント 插座	direct current le courant continu der Gleichstrom 直流 直流电	transformer le transformateur der Transformator 変圧器 变压器
amp l'ampère das Ampère アンペア 安培	fuse box la boîte à fusibles der Sicherungskasten ヒューズ箱 保险盒	switch l'interrupteur der Schalter スイッチ 开关	electricity meter le compteur d'électricité der Stromzähler 電気メーター 电表	mains supply le réseau d'électricité das Stromnetz 電力供給網 供电系统
power le courant der Strom 電力 电力	generator la génératrice der Generator 発電機 发电机	alternating current le courant alternatif der Wechselstrom 交流 交流电	power cut la coupure de courant der Stromausfall 停電 停电	

plumbing • la plomberie • die Installation • 配管 • 管道装置

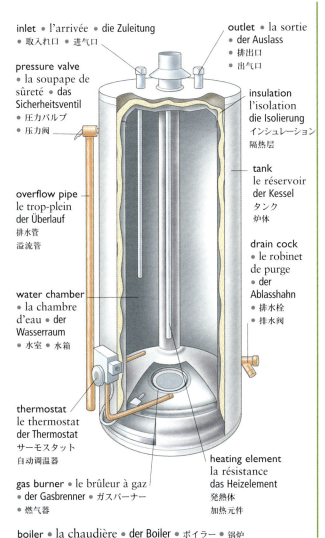

inlet • l'arrivée • die Zuleitung
● 取入れ口 ● 进气口

outlet • la sortie
● der Auslass
● 排出口
● 出气口

pressure valve
● la soupape de
sûreté • das
Sicherheitsventil
● 圧力バルブ
● 压力阀

insulation
l'isolation
die Isolierung
インシュレーション
隔热层

overflow pipe
le trop-plein
der Überlauf
排水管
溢流管

tank
le réservoir
der Kessel
タンク
炉体

water chamber
● la chambre
d'eau • der
Wasserraum
● 水室 ● 水箱

drain cock
● le robinet
de purge
● der
Ablasshahn
● 排水栓
● 排水阀

thermostat
le thermostat
der Thermostat
サーモスタット
自动调温器

gas burner • le brûleur à gaz
● der Gasbrenner • ガスバーナー
● 燃气器

heating element
la résistance
das Heizelement
発熱体
加热元件

boiler • la chaudière • der Boiler • ボイラー • 锅炉

sink • l'évier • die Spüle • 流し • 洗涤槽

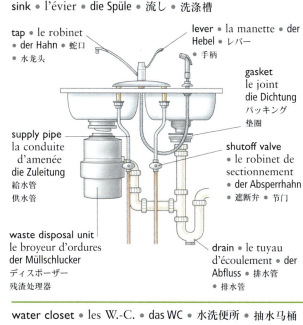

tap • le robinet
● der Hahn • 蛇口
● 水龙头

lever • la manette • der
Hebel • レバー
● 手柄

gasket
le joint
die Dichtung
パッキング
垫圈

supply pipe
la conduite
d'amenée
die Zuleitung
給水管
供水管

shutoff valve
● le robinet de
sectionnement
● der Absperrhahn
● 遮断弁 ● 节门

waste disposal unit
le broyeur d'ordures
der Müllschlucker
ディスポーザー
残渣处理器

drain • le tuyau
d'écoulement • der
Abfluss • 排水管
● 排水管

water closet • les W.-C. • das WC • 水洗便所 • 抽水马桶

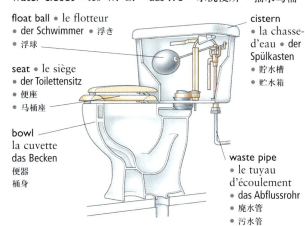

float ball • le flotteur
● der Schwimmer • 浮き
● 浮球

cistern
● la chasse-
d'eau • der
Spülkasten
● 贮水槽
● 贮水箱

seat • le siège
● der Toilettensitz
● 便座
● 马桶座

bowl
la cuvette
das Becken
便器
桶身

waste pipe
● le tuyau
d'écoulement
● das Abflussrohr
● 废水管
● 污水管

waste disposal • l'enlèvement de déchets • die Abfallentsorgung • ゴミ処理 • 垃圾处理

bottle
la bouteille
die Flasche
瓶
瓶子

recycling bin • la boîte à
déchets recyclables • der
Recyclingbehälter • リサイクル用容
器 • 垃圾回收箱

lid
le couvercle
der Deckel
ふた
盖子

pedal
la pédale
der Trethebel
ペダル
踏板

rubbish bin • la poubelle
● der Abfalleimer • ゴミ入れ
● 垃圾桶

sorting unit • la boîte de tri
● die Abfallsortiereinheit
● 分别箱 ● 分类箱

organic waste • les déchets
bios • der Bio-Abfall
● 有機性廃棄物 ● 有机废物

living room • le salon • das Wohnzimmer • 居間 • 起居室

painting
le tableau
das Gemälde
絵
画

frame
le cadre
der Bilderrahmen
額縁
画框

lamp
la lampe
die Lampe
ランプ
灯

wall light
l'applique
die Wandlampe
ウォールライト
壁灯

clock
la pendule
die Uhr
時計
钟表

ceiling
le plafond
die Decke
天井
天花板

cabinet
la vitrine
die Vitrine
飾り棚
储物柜

sofa
le canapé
das Sofa
ソファー
沙发

cushion
le coussin
das Sofakissen
クッション
靠垫

coffee table
la table basse
der Couchtisch
コーヒーテーブル
茶几

floor
le sol
der Fußboden
床
地板

mirror
le miroir
der Spiegel
鏡
镜子

vase
le vase
die Vase
花瓶
花瓶

mantelpiece
la tablette de cheminée
der Kaminsims
マントルピース
壁炉台

fireplace
la cheminée
der Kamin
暖炉
壁炉

screen
le garde-feu
das Kamingitter
つい立て
挡火板

candle
la bougie
die Kerze
ろうそく
蜡烛

bookshelf
la bibliothèque
das Bücherregal
本棚
书架

sofabed
le canapé-lit
die Bettcouch
ソファーベッド
沙发床

rug
le tapis
der Teppich
ラグ
地毯

curtain • le rideau • der Vorhang • カーテン • 窗帘

net curtain • le brise-bise • die Gardine • カフェカーテン • 窗幔

venetian blind • le store vénitien • die Jalousie • ブラインド • 百叶窗

roller blind • le store • das Rollo • 巻き上げ式ブラインド • 卷帘

moulding • la moulure • der Stuck • 刳り形 • 装饰脚线

armchair • le fauteuil • der Sessel • ひじかけいす • 扶手椅

study • le bureau • das Arbeitszimmer • 書斎 • 书房

dining room • la salle à manger • das Esszimmer • ダイニングルーム • 餐厅

pepper
le poivre
der Pfeffer
コショウ
胡椒粉

salt
le sel
das Salz
塩
盐

table
la table
der Tisch
テーブル
餐桌

crockery
la vaisselle
das Geschirr
(陶器の) 食器類
陶瓷餐具

cutlery
les couverts
das Besteck
ナイフ・フォーク・スプーン類
餐具

chair
la chaise
der Stuhl
いす
椅子

back
le dossier
die Lehne
背もたれ
椅背

seat
le siège
die Sitzfläche
座部
座位

leg
le pied
das Bein
脚
椅子腿

lay the table (v) mettre la table den Tisch decken 食卓の用意をする 摆桌子	**place mat** le napperon das Set 卓上マット 餐具垫	**lunch** le déjeuner das Mittagessen 昼食 午餐	**full** rassasié satt 満腹 饱	**host** l'hôte der Gastgeber 主人役 主人	Can I have some more, please? Encore un peu, s'il vous plaît? Könnte ich bitte noch ein bisschen haben? もう少しいただけますか？ 请再给我加一些，好吗?
serve (v) servir servieren 食事を出す 上菜	**tablecloth** la nappe die Tischdecke テーブルクロス 桌布	**dinner** le dîner das Abendessen ディナー, 夕食 晚餐	**portion** la portion die Portion 1 人前 一份	**hostess** l'hôtesse die Gastgeberin 女性の主人役 女主人	I've had enough, thank you. Non merci, j'en ai eu assez. Ich bin satt, danke. 十分いただきました。ありがとうございました。 我吃饱了,谢谢。
eat (v) manger essen 食べる 吃	**breakfast** le petit déjeuner das Frühstück 朝食 早餐	**hungry** (avoir) faim hungrig 空腹 饿	**meal** le repas das Essen 食事 饭菜	**guest** l'invité der Gast (招待) 客 客人	That was delicious. C'était délicieux. Das war lecker. おいしかったです。 很好吃。

crockery and cutlery • la vaisselle et les couverts • das Geschirr und das Besteck ● 食器類とナイフ・フォーク・スプーン類 • 餐具

mug • la grande tasse
• der Becher • マグ
● 马克杯

coffee cup • la tasse à
café • die Kaffeetasse
● コーヒーカップ
● 咖啡杯

teacup • la tasse à thé
• die Teetasse • ティーカッ
プ • 茶杯

teaspoon • la cuiller à café
• der Teelöffel • ティースプーン
● 茶匙

plate • l'assiette
• der Teller • 皿
● 盘子

bowl • le bol • die
Schüssel • ボウル • 碗

cafetière • la cafetière
• die Cafetière • コーヒーポ
ット • 咖啡壶

teapot • la théière
• die Teekanne • ティー
ポット • 茶壶

jug • le pot
• das Kännchen • ジ
ャッグ • 帯柄水壶

egg cup • le coquetier
• der Eierbecher • ゆで卵立
て • 蛋杯

wine glass • le verre à vin
• das Weinglas • ワイングラス
● 酒杯

tumbler
le verre
das Wasserglas
タンブラー
平底玻璃杯

glassware • la verrerie
• die Glaswaren • ガラス食
器 • 玻璃器皿

napkin ring
le rond de serviette
der Serviettenring
ナプキンリング
餐巾套环

side plate
l'assiette à dessert
der Beilagenteller
小皿
甜点盘

dinner plate
l'assiette plate
der Essteller
ディナー皿
正餐用盘

soup bowl
l'assiette à soupe
der Suppenteller
スープ皿
汤盆

soup spoon • la cuiller à
soupe • der Suppenlöffel
● スープ用スプーン • 汤匙

napkin
la serviette
die Serviette
ナプキン
餐巾

fork • la fourchette
• die Gabel • フォーク
● 餐叉

spoon
la cuiller
der Löffel
スプーン
餐匙

knife
le couteau
das Messer
ナイフ
餐刀

place setting • le couvert • das Gedeck • 一人分の食器 • 餐具摆放

kitchen • la cuisine • die Küche • 台所 • 厨房

shelves
l'étagère
das Küchenregal
棚
搁架

splashback
le revêtement
der Spritzschutz
はね水よけ
防溅挡板

tap
le robinet
der Wasserhahn
蛇口
水龙头

sink
l'évier
das Spülbecken
流し
洗涤槽

drawer
le tiroir
die Schublade
引き出し
抽屉

extractor
la hotte
der Dunstabzug
換気扇
抽油烟机

ceramic hob • la table de cuisson céramique • das Glaskeramikkochfeld • セラミック製のレンジの調理面 • 陶瓷炉台

worktop
le plan de travail
die Arbeitsfläche
調理台
操作台

oven
le four
der Backofen
オーブン
烤箱

cabinet
le placard
der Küchenschrank
戸棚
橱柜

appliances • les appareils ménagers • die Küchengeräte • （台所用）電気器具 • 厨房电器

microwave oven • le micro-ondes
• die Mikrowelle • 電子レンジ • 微波炉

kettle • la bouilloire
électrique • der
Elektrokessel • 電気ポット • 电水壶

toaster • le grille-pain • der Toaster
• トースター
• 烤面包机

mixing bowl
le bol du mixeur
die Mixerschüssel
ミキシングボウル
搅拌容器

blade
la lame
das Messer
刃
刀片

food processor • le robot
ménager • die
Küchenmaschine • フードプロセッサー • 食品加工器

lid
le couvercle
der Deckel
ふた
盖子

blender • le mixeur
• der Mixer • ミキサー
• 搅拌器

dishwasher • le lave-vaisselle • die Spülmaschine
• 食器洗い機 • 洗碗机

ice maker
le freezer
das Eisfach
製水器
制冰室

freezer
le congélateur
das Gefrierfach
冷凍庫
冷冻室

refrigerator
le réfrigérateur
der Kühlschrank
冷蔵庫
冷藏室

shelf
la clayette
der Rost
棚
搁板

crisper • le bac
à légumes
• das Gemüsefach
• 野菜保存室
• 蔬菜保鲜格

fridge-freezer • le réfrigérateur-congélateur • der Gefrier-Kühlschrank
• 冷凍冷蔵庫 • 双门电冰箱

hob la table de cuisson das Kochfeld 加熱調理の天板 炉盘	freeze (v) congeler einfrieren 冷凍する 冷冻
draining board l'égouttoir das Abtropfbrett 水切り台 餐具沥水架	defrost (v) décongeler auftauen 解凍する 解冻
burner le brûleur der Brenner バーナー 火炉	steam (v) cuire à la vapeur dämpfen 蒸す 蒸
rubbish bin la poubelle der Mülleimer ゴミ入れ 垃圾桶	sauté (v) faire sauter anbraten ソテーする 炒

cooking • la cuisine • das Kochen • 料理法 • 烹饪

peel (v) • éplucher
• schälen • 皮をむく
• 削皮

slice (v) • couper
• schneiden • 薄切りにす
る • 切片

grate (v) • râper
• reiben • おろす
• 擦碎

pour (v) • verser
• gießen • 注ぐ • 注水

mix (v) • mélanger
• verrühren • 混ぜる
• 搅拌

whisk (v) • battre
• schlagen • 泡立てる
• 搅打

boil (v) • bouillir
• kochen • ゆでる
• 煮沸

fry (v) • frire
• braten • 焼く、いためる
• 煎

roll (v) • étaler au
rouleau • ausrollen • （めん
棒で）伸ばす • 擀

stir (v) • remuer
• rühren • かき混ぜる
• 搅动

simmer (v) • mijoter
• köcheln lassen
• とろ火で煮る • 文火烧，
煨，炖

poach (v) • pocher
• pochieren • （沸騰寸前
の湯で）煮る • 沸水煮

bake (v) • cuire au
four • backen • オーブ
ンで焼く • 烘制

roast (v) • rôtir
• braten • ローストする
• 烤制

grill (v) • griller
• grillen • （グリルなどで）
焼く • 烧烤

kitchenware • les ustensiles de cuisine • die Küchengeräte • 台所用品 • 厨具

bread knife • le couteau à pain • das Brotmesser • パン切りナイフ • 面包刀

chopping board • la planche à hacher • das Hackbrett • まな板 • 案板

kitchen knife • le couteau de cuisine • das Küchenmesser • 包丁 • 厨刀

cleaver • le fendoir • das Hackmesser • 大包丁 • 切肉刀

knife sharpener • l'aiguisoir • der Messerschärfer • 包丁研ぎ • 磨刀器

meat tenderizer • l'attendrisseur • der Fleischklopfer • 肉たたき • 松肉槌

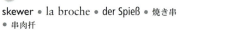

skewer • la broche • der Spieß • 焼き串 • 串肉扦

pestle
le pilon
der Stößel
乳棒
研杵

peeler • l'épluche-légume • der Schäler • 皮むき器 • 削皮刀

apple corer le vide-pomme der Apfelstecher リンゴの心抜き器 苹果去核器

grater • la râpe • die Reibe • おろし器 • 礤床

mortar • le mortier • der Mörser • すり鉢 • 研钵

masher • le presse-purée • der Kartoffelstampfer • ポテトマッシャー • 捣泥器

can opener • l'ouvre-boîte • der Dosenöffner • 缶切り • 开罐器

bottle opener • l'ouvre-bouteille • der Flaschenöffner • 栓抜き • 开瓶器

garlic press • le presse-ail • die Knoblauchpresse • ニンニクつぶし器 • 压蒜器

serving spoon • la cuiller à servir • der Servierlöffel • 取り分け用のスプーン • 分餐匙

fish slice • la pelle à poisson • der Pfannenwender • フライ返し • 煎鱼铲

colander • la passoire • das Sieb • 水切り • 滤锅

spatula • la spatule • der Spachtel • へら • 刮铲

wooden spoon • la cuiller en bois • der Holzlöffel • 木のスプーン • 木勺

slotted spoon • l'écumoire • der Schaumlöffel • 穴あきおたま • 漏勺

ladle • la louche • der Schöpflöffel • おたま • 长柄勺

carving fork • la fourchette à découper • die Tranchiergabel • 取り分け用大型フォーク • 切肉叉

scoop • la cuiller à glace • der Portionierer • アイスクリームスプーン • 深口圆匙

whisk • le fouet • der Schneebesen • 泡立て器 • 打蛋器

sieve • la passoire • das Sieb • こし器 • 滤网

lid • le couvercle • der Deckel • ふた • 锅盖

non-stick • anti-adhérent • kunststoffbeschichtet • こげつき防止 • 不粘的

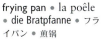

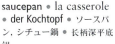

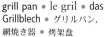

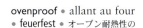

frying pan • la poêle • die Bratpfanne • フライパン • 煎锅

saucepan • la casserole • der Kochtopf • ソースパン、シチュー鍋 • 长柄深平底锅

grill pan • le gril • das Grillblech • グリルパン，網焼き器 • 烤架盘

wok • le wok • der Wok • 中華鍋 • 炒锅

earthenware dish • le fait-tout • der Schmortopf • 土鍋 • 陶锅

glass • en verre • Glas- • ガラス • 玻璃

ovenproof • allant au four • feuerfest • オーブン耐熱性の • 耐热

mixing bowl • le grand bol • die Rührschüssel • （材料を混ぜる）ボウル • 搅拌碗

soufflé dish • le moule à soufflé • die Souffléform • スフレ皿 • 雪花酥模子

gratin dish • le plat à gratin • die Auflaufform • グラタン皿 • 烘烤菜肴盘

ramekin • le ramequin • das Auflauffőrmchen • ラムキン皿 • 干酪蛋糕模

casserole dish • la cocotte • die Kasserolle • キャセロール • 炖锅

baking cakes • la pâtisserie • das Kuchenbacken • ケーキ作り • 蛋糕制作

scales • la balance • die Haushaltswaage • はかり • 秤

measuring jug • le pot gradué • der Messbecher • 計量カップ • 量壶

cake tin • le moule à gâteaux • die Kuchenform • ケーキの焼き型 • 蛋糕烤模

pie tin • la tourtière • die Pastetenform • パイの焼き型 • 馅饼烤模

flan tin • le moule à tarte • die Obstkuchenform • タルト型 • 水果馅饼烤模

pastry brush • le pinceau à pâtisserie • der Backpinsel • はけ • 面粉刷

rolling pin • le rouleau pâtissier • das Nudelholz • めん棒 • 擀面杖

piping bag • la poche à douille • der Spritzbeutel • 絞り出し袋 • 蛋糕裱花袋

muffin tray • le moule à muffins • die Törtchenform • マフィン焼き器 • 松饼烤盘

baking tray • la plaque à gâteaux • das Kuchenblech • 焼き板 • 烤盘

cooling rack • la grille de refroidissement • das Abkühlgitter • 冷まし網 • 冷却架

oven glove • le gant isolant • der Topfhandschuh • オーブン用手袋 • 烤箱手套

apron • le tablier • die Schürze • エプロン • 围裙

bedroom • la chambre • das Schlafzimmer • 寝室 • 卧室

wardrobe
l'armoire
der Kleiderschrank
洋服だんす
衣橱

bedside lamp
la lampe de chevet
die Nachttischlampe
サイドランプ
床头灯

headboard
la tête de lit
das Kopfende
ヘッドボード
床头板

bedside table
la table de nuit
der Nachttisch
ナイトテーブル
床头柜

chest of drawers
la commode
die Kommode
整理だんす
五斗橱

drawer
le tiroir
die Schublade
引き出し
抽屉

bed
le lit
das Bett
ベッド
床

mattress
le matelas
die Matratze
マットレス
床垫

bedspread
le couvre-lit
die Tagesdecke
ベッドカバー
床罩

pillow
l'oreiller
das Kopfkissen
枕
枕头

hot-water bottle
• la bouillotte • die
Wärmflasche • 湯たんぽ
• 暖水袋

clock radio • le radio-
réveil • der Radiowecker
• 時計付きラジオ • 时钟收
音机

alarm clock • le réveil
• der Wecker • 目覚まし
時計 • 闹钟

box of tissues • la
boîte de kleenex • die
Papiertaschentuchschachtel
• ティッシュペーパーボッ
クス • 纸巾盒

coat hanger • le cintre
• der Kleiderbügel • ハン
ガー • 衣架

bed linen • le linge de lit • die Bettwäsche
● シーツ・カバー類 ● 床上用品

mirror
le miroir
der Spiegel
鏡
镜子

dressing table
la coiffeuse
der Frisiertisch
化粧台
梳妆台

floor
le sol
der Fußboden
床
地板

pillowcase
la taie d'oreiller
der Kissenbezug
枕カバー
枕套

sheet
le drap
das Bettlaken
シーツ
床单

valance
la frange de lit
der Volant
たれ布
床帷

duvet
la couette
die Bettdecke
羽毛布団
羽绒被

quilt
l'édredon
die Steppdecke
掛け布団
棉被

blanket
la couverture
die Decke
毛布
毯子

single bed	footboard	insomnia	wake up (v)	set the alarm (v)
le lit simple	le pied de lit	l'insomnie	se réveiller	mettre le réveil
das Einzelbett	das Fußende	die Schlaflosigkeit	aufwachen	den Wecker stellen
シングルベッド	(ベッドの) 脚部の板	不眠症	目が覚める	目覚まし時計をセットする
单人床	床脚板	失眠	醒来	设定闹钟
double bed	spring	go to bed (v)	get up (v)	snore (v)
le grand lit	le ressort	se coucher	se lever	ronfler
das Doppelbett	die Sprungfeder	ins Bett gehen	aufstehen	schnarchen
ダブルベッド	(マットレスの)ばね	床に就く	起床する	いびきをかく
双人床	弹簧	上床睡觉	起床	打鼾
electric blanket	carpet	go to sleep (v)	make the bed (v)	built-in wardrobe
la couverture chauffante	le tapis	s'endormir	faire le lit	l'armoire encastrée
die Heizdecke	der Teppich	einschlafen	das Bett machen	der Einbauschrank
電気毛布	カーペット	眠る	ベッドを整える	作りつけの洋服だんす
电热毯	地毯	入睡	整理床铺	内嵌式衣橱

bathroom • la salle de bain • das Badezimmer • バスルーム • 浴室

towel rail
le porte-serviettes
der Handtuchhalter
タオルかけ
毛巾架

shower door
la porte de douche
die Duschtür
浴室のドア
淋浴隔门

cold tap
le robinet d'eau froide
der Kaltwasserhahn
冷水蛇口
冷水龙头

hot tap
le robinet d'eau chaude
der Heißwasserhahn
温水蛇口
热水龙头

shower head
le pommeau de douche
der Duschkopf
シャワーヘッド
淋浴喷头

washbasin
le lavabo
das Waschbecken
洗面台
洗手池

shower
la douche
die Dusche
シャワー
淋浴

plug
la bonde
der Stöpsel
栓
塞子

drain
le tuyau d'écoulement
der Abfluss
排水溝
地漏

toilet seat
le siège des toilettes
der Toilettensitz
便座
马桶座

toilet
les toilettes
die Toilette
トイレ
抽水马桶

toilet brush
la brosse
die Toilettenbürste
トイレ用ブラシ
马桶刷

bathtub • la baignoire
• die Badewanne • 浴槽
• 浴缸

bidet • le bidet • das Bidet
• ビデ • 净身盆

medicine cabinet
la pharmacie de ménage
die Hausapotheke
薬箱
家用药箱

bath mat
le tapis de bain
die Badematte
バスマット
浴室防滑垫

toilet roll
le rouleau de papier hygiénique
die Rolle Toilettenpapier
トイレットペーパー
卫生纸

shower curtain
le rideau de douche
der Duschvorhang
シャワーカーテン
淋浴隔帘

take a shower (v)
prendre une douche
duschen
シャワーを浴びる
洗淋浴

take a bath (v)
prendre un bain
baden
入浴する
洗澡

dental hygiene • l'hygiène dentaire • die Zahnpflege
• 口腔衛生 • 口腔卫生

toothbrush • la brosse à
dents • die Zahnbürste
• 歯ブラシ • 牙刷

dental floss
le fil dentaire
die Zahnseide
デンタルフロス
牙线

toothpaste • le dentifrice
• die Zahnpasta • 歯みがき
• 牙膏

mouthwash • l'eau dentifrice
• das Mundwasser • 口腔洗浄液
• 漱口液

loofah
le luffa
der Luffaschwamm
ヘチマ
丝瓜络

sponge • l'éponge • der Schwamm • スポンジ • 海绵

pumice stone • la pierre ponce • der Bimsstein • 軽石 • 浮石

back brush • la brosse pour le dos • die Rückenbürste • 背中洗い用ブラシ • 背刷

deodorant • le déodorant • das Deo • デオドラント • 除臭剂

soap dish
le porte-savon
die Seifenschale
石けん入れ
肥皂盒

soap • le savon • die Seife • 石けん • 肥皂

shower gel
le gel douche
das Duschgel
ボディソープ
沐浴乳

face cream • la crème pour le visage • die Gesichtscreme • 顔用クリーム • 面霜

bubble bath • le bain moussant • das Schaumbad • バブルバス • 泡泡浴液

hand towel
la serviette
das Handtuch
ハンドタオル
擦手巾

bath towel
la serviette de bain
das Badetuch
バスタオル
浴巾

towels • les serviettes • die Handtücher • タオル • 毛巾

body lotion • la lotion pour le corps • die Körperlotion • ボディローション • 润肤露

talcum powder • le talc • der Körperpuder • タルカムパウダー • 爽身粉

bathrobe • le peignoir • der Bademantel • バスローブ • 浴袍

shaving • le rasage • das Rasieren • ひげそり • 剃须

electric razor
le rasoir électrique
der Elektrorasierer
電気カミソリ
电动剃须刀

shaving foam • la mousse à raser • der Rasierschaum • シェービングフォーム • 剃须泡沫

razor blade
la lame de rasoir
die Rasierklinge
カミソリの刃
剃刀刀片

disposable razor • le rasoir jetable • der Einwegrasierer • 使い捨てカミソリ • 一次性剃须刀

aftershave • l'after-shave • das Rasierwasser • アフターシェーブローション • 须后水

nursery • la chambre d'enfants • das Kinderzimmer • 子ども部屋 • 育嬰室

baby care • les soins de bébé • die Säuglingspflege • 赤ちゃんの世話 • 婴儿护理

nappy rash cream • la crème pour l'érythème • die Wundsalbe • おむつかぶれクリーム • 尿疹膏

wet wipe • la lingette • das Erfrischungstuch • ウェットティッシュ • 湿纸巾

sponge l'éponge der Schwamm スポンジ 海绵

baby bath • la baignoire en plastique • die Babywanne • ベビーバス • 婴儿浴盆

potty • le pot • das Töpfchen • おまる • 婴儿便盆

changing mat • le matelas à langer • die Wickelmatte • 着替え用マット • 换衣垫

sleeping • le coucher • das Schlafen • 眠り • 睡眠

mobile le mobile das Mobile モビール 活动玩具

bars les barreaux die Gitterstäbe 栅 栏杆

sheet le drap das Laken シーツ 床单

blanket • la couverture • die Decke • ブランケット • 毯子

fleece • la couverture laineuse • die Flauschdecke • 羊毛の掛け物 • 羊毛毯

bumper le protège-barreaux der Kopfschutz 当て物 护围

bedding • la literie • das Bettzeug • 寝具類 • 被褥

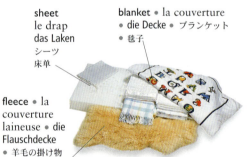

mattress • le matelas • die Matratze • マットレス • 床垫

rattle • le hochet • die Rassel • がらがら • 拨浪鼓

moses basket • le moïse • das Körbchen • ほろ付き揺りかご • 婴儿睡篮

cot • le lit d'enfant • das Kinderbett • ベビーベッド • 婴儿床

playing • le jeu • das Spielen • 遊び • 游戏

doll • la poupée
• die Puppe • 人形 • 娃娃

soft toy • le jouet en peluche
• das Kuscheltier • ぬいぐるみ
• 长毛绒玩具

doll's house • la maison de
poupée • das Puppenhaus
• 人形の家 • 娃娃屋

playhouse • la maison
pliante • das Spielhaus
• おもちゃの家 • 玩具屋

teddy bear • l'ours en
peluche • der Teddy
• ぬいぐるみのクマ
• 长毛绒玩具熊

toy
le jouet
das Spielzeug
おもちゃ
玩具

ball
la balle
der Ball
ボール
球

toy basket • le panier à jouets
• der Spielzeugkorb • おもちゃかご
• 玩具篮

playpen • le parc • der Laufstall
• ベビーサークル • 游戏围栏

safety • la sécurité
• die Sicherheit • 安全
• 安全

child lock • la serrure de
sécurité • die Kindersicherung
• チャイルドロック(安全ロック)
• 儿童安全锁

baby monitor • le moniteur
• die Babysprechanlage
• ベビーモニター
• 婴儿监视器

stair gate • la barrière
d'escalier • das Treppengitter
• 階段ゲート • 楼梯门栏

eating • le manger
• das Essen • 食事
• 饮食

high chair • la chaise haute
• der Kinderstuhl • 幼児用食事い
す • (小孩吃饭时坐的)高脚椅

teat • la tétine
• der Sauger • 乳首
• 奶嘴

drinking cup
la tasse
der Babybecher
コップ
婴儿杯

bottle • le biberon • die
Babyflasche • 哺乳びん
• 奶瓶

going out • la sortie • das Ausgehen • 外出 • 外出

hood
la capote
das Verdeck
フード
遮阳篷

pushchair • la poussette
• der Sportwagen • 折り畳み式乳
母車 • 折叠式婴儿车

pram • le landau • der
Kinderwagen • 乳母車
• 卧式婴儿车

nappy
la couche
die Windel
おしめ
尿布

carrycot • le couffin
• das Tragebettchen • 携帯ベッド
• 手提式婴儿床

changing bag • le sac
• die Babytasche • 着替えバッグ
• 婴儿衣物袋

baby sling • le porte-bébé
• die Babytrageschlinge • だっこ
ひも • 婴儿吊带

utility room • la buanderie • der Allzweckraum • ユーティリティールーム • 洗衣间

laundry • le linge • die Wäsche • 洗濯 • 洗涤

dirty washing
le linge sale
die schmutzige Wäsche
洗濯物
脏衣物

clean clothes
le linge propre
die saubere Wäsche
洗濯済み衣類
干净衣物

laundry basket • le panier à linge • der Wäschekorb • 洗濯物入れ • 洗衣篮

washing machine • le lave-linge • die Waschmaschine • 洗衣机

washer-dryer • le lave-linge séchant • der Waschautomat mit Trockner • 乾燥機能付き洗濯機 • 洗衣干衣机

tumble dryer • le sèche-linge • der Trockner • 乾燥機 • 滚筒式烘干机

linen basket • le panier à linge • der Wäschekorb • 洗濯かご • 衣物篮

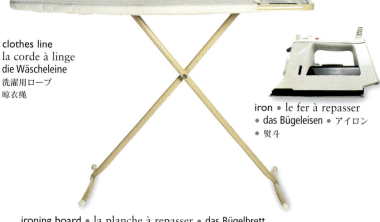

clothes line
la corde à linge
die Wäscheleine
洗濯用ロープ
晾衣绳

clothes peg
la pince à linge
die Wäscheklammer
洗濯ばさみ
衣服夹

iron • le fer à repasser • das Bügeleisen • アイロン • 熨斗

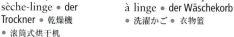

dry (v) • sécher • trocknen • 干す • 晾干

ironing board • la planche à repasser • das Bügelbrett • アイロン台 • 熨衣板

load (v)	**spin (v)**	**iron (v)**	How do I operate the washing machine?
charger	essorer	repasser	Comment fonctionne le lave-linge?
füllen	schleudern	bügeln	Wie benutze ich die Waschmaschine?
詰める	脱水機にかける	アイロンをかける	洗濯機はどのように使うのですか？
装入	甩干	熨烫	洗衣机怎么用？
rinse (v)	**spin dryer**	**fabric conditioner**	What is the setting for coloureds/whites?
rincer	l'essoreuse	l'assouplisseur	Quel est le programme pour les couleurs/le blanc?
spülen	die Wäscheschleuder	der Weichspüler	Welches Programm nehme ich für farbige/weiße Wäsche?
すすぐ	脱水機	柔軟仕上げ剤	色物／白い物を洗うにはどう操作するのですか？
漂洗	甩干机	织物柔顺剂	如何设定洗染色/白色衣物？

cleaning equipment • l'équipement d'entretien • die Reinigungsartikel • 掃除用具 • 清洁用具

suction hose • le tuyau flexible • der Saugschlauch
• ホース • 吸管

brush
la balayette
der Handfeger
ブラシ
短柄扫帚

dust pan • la pelle • die Müllschaufel
• ちり取り • 簸箕

bleach • l'eau de Javel
• das Reinigungsmittel • 漂白剂
• 漂白剤

bucket
le seau
der Eimer
バケツ
水桶

powder
la poudre
das Pulver
粉末の洗剤
去污粉

liquid
le liquide
die Flüssigkeit
液体の洗剤
洗涤液

duster • le chiffon
• das Staubtuch
• ぞうきん
• 抹布

vacuum cleaner
• l'aspirateur • der Staubsauger • 掃除機 • 吸尘器

mop • le balai laveur • der Mopp • モップ • 拖把

detergent • le détergent • das Waschmittel • 洗剤 • 清洁剂

polish • la cire • die Politur
• つや出し剤 • 上光剤

activities • les activités • die Tätigkeiten • 掃除作業 • 扫除

clean (v) • nettoyer • putzen
• きれいにする • 擦

wash (v) • laver • spülen
• 洗う • 洗

wipe (v) • essuyer • wischen
• ふく • 擦拭

scrub (v) • laver à la brosse
• schrubben • こする • 刷洗

scrape (v) • racler • kratzen
• こすり取る • 刮除

broom
le balai
der Besen
ほうき
长柄扫帚

sweep (v) • balayer • fegen
• はく • 清扫

dust (v) • épousseter • Staub wischen • ほこりを拭う • 除尘

polish (v) • cirer • polieren
• 磨く • 上光

workshop • l'atelier • die Heimwerkstatt • 作業場 • 工作间

chuck
le mandrin
das Bohrfutter
チャック
钻夹头

drill bit
la mèche
der Bohrer
先端部
钻头

battery pack
la pile
die Batterie
バッテリーパック
电池盒

jigsaw • la scie sauteuse
• die Stichsäge • ジグソー
• 镂花锯

rechargeable drill • la perceuse
rechargeable • der Bohrer mit
Batteriebetrieb • 充電式ドリル
• 充电式电钻

electric drill • la perceuse
électrique • der Elektrobohrer
• 電動ドリル • 电钻

glue gun • le pistolet à colle
• die Leimpistole • グルーガン
• 胶枪

clamp • le serre-joint
• die Zwinge • 締め具
• 夹钳

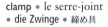

blade • la lame
• das Blatt • 刃
• 刃

vice • l'étau • der Schraubstock
• 万力 • 台钳

sander • la ponceuse • die
Schleifmaschine • サンダー
• 打磨机

circular saw • la scie
circulaire • die Kreissäge • 丸の
こ • 圓鋸

workbench • l'établi • die
Werkbank • 作業台 • 工作台

wood glue
la colle à bois
der Holzleim
木工用接着剤
木材胶

router
la guimbarde
der Grundhobel
溝かんな
槽刨

wood shavings
les copeaux
die Holzspäne
削りくず
刨花

tool rack
le porte-outils
das Werkzeuggestell
工具掛け
工具架

bit brace
le vilebrequin
die Bohrwinde
（手回し錐の）回し柄
手摇曲柄钻

extension lead
le prolongateur
die Verlängerungsschnur
延長コード
电源箱延长线

techniques • les techniques • die Fertigkeiten • 技術 • 技艺

cut (v) • découper • schneiden
● 切る ● 切割

saw (v) • scier • sägen
● のこぎりをひく ● 锯

drill (v) • percer • bohren
● 穴をあける ● 钻孔

hammer (v) • marteler
● hämmern ● ハンマーで打つ ● 钉

plane (v) • raboter • hobeln
● かんなで削る ● 刨

turn (v) • tourner • drechseln
● ろくろ・旋盤で作る ● 车削

solder
la soudure
der Lötzinn
はんだ
焊锡

carve (v) • sculpter • schnitzen
● 彫る ● 雕刻

solder (v) • souder • löten
● はんだ付けをする ● 焊接

materials • les matériaux • die Materialien • 材料 • 材料

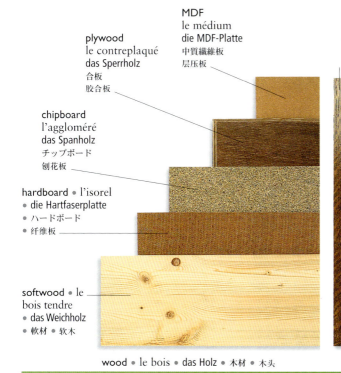

plywood
le contreplaqué
das Sperrholz
合板
胶合板

MDF
le médium
die MDF-Platte
中質繊維板
层压板

hardwood
le bois dur
das Hartholz
硬材
硬木

wire
le fil de fer
der Draht
針金
金属线

cable • le câble • das Kabel
● ケーブル ● 电缆

chipboard
l'aggloméré
das Spanholz
チップボード
刨花板

varnish
le vernis
der Lack
ニス
清漆

stainless steel
l'inox
der rostfreie Stahl
ステンレス鋼
不锈钢

hardboard • l'isorel
● die Hartfaserplatte
● ハードボード
● 纤维板

woodstain • la
couleur pour
bois • die Beize
● 木材着色剤
● 木材染色剤

galvanised
galvanisé
galvanisiert
鉛めっきをした
电镀

softwood • le
bois tendre
● das Weichholz
● 軟材 ● 软木

wood • le bois • das Holz • 木材 • 木头

metal • le métal • das Metall
● 金属 ● 金属

toolbox • la boîte à outils • der Werkzeugkasten • 道具箱 • 工具箱

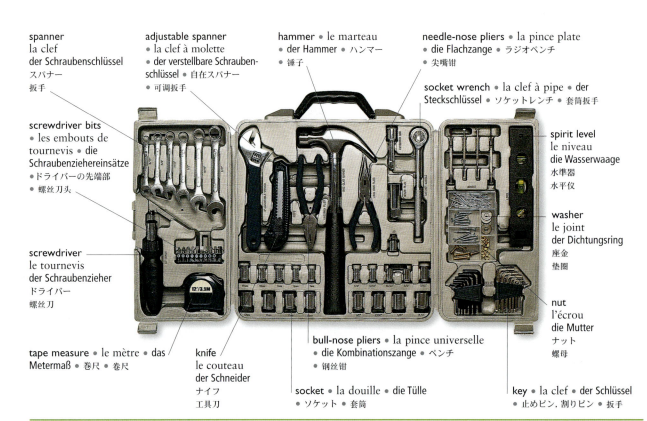

spanner
la clef
der Schraubenschlüssel
スパナー
扳手

adjustable spanner
• la clef à molette
• der verstellbare Schrauben-
schlüssel • 自在スパナー
• 可调扳手

hammer • le marteau
• der Hammer • ハンマー
• 锤子

needle-nose pliers • la pince plate
• die Flachzange • ラジオペンチ
• 尖嘴钳

socket wrench • la clef à pipe • der
Steckschlüssel • ソケットレンチ • 套筒扳手

screwdriver bits
• les embouts de
tournevis • die
Schraubenziehereinsätze
• ドライバーの先端部
• 螺丝刀头

spirit level
le niveau
die Wasserwaage
水準器
水平仪

washer
le joint
der Dichtungsring
座金
垫圈

screwdriver
le tournevis
der Schraubenzieher
ドライバー
螺丝刀

nut
l'écrou
die Mutter
ナット
螺母

tape measure • le mètre • das
Metermaß • 卷尺 • 卷尺

knife
le couteau
der Schneider
ナイフ
工具刀

bull-nose pliers • la pince universelle
• die Kombinationszange • ペンチ
• 钢丝钳

socket • la douille • die Tülle
• ソケット • 套筒

key • la clef • der Schlüssel
• 止めピン, 割りピン • 扳手

drill bits • les forets • die Bohrer • ビット • 钻头

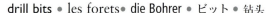

metal bit • le foret à métaux
• der Metallbohrer • 金属用ビット
• 金属钻头

flat wood bit • le foret à bois plat
• der Flachholzbohrer • 平らな木工用ビ
ット • 平木钻头

phillips screwdriver • le tournevis cruciforme
• der Kreuzschlitzschraubenzieher • プラスドライバ
ー • 螺丝刀

reamer
l'alésoir
die Reibahle
リーマ
钻孔器

head • la tête
• der Nagelkopf
• (釘の)頭 • 钉子头

security bit
le foret de sécurité
der Sicherheitsbohrer
いじり止め対応ビット
安全钻头

nail • le clou • der
Nagel • 釘 • 钉子

carpentry bits
les forets à bois
die Holzbohrer
木工用ビット
木工钻头

masonry bit
le foret de maçonnerie
der Mauerwerkbohrer
石工用ビット
石工钻头

screw • la vis • die
Schraube • ねじ釘
• 螺丝钉

wire strippers • la pince à dénuder • die Entisolierzange ● ワイヤーストリッパー ● 剥皮钳

wire cutters • la pince coupante • der Drahtschneider • ワイヤーカッター ● 铁丝剪

insulating tape le ruban isolant das Isolierband 絶縁テープ 绝缘胶带

soldering iron le fer à souder der Lötkolben はんだごて 烙铁

scalpel le scalpel das Skalpell メス 切割刀

fretsaw • la scie à chantourner • die Schweifsäge • 糸のこ ● 线锯

solder la soudure der Lötzinn はんだ 焊锡

tenon saw • la scie à dosseret • die Profilsäge ● ほぞびきのこ ● 开榫锯

safety goggles • les lunettes de sécurité ● die Schutzbrille ● 安全 メガネ ● 护目镜

plane • le rabot • der Hobel ● かんな ● 刨子

handsaw • la scie égoïne • der Fuchsschwanz ● 手びきのこ ● 手锯

mitre block • la boîte à onglets • die Gehrungslade ● 留め継ぎ用角材 ● 斜锯架

hacksaw • la scie à métaux • die Metallsäge ● 弓のこ ● 钢锯

hand drill • la perceuse manuelle ● der Handbohrer ● 手回し錐, ハンドドリル ● 手摇钻

wire wool • la paille de fer • die Stahlwolle ● スティールウール ● 钢丝绒

wrench • la clef serre-tube • die Rohrzange ● レンチ ● 扳钳

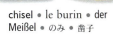

chisel • le burin • der Meißel ● のみ ● 凿子

sandpaper • le papier de verre • das Schmirgelpapier ● 紙やすり ● 砂纸

plunger • la ventouse • der Sauger ● 吸引器 ● 搋子

file • la lime • die Feile ● やすり ● 锉刀

sharpening stone • la pierre à aiguiser • der Wetzstahl ● 砥石 ● 磨刀石

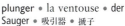

pipe cutter • le coupe-tube • der Rohrab-schneider ● パイプ切断機 ● 切管机

decorating • la décoration • das Tapezieren • 室內裝飾 • 装修

scissors • les ciseaux • die Tapezierschere • はさみ • 剪刀

craft knife • le cutter • das Tapeziermesser • カッターナイフ • 工艺刀

plumb line • le fil à plomb • das Senkblei • 下げ振り糸 • 铅锤线

scraper • le grattoir • der Spachtel • スクレーパー • 刮刀

decorator
le tapissier décorateur
der Tapezierer
室內裝飾人
裱糊匠

wallpaper
le papier peint
die Tapete
壁紙
壁纸

stepladder
l'escabeau
die Trittleiter
踏み台
折梯

wallpaper brush
la brosse à tapisser
die Tapezierbürste
壁紙ブラシ
裱糊刷

pasting table
la table à encoller
der Tapeziertisch
糊付け台
裱糊台

pasting brush
la brosse à encoller
die Kleisterbürste
糊付けブラシ
上浆刷

wallpaper paste • la colle à tapisser • der Tapetenkleister • 壁紙用の糊 • 壁纸黏合剂

bucket
le seau
der Eimer
バケツ
桶

wallpaper (v) • tapisser • tapezieren • 壁紙をはる • 贴壁纸

strip (v) • décoller • abziehen • はがす • 铲掉

fill (v) • mastiquer • spachteln • 充填する • 抹

sand (v) • poncer • schmirgeln • 紙やすりをかける • 用砂纸打磨

plaster (v) • plâtrer • verputzen • 漆喰を塗る • 粉刷

hang (v) • poser • anbringen • はる • 贴(墙纸)

tile (v) • carreler • kacheln • タイルをはる • 铺砖

roller
le rouleau
der Roller
ローラー
油漆滚筒

paint tray • le bac à peinture
• die Wanne • ペンキ皿 • 油漆盘

paint • la peinture • die Farbe
• ペンキ • 油漆

brush
la brosse
die Streichbürste
はけ
刷子

paint tin
le pot de peinture
der Farbtopf
ペンキ缶
油漆桶

sponge
• l'éponge
• der Schwamm
• スポンジ • 海绵

masking tape • le
papier cache • das
Abdeckband • マスキン
グテープ • 遮蔽胶带

sandpaper • le
papier de verre
• das Schmirgelpapier
• 紙やすり • 砂纸

overalls
les bleus
der Overall
つなぎの作業服
工装裤

dustsheet
la couverture de protection
das Abdecktuch
汚れ防止カバー
防尘布

turpentine
la térébenthine
das Terpentin
テルピン油
松节油

filler • le mastic • die
Spachtelmasse • 目止め剤
• 填料

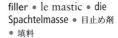

white spirit • le white-spirit
• das Verdünnungsmittel
• 薄め液 • 稀释剂

paint (v) • peindre • anstreichen
• ペンキを塗る • 刷漆

plaster le plâtre der Gips 漆喰 石膏	gloss brillant Glanz- つや (のある) 有光泽	embossed paper le papier gaufré das Reliefpapier エンボス紙 压花纸	undercoat la couche de fond die Grundierung 下塗り 内涂层	sealant l'enduit das Versiegelungsmittel 封水剤 密封剂
varnish le vernis der Lack ニス 清漆	mat mat matt つや消しの 无光泽	lining paper le papier d'apprêt das Einsatzpapier 裏打ち用の紙 衬纸	top coat la dernière couche der Deckanstrich 上塗り 外涂层	solvent le solvant das Lösungsmittel 溶剤 溶剂
emulsion la peinture mate die Emulsionsfarbe エマルジョン塗料 无光漆	stencil le pochoir die Schablone ステンシル 花样模板	primer l'apprêt die Grundfarbe 下塗り塗料 底漆	preservative l'agent de conservation der Schutzanstrich 保護剤 防腐剂	grout le mastic der Fugenkitt グラウト (セメント漆喰) 薄胶浆

garden • le jardin • der Garten • 庭 • 花园

garden styles • les styles de jardin • die Gartentypen • 庭の様式 • 花园风格

garden features • les ornements de jardin • die Gartenornamente • 庭の趣向 • 花园装饰

patio garden • le patio • der Patio • パティオ • 内院

roof garden • le jardin sur le toit • der Dachgarten • 屋上庭園 • 屋顶花园

hanging basket • le panier suspendu • die Blumenampel • 吊り花かご • 吊篮

rock garden • la rocaille • der Steingarten • ロックガーデン • 岩石园

formal garden • le jardin à la française • der architektonische Garten • フランス式庭園 • 法式花园

courtyard • la cour • der Hof • 中庭 • 庭院

trellis • le treillis • das Spalier • 格子垣 • 花格屏

cottage garden • le jardin paysan • der Bauerngarten • コテージガーデン • 乡间花园

herb garden • le jardin d'herbes aromatiques • der Kräutergarten • ハーブ園 • 香草花园

water garden • le jardin d'eau • der Wassergarten • 水生植物園 • 水景花园

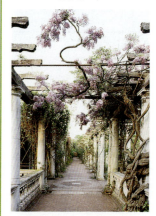

pergola • la pergola • die Pergola • パーゴラ • 藤架

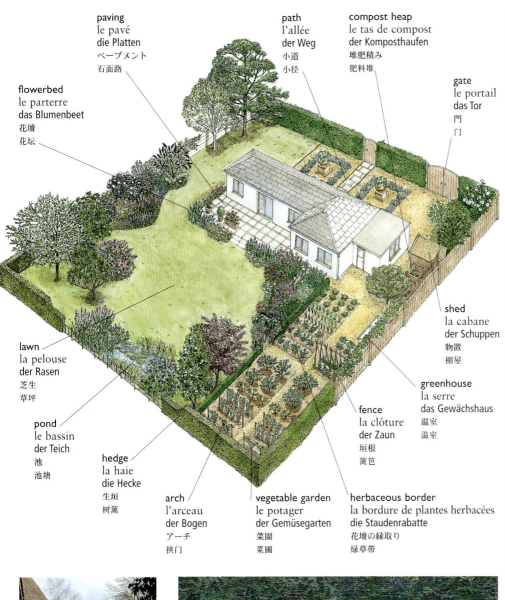

paving
le pavé
die Platten
ペーブメント
石面路

path
l'allée
der Weg
小道
小径

compost heap
le tas de compost
der Komposthaufen
堆肥積み
肥料堆

gate
le portail
das Tor
門
门

flowerbed
le parterre
das Blumenbeet
花壇
花坛

lawn
la pelouse
der Rasen
芝生
草坪

pond
le bassin
der Teich
池
池塘

hedge
la haie
die Hecke
生垣
树篱

arch
l'arceau
der Bogen
アーチ
拱门

vegetable garden
le potager
der Gemüsegarten
菜園
菜圃

herbaceous border
la bordure de plantes herbacées
die Staudenrabatte
花壇の縁取り
绿草带

fence
la clôture
der Zaun
垣根
篱笆

greenhouse
la serre
das Gewächshaus
温室
温室

shed
la cabane
der Schuppen
物置
棚屋

soil • le sol • der Boden • 土 • 土壌

topsoil • la terre • die Erde • 表土 • 表层土

sand • le sable • der Sand • 砂土 • 沙土

chalk • la chaux • der Kalk • 石灰岩 • 石灰石

silt • le vase • der Schlick • 沈泥 • 淤泥

clay • l'argile • der Lehm • 粘土 • 黏土

decking • les planches • die Planken • 板張り • 铺面

fountain • la fontaine • der Springbrunnen • 噴水 • 喷泉

garden plants • les plantes de jardin • die Gartenpflanzen • 園芸植物 • 花园植物

types of plants • les genres de plantes • die Pflanzenarten • 植物の種類 • 植物种类

annual • annuel • einjährig
• 一年生 • 一年生(植物)

biennial • bisannuel
• zweijährig • 二年生
• 二年生(植物)

perennial • vivace
• mehrjährig • 多年生
• 多年生(植物)

bulb • le bulbe • die Zwiebel
• 球根植物 • 球茎植物

fern • la fougère • der Farn
• シダ • 蕨类植物

rush • le jonc • die Binse
• イグサ • 灯心草

bamboo • le bambou • der
Bambus • タケ • 竹子

weeds • les mauvaises
herbes • das Unkraut • 雑草
• 杂草

herb • l'herbe • das Kraut
• 薬草, ハーブ • 药草

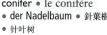

water plant • la plante
aquatique • die Wasserpflanze
• 水生植物 • 水生植物

tree • l'arbre • der Baum
• 木 • 树

palm • le palmier
• die Palme • ヤシ
• 棕榈

conifer • le conifère
• der Nadelbaum • 針葉樹
• 针叶树

evergreen • à feuilles
persistantes • immergrün
• 常緑の(植物) • 常绿(植物)

deciduous • à feuilles
caduques • der Laubbaum
• 落葉性の(植物) • 落叶(植物)

topiary • la topiaire
• der Formschnitt • トピアリー
（装飾的刈り込み）• 灌木修剪

alpine • la plante alpestre
• die Alpenpflanze • 高山植物
• 高山植物

succulent • la plante grasse
• die Fettpflanze • 多肉植物
• 肉质植物

cactus • le cactus • der Kaktus
• サボテン • 仙人掌

potted plant • la plante en pot
• die Topfpflanze • 鉢植え植物
• 盆栽植物

shade plant • la plante d'ombre
• die Schattenpflanze • 陰生植物
• 阴地植物

climber
la plante grimpante
die Kletterpflanze
よじ登り植物
攀缘植物

flowering shrub
l'arbuste à fleurs
der Zierstrauch
鑑賞用低木
开花灌木

ground cover
la couverture du sol
der Bodendecker
地被植物
地被植物

creeper
la plante rampante
die Kriechpflanze
匍匐植物
匍匐植物

ornamental
ornemental
Zier-
観賞用の(植物)
观赏(植物)

grass
l'herbe
das Gras
芝
草

garden tools • les outils de jardin • die Gartengeräte • 園芸道具 • 园艺工具

lawn rake
le balai à gazon
der Laubrechen
芝生用の熊手
搂草耙

compost • le terreau
• die Komposterde
• 堆肥 • 堆肥

seeds • les graines
• die Samen • 種 • 种子

bone meal • la cendre
d'os • die Knochenasche
• 骨粉 • 骨粉

spade • la bêche
• der Spaten
• 踏みぐわ
• 铲

fork • la fourche
• die Gabel
• フォーク
• 叉

long-handled shears • la
grande cisaille • die Schere
• 長柄の大ばさみ • 长柄修篱剪

rake • le râteau
• der Rechen
• レーキ • 耙子

hoe • la houe
• die Hacke
• くわ
• 锄头

gravel • le gravier
• der Kies • 砂利
• 碎石

grass bag
le sac à herbe
der Grasfangsack
芝入れ
草袋

motor
le moteur
der Motor
モーター
马达

handle
le bras
der Griff
柄
把手

trug • le panier de jardinier
• der Gartenkorb • 園芸用のかご
• 浅底篮

shield
l'écran de protection
der Schutz
防護板
防护盘

stand
le support
der Ständer
スタンド
支架

trimmer • la tondeuse
• der Schneider • 刈りこみ機
• 剪草器

lawnmower • la tondeuse
à gazon • der Rasenmäher
• 芝刈り機 • 剪草机

wheelbarrow • la brouette
• der Schubkarren
• 猫車 • 独轮手推车

hand fork • la petite
fourche • die Handgabel
• (ハンド) フォーク • 手又

trowel • le déplantoir
• die Pflanzschaufel
• 移植ごて • 移植铲

blade
la lame
das Messer
刃
刃

shears • la cisaille
• die Heckenschere • 大ばさみ
• 修篱剪

hand saw • la scie à main
• die Handsäge • 手のこぎり
• 手锯

secateurs • le sécateur
• die Rosenschere
• 剪定ばさみ
• 修枝剪

seed tray • le germoir
• der Setzkasten • シード
トレイ • 育苗盘

pesticide
le pesticide
das Pestizid
殺虫剤
杀虫剂

sieve
le tamis
das Sieb
ふるい
筛子

plant pot
le pot à fleurs
der Blumentopf
植木鉢
花盆

twine
la ficelle
der Zwirn
より糸
合股线

canes
les cannes
die Gartenstöcke
支柱
支撑杆

ring ties
les anneaux
die Ringbefestigungen
リング
固枝环

gardening gloves
les gants de jardinage
die Gartenhandschuhe
園芸用手袋
园艺手套

labels
les étiquettes
die Pflanzenschildchen
ラベル
签条

twist ties
les attaches
die Befestigungen
ワイヤリボン
捆绑细丝

rubber boots • les bottes
• die Gummistiefel • ゴム長靴
• 橡胶靴

watering • l'arrosage • das Gießen • 水やり • 浇灌

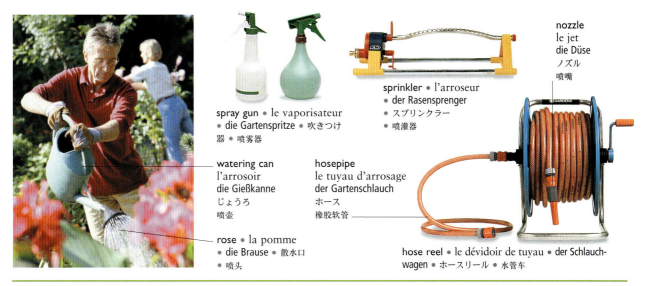

spray gun • le vaporisateur
• die Gartenspritze • 吹きつけ
器 • 喷雾器

watering can
l'arrosoir
die Gießkanne
じょうろ
喷壶

rose • la pomme
• die Brause • 散水口
• 喷头

sprinkler • l'arroseur
• der Rasensprenger
• スプリンクラー
• 喷灌器

hosepipe
le tuyau d'arrosage
der Gartenschlauch
ホース
橡胶软管

nozzle
le jet
die Düse
ノズル
喷嘴

hose reel • le dévidoir de tuyau • der Schlauch-
wagen • ホースリール • 水管车

gardening • le jardinage • die Gartenarbeit • ガーデニング • 园艺

lawn
la pelouse
der Rasen
芝生
草地

flowerbed
le parterre
das Blumenbeet
花壇
花坛

lawnmower
la tondeuse
der Rasenmäher
芝刈り機
割草机

hedge
la haie
die Hecke
生垣
树篱

stake
le tuteur
die Stange
支柱
树木支桩

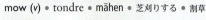

mow (*v*) • tondre • mähen • 芝刈りする • 割草

turf (*v*) • gazonner • mit
Rasen bedecken • 芝を植える
• 铺草皮

spike (*v*) • piquer • stechen
• 突き刺す • 钉

rake (*v*) • ratisser • harken
• 熊手でかく • 耙

trim (*v*) • tailler • stutzen
• 刈り込む • 修枝

dig (*v*) • bêcher • graben
• 掘る • 挖

sow (*v*) • semer • säen
• 種をまく • 播种

top dress (*v*) • fumer en
surface • mit Kopfdünger düngen
• 追肥する • 土表施肥

water (*v*) • arroser • gießen
• 水をやる • 浇水

train (v) • palisser • ziehen
• 整枝する • 整枝

deadhead (v) • enlever les fleurs fanées • köpfen • 花がらをつむ • 摘除枯花

spray (v) • asperger • sprühen
• スプレーする • 喷水

cane
la canne
der Stock
支柱
支撑杆

graft (v) • greffer • pfropfen
• 接ぎ木する • 嫁接

cutting
la coupe
der Ableger
挿し穂
插条

propagate (v) • propager
• vermehren • 繁殖させる（挿し木）• 插枝

prune (v) • élaguer
• beschneiden • 剪定する
• 修剪

stake (v) • mettre un tuteur
• hochbinden • 支柱で支える
• 用杆支撑

transplant (v) • transplanter
• umpflanzen • 移植する • 移植

weed (v) • désherber
• jäten • 雑草を抜く • 清除杂草

mulch (v) • pailler • mulchen
• 根覆いを施す • 加护盖物

harvest (v) • récolter • ernten
• 収穫する • 收获

cultivate (v)	landscape (v)	fertilize (v)	sieve (v)	organic	seedling	subsoil
cultiver	dessiner	fertiliser	tamiser	biologique	le semis	le sous-sol
züchten	gestalten	düngen	sieben	biodynamisch	der Sämling	der Untergrund
耕す	造園する	肥料をやる	ふるいにかける	有機栽培の	苗木	底土
栽培	园艺设计	施肥	筛	有机(栽培)的	秧苗	底土
tend (v)	pot up (v)	pick (v)	aerate (v)	drainage	fertilizer	weedkiller
soigner	mettre en pot	cueillir	retourner	le drainage	l'engrais	l'herbicide
hegen	eintopfen	pflücken	auflockern	die Entwässerung	der Dünger	der Unkrautvernichter
手入れする	鉢植えする	摘む	耕す	排水	肥料	除草剤
護理	把…种于盆内	采摘	松土	排水	肥料	除草剂

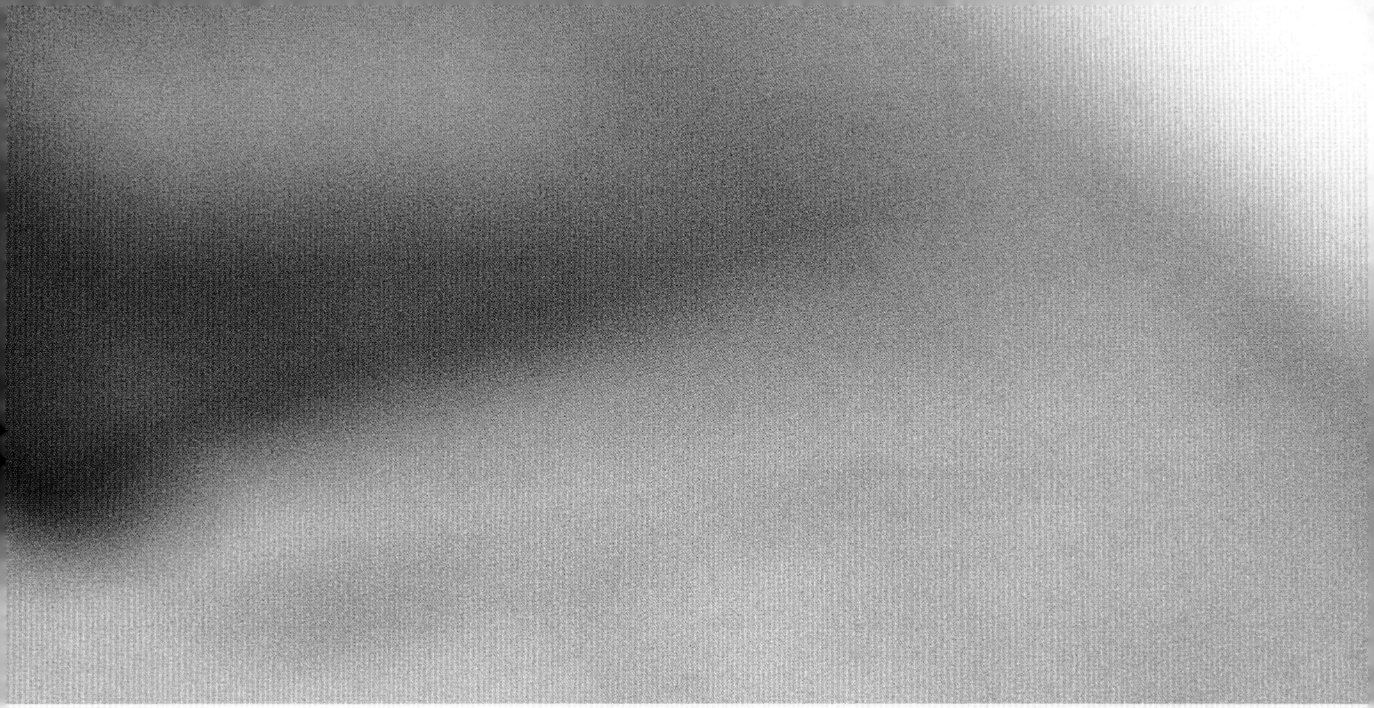

services
les services
die Dienstleistungen
サービス
服务

emergency services • les services d'urgence • die Notdienste • 緊急時のサービス • 急救

ambulance • l'ambulance • der Krankenwagen • 救急車 • 救护车

stretcher
le brancard
die Tragbahre
担架
担架

ambulance • l'ambulance • der Krankenwagen • 救急車 • 救护车

paramedic • l'infirmier du SAMU • der Rettungssanitäter • 救急救命士 • 急救人员

police • la police • die Polizei • 警察 • 警察

badge
le badge
die Kennmarke
バッジ
警徽

uniform
l'uniforme
die Uniform
制服
制服

siren
la sirène
die Sirene
サイレン
警笛

lights
les feux
das Licht
ライト
警灯

truncheon
la matraque
der Gummiknüppel
警棒
警棍

gun
le pistolet
die Pistole
拳銃
手枪

handcuffs
les menottes
die Handschellen
手錠
手铐

police officer • le policier • der Polizist • 警察官 • 警官

police car • la voiture de police • das Polizeiauto • パトカー • 警车

police station • le poste de police • die Polizeiwache • 警察署 • 警察局

inspector l'inspecteur der Inspektor 警部 探员	burglary le cambriolage der Einbruchdiebstahl 押し込み強盗 入室盗窃	complaint la plainte die Beschwerde 訴え 起诉	arrest l'arrestation die Festnahme 逮捕 逮捕
detective l'officier de police der Kriminalbeamte 刑事 警探	assault l'agression die Körperverletzung 暴行 攻击	investigation l'enquête die Ermittlung 捜査 调查	police cell la cellule die Polizeizelle 独房 单人牢房
crime le crime das Verbrechen 犯罪 罪行	fingerprint les empreintes der Fingerabdruck 指紋 指纹	suspect le suspect der Verdächtige 容疑者 嫌疑犯	charge l'accusation die Anklage 告诉 控告

fire brigade • les pompiers • die Feuerwehr • 消防隊 • 消防队

helmet • la casque • der Schutzhelm • ヘルメット • 头盔

smoke
la fumée
der Rauch
煙
烟

hose
le tuyau
der Schlauch
ホース
水龙

cradle
la nacelle
der Auslegerkorb
ゴンドラ
吊篮

water jet
le jet d'eau
der Wasserstrahl
水の噴出
水柱

fire fighters • les sapeurs-pompiers • die Feuerwehrleute • 消防士 • 消防队员

boom
la flèche
der Ausleger
ブーム
悬臂

ladder
l'échelle
die Leiter
はしご
消防梯

cab
la cabine
die Fahrerkabine
運転席
驾驶室

fire • l'incendie • der Brand • 火事 • 火灾

fire station • le poste d'incendie • die Feuerwache • 消防署 • 消防站

fire escape • l'escalier de secours • die Feuertreppe • 非常階段 • 消防通道

fire engine • la voiture de pompiers • das Löschfahrzeug • 消防車 • 消防车

smoke alarm • le détecteur de fumée • der Rauchmelder • 煙探知器 • 烟雾报警器

fire alarm • l'avertisseur d'incendie • der Feuermelder • 火災報知器 • 火灾警报器

axe • la hache • das Beil • おの • 消防斧

fire extinguisher • l'extincteur • der Feuerlöscher • 消火器 • 灭火器

hydrant • la borne d'incendie • der Hydrant • 消火栓 • 消防栓

I need the police/fire brigade/ambulance.
La police/les pompiers/une ambulance, s'il vous plaît.
Die Polizei/die Feuerwehr/einen Krankenwagen, bitte.
警察／消防隊／救急車をお願いします。
我需要警察/消防队/救护车。

There's a fire at…
Il y a un incendie à…
Es brennt in…
… (場所)で火事です。
在…有火情。

There's been an accident.
Il y a eu un accident.
Es ist ein Unfall passiert.
事故がありました。
发生了事故。

Call the police!
Appelez la police!
Rufen Sie die Polizei!
警察を呼んでください！
报警！

bank • la banque • die Bank • 銀行 • 银行

customer
le client
der Kunde
客
客户

window
le guichet
der Schalter
窓口
窗口

cashier
le caissier
der Kassierer
出納係
出纳员

leaflets
les dépliants
die Broschüren
リーフレット
宣传页

counter
le comptoir
der Schalter
カウンター
柜台

paying-in slips
les fiches de versement
die Einzahlungsscheine
預け入れ伝票
存款单

debit card
la carte bancaire
die EC-Karte
デビットカード
银行卡

stub
le talon
der Abschnitt
半券
支票存根

account number
le numéro de compte
die Kontonummer
口座番号
账号

signature
la signature
die Unterschrift
署名
签名

amount
le montant
der Betrag
金額
金额

bank manager • le directeur d'agence • der Filialleiter • 銀行の支店長 • 银行经理

credit card • la carte de crédit • die Kreditkarte • クレジットカード • 信用卡

chequebook • le carnet de chèques • das Scheckheft • 小切手帳 • 支票簿

cheque
le chèque
der Scheck
小切手
支票

---

savings l'épargne die Spareinlagen 貯金 储蓄	**mortgage** l'hypothèque die Hypothek 担保, 抵当 抵押贷款	**payment** le paiement die Zahlung 支払い 付款	**pay in (v)** verser einzahlen 預け入れる 入帐	**current account** le compte courant das Girokonto 当座預金 活期存款账户
tax l'impôt die Steuer 税金 税	**overdraft** le découvert die Kontoüberziehung 借り越し 透支	**direct debit** le prélèvement der Einzugsauftrag 自動引き落とし 转帐支付	**bank transfer** le virement bancaire die Banküberweisung 銀行振替 银行转账	**savings account** le compte d'épargne das Sparkonto 貯蓄預金 储蓄账户
loan le prêt das Darlehen 貸付金, ローン 贷款	**interest rate** le taux d'intérêt der Zinssatz 利率, 金利 利率	**withdrawal slip** la fiche de retrait das Abhebungsformular 払出伝票 取款单	**bank charge** les frais bancaire die Bankgebühr 銀行手数料 银行手续费	**pin number** le code secret der PIN-Kode 暗証番号 密码

coin
la pièce
die Münze
硬貨
硬币

note
le billet
der Schein
紙幣
纸币

screen
l'écran
der Bildschirm
画面
屏幕

key pad
le clavier
das Tastenfeld
キー操作パネル
按键区

card slot
la fente
der Kartenschlitz
カード挿入口
插卡口

money • l'argent • das Geld
● 貨幣 ● 货币

cash machine • le distributeur • der Geldautomat
● 現金自動預け払い機 ● 提款机

foreign currency • les devises étrangères • die ausländische Währung • 外貨 • 外币

traveller's cheque
le traveller
der Reisescheck
トラベラーズチェック
旅行支票

bureau de change • le bureau de change • die Wechselstube • 外貨両替所 • 外币兑换处

exchange rate
le taux de change
der Wechselkurs
為替レート
汇率

cash (v)
encaisser
einlösen
兑金する
兑现

shares
les actions
die Aktien
株式
股份

denomination
la valeur
der Nennwert
（貨幣の）額面金額
货币面额

dividends
les dividendes
die Gewinnanteile
配当
股息

commission
la commission
die Provision
手数料
佣金

accountant
le comptable
der Wirtschaftsprüfer
会計士
会计师

investment
l'investissement
die Kapitalanlage
投資
投资

portfolio
le portefeuille
das Portefeuille
ポートフォリオ
有价证券组合

stocks
les titres
die Wertpapiere
債券
证券

equity
l'action
die Stammaktie
株権
股权

finance • la finance • die Geldwirtschaft • 金融 • 金融

share price
le prix des actions
der Aktienpreis
株価
股票价格

stockbroker
l'agent de la bourse
der Börsenmakler
株式仲買人
股票经纪人

financial advisor • la conseillère financière • die Finanzberaterin
● 投資顧問 ● 金融顾问

stock exchange • la bourse • die Börse
● 証券取引所 ● 证券交易所

Can I change this please?
Est-ce que je peux changer ça, s'il vous plaît?
Könnte ich das bitte wechseln?
両替してもらえませんか？
我能兑换吗？

What's today's exchange rate?
Quel est le taux de change aujourd'hui?
Wie ist der heutige Wechselkurs?
今日の為替レートはいくらですか？
今天的汇率是多少？

communications • les communications • die Kommunikation • 通信 • 通讯

postal worker
le postier
der Postbeamte
郵便局員
邮局职员

window
le guichet
der Schalter
窓口
窗口

scales
la balance
die Waage
はかり
秤

counter
le guichet
der Schalter
カウンター
柜台

post office • la poste • die Post • 郵便局 • 邮局

postmark
le tampon de la poste
der Poststempel
消印
邮戳

stamp
le timbre
die Briefmarke
切手
邮票

address
l'adresse
die Adresse
住所
地址

postal code
le code postal
die Postleitzahl
郵便番号
邮政编码

AIR MAIL

TO Mr. BRAGREE di Sugar
306 DECATOR RORD
BORDER
SW19 #316
ENGLAND

envelope • l'enveloppe • der Umschlag • 封筒 • 信封

postman • le facteur
• der Briefträger • 郵便集配人
• 邮递员

letter	return address	delivery	fragile	do not bend (v)
la lettre	l'expéditeur	la distribution	fragile	ne pas plier
der Brief	der Absender	die Zustellung	zerbrechlich	nicht falten
手紙	差出人の住所	配達	こわれもの	折り曲げを禁止する
信	寄信人地址	递送	易损坏	勿折
by airmail	signature	postage	mailbag	this way up
par avion	la signature	le tarif d'affranchissement	le sac postal	dessus
per Luftpost	die Unterschrift	die Postgebühr	der Postsack	oben
航空便で	署名	郵便料金	郵袋	天地無用
航空邮件	签名	邮资	邮袋	此面向上
registered post	collection	postal order	telegram	fax
l'envoi en recommandé	la levée	le mandat postal	le télégramme	le fax
das Einschreiben	die Leerung	die Postanweisung	das Telegramm	das Fax
書留郵便	（郵便物の）取り集め	郵便為替	電報	ファックス
挂号邮件	（从邮筒中）取信	汇票	电报	传真

postbox • la boîte aux lettres • der Briefkasten
• ポスト • 邮筒

letterbox • la boîte aux lettres • der Hausbriefkasten
• 郵便受け • 信箱

parcel • le colis • das Paket
• 小包 • 包裹

courier • le service de messagerie • der Kurierdienst
• 宅配便 • 速递

---

telephone • le téléphone • das Telefon • 電話 • 电话

handset
combiné
der Apparat
ハンドセット
话机

base station
la base
die Feststation
親機
机座

answering machine
le répondeur
der Anrufbeantworter
留守番電話
答录机

cordless phone • le téléphone sans fil • das schnurlose Telefon
• コードレス電話 • 无绳电话

video phone • le visiophone • das Fernsehtelefon
• テレビ電話 • 可视电话

telephone box • la cabine téléphonique • die Telefonzelle
• 電話ボックス • 电话亭

keypad
le clavier
das Tastenfeld
キーパッド
按键区

mobile phone • le portable
• das Handy • 携帯電話 • 移动电话

receiver
le combiné
der Hörer
受話器
听筒

coin return
le rendu de monnaie
die Münzrückgabe
コイン返却口
退币口

coin phone • le téléphone à pièces • der Münzfernsprecher
• コイン式電話 • 投币电话

card phone • le téléphone à carte • das Kartentelefon
• カード式電話 • 磁卡电话

---

directory enquiries les renseignements die Auskunft 電話番号案内 电话号码查询台	answer (v) répondre abheben （電話に）出る 接听电话	operator le téléphoniste die Vermittlung 電話交換手 接线员	Can you give me the number for…? Pouvez-vous me donner le numéro pour…? Können Sie mir die Nummer für…geben? …の電話番号を教えてください。 你能告诉我…的号码吗？
reverse charge call le P.C.V. das R-Gespräch 料金受信人払い電話 对方付费电话	text message le texto die SMS テキストメッセージ 短信	engaged/busy occupé besetzt 話し中の 占线	
dial (v) composer wählen （電話番号を）かける 拨号	voice message le message vocal die Sprachmitteilung 音声メッセージ 语音讯息	disconnected coupé unterbrochen 通じない 断线	What is the dialling code for…? Quel est l'indicatif pour…? Was ist die Vorwahl für…? …の市外局番は何番ですか？ …的拨叫号码是多少？

hotel • l'hôtel • das Hotel • ホテル • 旅馆

lobby • le hall • die Empfangshalle • ロビー • 大厅

guest
le client
der Gast
客
客人

room key
la clef de la chambre
der Zimmerschlüssel
部屋の鍵
房间钥匙

messages
les messages
die Nachrichten
伝言
留言

pigeonhole
le casier
das Fach
仕切り棚
分类架

receptionist
la réceptionniste
die Empfangsdame
受付係
接待员

register
le registre
das Gästebuch
宿泊名簿
登记簿

counter
le comptoir
der Schalter
カウンター
柜台

reception • la réception • der Empfang • 受付 • 接待总台

luggage
les bagages
das Gepäck
手荷物
行李

trolley
le diable
der Kofferkuli
手押し車
行李车

porter • le porteur • der
Hoteldiener • ポーター • 搬运工

lift • l'ascenseur • der Fahrstuhl
• エレベーター • 电梯

room number • le numéro de
chambre • die Zimmernummer
• 部屋番号 • 房间号码

rooms • les chambres • die Zimmer • 部屋 • 房间

single room • la chambre
simple • das Einzelzimmer
• 一人部屋 • 单人间

double room • la chambre
double • das Doppelzimmer
• (ダブルベッドの)二人部屋
• 双人间

twin room • la chambre à
deux lits • das Zweibettzimmer
• ツインルーム • 标准间

private bathroom
• la salle de bain privée
• das Privatbadezimmer
• 専用浴室 • 专用浴室

services • les services • die Dienstleistungen • サービス • 服务

breakfast tray • le plateau à petit déjeuner • das Frühstückstablett • 朝食用の盆 • 早餐盘

maid service • le service de ménage • die Zimmerreinigung • メイドサービス • 客房清洁服务

laundry service • le service de blanchisserie • der Wäschedienst • クリーニングサービス • 洗衣服务

room service • le service d'étage • der Zimmerservice • ルームサービス • 房间送餐服务

mini bar • le minibar • die Minibar • ミニバー（小型冷蔵庫） • （旅馆房间内的）小冰箱

restaurant • le restaurant • das Restaurant • レストラン • 餐厅

gym • la salle de sport • der Fitnessraum • ジム • 健身房

swimming pool • la piscine • das Schwimmbad • プール • 游泳池

full board la pension complète die Vollpension 三食付きの宿泊 供应三餐	Do you have any vacancies? Avez-vous une chambre de libre? Haben Sie ein Zimmer frei? 空き部屋はありますか？ 有空房间吗？	I'd like a room for three nights. Je voudrais une chambre pour trois nuits. Ich möchte ein Zimmer für drei Nächte. 三泊したいのですが。 我要一个房间，住三天。
half board la demi-pension die Halbpension 二食付きの宿泊（朝食と夕食） 半食宿	I have a reservation. J'ai une réservation. Ich habe ein Zimmer reserviert. 予約してあります。 我预定了房间。	What is the charge per night? C'est combien par nuit? Was kostet das Zimmer pro Nacht? 一泊いくらですか？ 住一晚多少钱？
bed and breakfast la chambre avec le petit déjeuner die Übernachtung mit Frühstück 朝食付きの宿泊 提供住宿和早餐	I'd like a single room. Je voudrais une chambre simple. Ich möchte ein Einzelzimmer. 一人部屋がいいのですが。 我想要一个单人间。	When do I have to vacate the room? Quand est-ce que je dois quitter la chambre? Wann muss ich das Zimmer räumen? 何時に部屋を出なければなりませんか？ 我什么时候得腾房？

shopping
les courses
der Einkauf
買い物
购物

shopping centre • le centre commercial • das Einkaufszentrum • ショッピングセンター • 购物中心

atrium
l'atrium
das Atrium
アトリウム
中庭

sign
l'enseigne
das Schild
看板
招牌

lift
l'ascenseur
der Fahrstuhl
エレベーター
电梯

second floor
le deuxième étage
die zweite Etage
3 階
三层

first floor
le premier étage
die erste Etage
2 階
二层

escalator
l'escalier mécanique
die Rolltreppe
エスカレーター
自动扶梯

ground floor
le rez-de-chaussée
das Erdgeschoss
1 階
一层

customer
le client
der Kunde
客
顾客

children's department le rayon enfants die Kinderabteilung 子供用品売り場 儿童用品部	customer services le service après-vente der Kundendienst 顧客サービス 客户服务	changing rooms les cabines d'essayage die Anprobe 試着室 更衣室	How much is this? C'est combien? Was kostet das? これはいくらですか？ 这个多少钱？
luggage department le rayon bagages die Gepäckabteilung かばん売場 箱包部	store directory le guide die Anzeigetafel 店内案内板 购物指南	baby changing facilities les soins de bébés der Wickelraum ベビー休憩室 婴儿间	May I exchange this? Est-ce que je peux changer ça? Kann ich das umtauschen? これを交換してもらえますか？ 我可以换一件吗？
shoe department le rayon chaussures die Schuhabteilung 靴売場 鞋靴部	sales assistant le vendeur der Verkäufer 店員 售货员	toilets les toilettes die Toiletten トイレ 卫生间	

department store • le grand magasin • das Kaufhaus • デパート • 百货商店

men's wear • les vêtements pour hommes • die Herrenbekleidung • 紳士服 • 男装

women's wear • les vêtement pour femmes • die Damenoberbekleidung • 婦人服 • 女装

lingerie • la lingerie • die Damenwäsche • 婦人の下着 • 女用内衣

perfumery • la parfumerie • die Parfümerie • 香水 • 香水

beauty • la beauté • die Schönheitspflege • 美容用品 • 美容用品

linen • le linge de maison • die Wäsche • リネン • 家用纺织品

home furnishings • l'ameublement • die Möbel • 調度 • 家具

haberdashery • la mercerie • die Kurzwaren • 小間物類 • 缝纫用品

kitchenware • la vaisselle • die Küchengeräte • 台所用品 • 厨房用品

china • la porcelaine • das Porzellan • 陶磁器 • 瓷器

electrical goods • l'électroménager • die Elektroartikel • 電気製品 • 电子产品

lighting • l'éclairage • die Lampen • 照明 • 灯具

sports • les articles de sport • die Sportartikel • スポーツ用品 • 体育用品

toys • les jouets • die Spielwaren • おもちゃ • 玩具

stationery • la papeterie • die Scheibwaren • 文房具 • 文具

food • l'alimentation • die Lebensmittel • 食品 • 食品

supermarket • le supermarché • der Supermarkt • スーパーマーケット • 超级市场

aisle • l'allée • der Gang • 通路 • 过道

shelf • l'étagère • das Warenregal • 棚 • 货架

conveyer belt le tapis roulant das Laufband ベルトコンベヤー 传送带

cashier le caissier der Kassierer レジ係 收银员

offers les promotions die Angebote 売り出し案内 促销海报

checkout • la caisse • die Kasse • 会计 • 收款台

customer le client der Kunde 客 顾客

till la caisse die Kasse レジ 收款机

shopping bag la sac à provisions die Einkaufstasche 買い物袋 购物袋

groceries les provisions die Lebensmittel 食料雑貨類 食品杂货

handle l'anse der Henkel 取っ手 提手

bar code • le code barres • der Strichkode • バーコード • 条形码

trolley • le caddie • der Einkaufswagen • カート • 购物车

basket • le panier • der Einkaufskorb • 買い物かご • 购物篮

scanner • le lecteur optique • der Scanner • スキャナー • 条形码扫描器

bakery • la boulangerie
• die Backwaren • ベーカ
リー • 烘烤食品

dairy • la crémerie
• die Milchprodukte
• 乳製品 • 乳制品

breakfast cereals
• les céréales
• die Getreideflocken
• シリアル • 早餐麦片

tinned food
• les conserves
• die Konserven
• 缶詰め • 罐装食品

confectionery
• la confiserie
• die Süßwaren • 菓子
• 甜食

vegetables • les
légumes • das Gemüse
• 野菜 • 蔬菜

fruit • les fruits
• das Obst • 果物
• 水果

meat and poultry • la
viande et la volaille
• das Fleisch und das
Geflügel • 肉 • 肉禽

fish • le poisson
• der Fisch • 魚 • 鱼

deli • la charcuterie
• die Feinkost • 調製食品
• (以猪肉为原料)熟食

frozen food • les
produits surgelés
• die Gefrierware
• 冷凍食品
• 冷冻食品

convenience food
les plats cuisinés
die Fertiggerichte
• インスタント食品
方便食品

drinks • les boissons
• die Getränke • 飲料
• 饮料

household products
• les produits d'entretien
• die Haushaltswaren
• 家庭用品 • 家庭日用品

toiletries • les articles
de toilette • die
Toilettenartikel • 化粧品
• 化妆品

baby products • les
articles pour bébés
• die Babyprodukte
• ベビー用品 • 婴儿用品

electrical goods
• l'électroménager
• die Elektroartikel
• 電気製品 • 家用电器

pet food • la nourriture
pour animaux • das
Tierfutter • ペットフード
• 宠物饲料

magazines • les magazines • die Zeitschriften
• 雑誌 • 杂志

chemist • la pharmacie • die Apotheke • 薬局 • 药店

dental care
les soins dentaires
die Zahnpflege
デンタルケアー
牙齿护理

feminine hygiene
l'hygiène féminine
die Monatshygiene
婦人衛生
妇女保健

deodorants
les déodorants
die Deos
防臭剤
除臭剂

vitamins
les vitamines
die Vitamintabletten
ビタミン剤
维生素

dispensary
l'officine
die Apotheke
調剤室
药剂室

pharmacist
le pharmacien
der Apotheker
薬剤師
药剂师

cough medicine
le médicament pour la toux
das Hustenmedikament
咳止め
止咳药

herbal remedies
l'herboristerie
Kräuterheilmittel
薬草製剤
草药

skin care
les soins de la peau
die Hautpflege
スキンケアー
皮肤护理

aftersun • l'après-soleil • die After-Sun-Lotion • 日焼け手入れ用ローション • 晒后护肤液

sunscreen • l'écran solaire • die Sonnenschutzcreme • サンスクリーン • 防晒霜

sunblock • l'écran total • der Sonnenblock • サンブロック • 防晒液

insect repellent • le produit anti-insecte • das Insektenschutzmittel • 虫よけ • 驱虫剂

wet wipe • la lingette • das Reinigungstuch • ウェットティッシュ • 湿纸巾

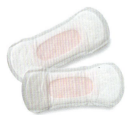

tissue • le kleenex • das Papiertaschentuch • ティッシュペーパー • 纸巾

sanitary towel • la serviette hygiénique • die Damenbinde • 生理用ナプキン • 卫生巾

tampon • le tampon • der Tampon • タンポン • 卫生棉条

panty liner • le protège-slip • die Slipeinlage • パンティーライナー • 卫生护垫

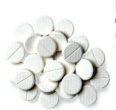

measuring spoon
la cuiller pour mesurer
der Messlöffel
計量スプーン
量匙

instructions
le mode d'emploi
die Gebrauchsanweisung
使用法
使用说明

capsule • la capsule • die Kapsel • カプセル • 胶囊

pill • la pilule • die Pille • 錠剤 • 药片

syrup • le sirop • der Saft • シロップ • 糖浆

inhaler • l'inhalateur • der Inhalierstift • 吸入器 • 吸入器

cream • la crème • die Creme • クリーム • 霜剂

ointment • la pommade • die Salbe • 軟こう • 软膏

gel • le gel • das Gel • ジェル • 凝胶

suppository • le suppositoire • das Zäpfchen • 座薬 • 栓剂

dropper
le compte-gouttes
der Tropfer
スポイト
滴管

needle
l'aiguille
die Nadel
針
针头

drops • les gouttes • die Tropfen • 点滴薬 • 滴剂

syringe • la seringue • die Spritze • 注射器 • 注射器

spray • le spray • der Spray • スプレー • 喷雾器

powder • la poudre • der Puder • 粉末剂 • 散剂

iron le fer das Eisen 鉄分 铁	multivitamins le médicament multivitamine das Multivitaminmittel 総合ビタミン剤 多种维生素制剂	disposable jetable Wegwerf- 使い捨ての 一次性的	medicine le médicament das Medikament 薬 药	painkiller l'analgésique das Schmerzmittel 鎮痛剤 止痛药
calcium le calcium das Kalzium カルシウム 钙	side-effects les effets secondaires die Nebenwirkungen 副作用 副作用	soluble soluble löslich 可溶性の 可溶解的	laxative le laxatif das Abführmittel 下剤 泻药	sedative le sédatif das Beruhigungsmittel 鎮静剤 镇静剂
magnesium le magnésium das Magnesium マグネシウム 镁	expiry date la date d'expiration das Verfallsdatum 使用期限 有效期限	dosage la posologie die Dosierung 服用量 剂量	diarrhoea la diarrhée der Durchfall 下痢 腹泻	sleeping pill le somnifère die Schlaftablette 睡眠薬 安眠药
insulin l'insuline das Insulin インシュリン 胰岛素	travel sickness pills les cachets antinaupathiques die Reisekrankheitstabletten 乗り物酔い止め 乘晕药	medication la médication die Verordnung 投薬 药物治疗	throat lozenge la pastille pour la gorge die Halspastille のど飴 润喉片	anti-inflammatory l'anti-inflammatoire der Entzündungshemmer 消炎剤 消炎药

florist • le fleuriste • das Blumengeschäft • 花屋 • 花店

flowers
les fleurs
die Blumen
花
花

lily
le lis
die Lilie
ユリ
百合

acacia
l'acacia
die Akazie
アカシア
洋槐

carnation
l'œillet
die Nelke
カーネーション
康乃馨

pot plant
la plante en pot
die Topfpflanze
鉢植え植物
盆栽植物

gladiolus
le glaïeul
die Gladiole
グラジオラス
剑兰

iris
l'iris
die Iris
アイリス
鸢尾

daisy
la marguerite
die Margerite
デージー, ヒナギク
雏菊

chrysanthemum
le chrysanthème
die Chrysantheme
キク
菊花

gypsophila
la gypsophile
das Schleierkraut
カスミソウ
满天星

stocks • la giroflée
• die Levkoje • アラセイ
トウ • 紫罗兰

gerbera • le gerbera
• die Gerbera • ガーベラ
• 非洲菊

foliage • le feuillage
• die Blätter • 葉類
• 叶簇

rose • la rose • die
Rose • バラ • 玫瑰

freesia • le freesia
• die Freesie • フリージ
ア • 小苍兰

vase • le vase • die Blumenvase • 花瓶 • 花瓶

orchid • l'orchidée • die Orchidee • ラン • 兰花

peony • la pivoine • die Pfingstrose • ボタン • 牡丹

bunch
la botte
der Strauß
(花)束
(花)束

stem
la tige
der Stengel
茎
茎

daffodil • la jonquille • die Osterglocke • ダフォディル • 黄水仙

bud
le bourgeon
die Knospe
つぼみ
花苞

wrapping
l'emballage
das Einwickelpapier
包装材
包装纸

tulip • la tulipe • die Tulpe • チューリップ • 郁金香

arrangements • les compositions florales • die Blumenarrangements • アレンジメント • 花艺

ribbon
le ruban
das Band
リボン
缎带

bouquet • le bouquet • das Bukett • ブーケ • 花束

dried flowers • les fleurs séchées • die Trockenblumen • ドライフラワー • 干花

pot-pourri • le pot-pourri • das Duftsträußchen • ポプリ • 盆花

wreath • la couronne • der Kranz • 花輪, リース • 花冠

garland • la guirlande de fleurs • die Blumengirlande • ガーランド • 花环

Can I have a bunch of… please?
Je voudrais un bouquet de…, SVP.
Ich möchte einen Strauß…, bitte.
…の花束をください。
我想买一束…

Can I have them wrapped?
Pouvez-vous les emballer?
Können Sie die Blumen bitte einwickeln?
包装してください。
能帮我包一下吗？

Can I attach a message?
Je peux y attacher un message?
Kann ich eine Nachricht mitschicken?
メッセージがつけられますか？
我能附上留言吗？

How long will these last?
Elles tiennent combien de temps?
Wie lange halten sie?
これはどれくらいもちますか？
这些花能开多久？

Are they fragrant?
Est-ce qu'elles sentent bon?
Duften sie?
いい香りがしますか？
这些花香吗？

Can you send them to….?
Pouvez-vous les envoyer à…?
Können Sie die Blumen an… schicken?
…に送ってもらえますか？
能不能将它们送到…？

newsagent • le marchand de journaux • der Zeitungshändler • 新聞販売商 • 报刊亭

cigarettes
les cigarettes
die Zigaretten
（紙巻き）タバコ
香烟

packet of cigarettes
le paquet de cigarettes
das Päckchen Zigaretten
タバコの箱
烟盒

matches
les allumettes
die Streichhölzer
マッチ
火柴

lottery tickets
les billets de loterie
die Lottoscheine
宝くじ券
彩票，奖券

stamps
les timbres
die Briefmarken
切手
邮票

postcard • la carte postale
• die Postkarte • はがき • 明信片

comic • la bande dessinée
• das Comicheft • 漫画
• 连环画

magazine • le magazine
• die Zeitschrift • 雑誌 • 杂志

newspaper • le journal
• die Zeitung • 新聞 • 报纸

---

smoking • fumer • das Rauchen • 喫煙 • 吸烟

tobacco • le tabac • der Tabak
• （刻み）タバコ • 烟草

lighter • le briquet • das
Feuerzeug • ライター • 打火机

stem
le tuyau
der Stiel
柄
烟嘴

bowl
le fourneau
der Kopf
火皿
烟锅

pipe • la pipe • die Pfeife
• パイプ • 烟斗

cigar • le cigare • die Zigarre
• 葉巻き • 雪茄

---

confectioner • le confiseur • der Konditor • 菓子屋 • 糖果店

box of chocolates
la boîte de chocolats
die Schachtel Pralinen
チョコレートの箱
巧克力盒

snack bar
la friandise
die Nascherei
スナック
零食

crisps
les chips
die Chips
ポテトチップ
薯片

sweet shop • la confiserie • das Süßwarengeschäft • 菓子店 • 甜食店

milk chocolate le chocolat au lait die Milchschokolade ミルクチョコレート 牛奶巧克力	caramel le caramel der Karamell キャラメル 焦糖
plain chocolate le chocolat noir die bittere Schokolade プレーンチョコレート 黑巧克力	truffle la truffe der Trüffel トリュフ 巧克力球
white chocolate le chocolat blanc die weiße Schokolade ホワイトチョコレート 白巧克力	biscuit le biscuit der Keks ビスケット 饼干
pick and mix les bonbons assortis die bunte Mischung 詰め合わせ菓子 杂拌糖果	boiled sweets les bonbons die Bonbons （ハード）キャンディー 硬糖

confectionery • la confiserie • die Süßwaren • 菓子 • 糖果

chocolate • le chocolat
• die Praline • チョコレート
• 巧克力

chocolate bar • la tablette de
chocolat • die Tafel Schokolade
• 板チョコ • 块状巧克力板

sweets • les bonbons
• die Bonbons • あめ
• 糖果

lollipop • la sucette
• der Lutscher • 棒付きキャンディー • 棒棒糖

toffee • le caramel
• das Toffee • タフィー
• 太妃糖

nougat • le nougat • der
Nugat • ヌガー • 牛轧糖

marshmallow • la guimauve
• das Marshmallow • マシュマロ
• 棉花软糖

mint • le bonbon à la menthe
• das Pfefferminz • ハッカあめ
• 薄荷糖

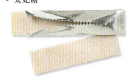

chewing gum • le chewing-
gum • der Kaugummi
• チューインガム • 口香糖

jellybean • la dragée à la
gelée • der Geleebonbon
• ジェリービーンズ
• 软心豆粒糖

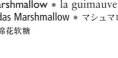

fruit gum • le bonbon au
fruit • der Fruchtgummi
• フルーツガム • 果味橡皮糖

licorice • le réglisse
• die Lakritze • リコリス
• 甘草糖

other shops • les autres magasins • andere Geschäfte • その他の商店 • 其他店铺

baker's • la boulangerie • die Bäckerei • パン屋 • 面包店

cake shop • la pâtisserie • die Konditorei • ケーキ屋 • 糕点店

butcher's • la boucherie • die Metzgerei • 肉屋 • 肉铺

fishmonger's • la poissonnerie • das Fischgeschäft • 魚屋 • 水产店

greengrocer's • le marchand de légumes • der Gemüseladen • グリーングローサー • 蔬菜水果店

grocer's • l'épicerie • das Lebensmittelgeschäft • 食料品店 • 食品杂货店

shoe shop • le magasin de chaussures • das Schuhgeschäft • 靴屋 • 鞋店

hardware shop • la quincaillerie • die Eisenwaren-handlung • 金物屋 • 五金店

antiques shop • le magasin d'antiquités • der Antiquitätenladen • 骨董屋 • 古董店

gift shop • la boutique de cadeaux • der Geschenkartikel-laden • ギフトショップ • 礼品店

travel agent's • l'agence de voyage • das Reisebüro • 旅行代理店 • 旅行社

jeweller's • la bijouterie • das Juweliergeschäft • 宝石店 • 首饰店

book shop • la librairie • der Buchladen • 本屋 • 书店

record shop • le magasin de disques • das Plattengeschäft • レコード店 • 音像店

off licence • le magasin de vins et spiritueux • die Weinhandlung • 酒屋 • 酒类专卖店

pet shop • l'animalerie • die Tierhandlung • ペットショップ • 宠物商店

furniture shop • le magasin de meubles • das Möbelgeschäft • 家具店 • 家具店

boutique • la boutique • die Boutique • ブティック • 时装店

estate agent's l'agent immobilier der Immobilienmakler 不動産屋 房地产商	camera shop le magasin d'appareils photos das Fotogeschäft カメラ屋 照相器材店
garden centre la pépinière das Gartencenter 園芸用品店 园艺用品店	second-hand shop le marchand d'occasion der Gebrauchtwarenhändler 中古品店 旧货商店
dry cleaner's le pressing die Reinigung クリーニング屋 干洗店	health food shop le magasin bio das Reformhaus 健康食品店 绿色食品店
launderette la laverie automatique der Waschsalon コインランドリー 投币式自动洗衣店	art shop la boutique d'art die Kunsthandlung 美術品店 艺术品店

tailor's • le tailleur • die Schneiderei • 仕立屋 • 裁缝店

hairdresser's • le salon de coiffure • der Frisiersalon • 美容院 • 美发厅

market • le marché • der Markt • 市場 • 市场

food
la nourriture
die Nahrungsmittel
食品
食物

meat • la viande • das Fleisch • 肉 • 肉

lamb
l'agneau
das Lamm
子羊の肉
羔羊肉

butcher
le boucher
der Metzger
肉屋
肉店老板

meat hook
l'allonge
der Fleischerhaken
肉を吊るすフック
吊肉钩

scales
la balance
die Waage
はかり
秤

knife sharpener
le fusil
der Messerschärfer
包丁研ぎ
磨刀器

bacon • le bacon • der Speck
• ベーコン • 熏肉

sausages • les saucisses • die
Würstchen • ソーセージ • 香肠

liver • le foie • die Leber
• レバー • 肝脏

pork le porc das Schweinefleisch 豚肉 猪肉	venison la venaison das Wild ベニズン 野味肉	offal les abats die Innereien 内臓 下水	free range de ferme aus Freilandhaltung 放し飼いの 放养的	red meat la viande rouge das rote Fleisch 赤身の肉 红肉(指牛肉、猪肉和羊肉)
beef le bœuf das Rindfleisch 牛肉 牛肉	rabbit le lapin das Kaninchen ウサギの肉 兔肉	cured salé gepökelt 塩漬けにした 腌制的	organic naturel biologisch kontrolliert 有機飼育の 有机(饲养)的	lean meat la viande maigre das magere Fleisch 脂肪の少ない肉 瘦肉
veal le veau das Kalbfleisch 子牛の肉 小牛肉	tongue la langue de bœuf die Zunge タン 牛舌	smoked fumé geräuchert 燻製にした 熏制的	white meat la viande blanche das weiße Fleisch 白身の肉 白肉(指家禽肉、鱼肉等)	cooked meat la viande cuite das gekochte Fleisch 調理済みの肉 熟肉

cuts • les morceaux de viande • die Fleischsorten • 切り身 • 肉品切割

ham
le jambon
der Schinken
ハム
火腿

rind
la couenne
die Schwarte
皮
肉皮

slice • la tranche • die Scheibe • 薄切り • 薄片

rasher • la tranche de lard • die Speckscheibe • 薄切りベーコン • 火腿片

mince • la viande hachée • das Hackfleisch • ひき肉 • 肉馅

fillet • le filet • das Filet • ヒレ • 里脊肉

rump steak • le rumsteck • das Rumpsteak • ランプ（しり肉）• 牛腿排

fat
le gras
das Fett
脂肪
肥肉

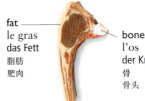

bone
l'os
der Knochen
骨
骨头

kidney
le rognon
die Niere
腎臓
肾

sirloin steak • le bifteck d'aloyau • das Lendensteak • サーロイン（腰上部の肉）• 牛上腰排

rib • la côte de bœuf • das Rippenstück • リブ（あばら肉）• 肋排

chop • la côtelette • das Kotelett • 骨付き肉 • 排骨

joint • le gigot • die Keule • 腿肉 • 后腿肉

heart • le cœur • das Herz • 心臓 • 心

poultry • la volaille • das Geflügel • 鳥類の肉 • 禽肉

skin
la peau
die Haut
皮
皮

breast
le blanc
die Brust
胸
胸

game
le gibier
das Wild
猟鳥の肉
野味

leg
la cuisse
das Bein
足
腿

thigh
la cuisse
der Schenkel
もも
大腿

dressed chicken
le poulet préparé
das bratfertige Huhn
下ごしらえした鶏肉
去毛开膛的鸡

pheasant • le faisan • der Fasan • キジ • 野鸡

quail • la caille • die Wachtel • ウズラ • 鹌鹑

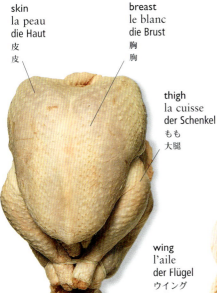

wing
l'aile
der Flügel
ウイング
翅膀

turkey • la dinde • die Pute • ターキー • 火鸡

chicken • le poulet • das Hähnchen • 鶏 • 鸡

duck • le canard • die Ente • アヒル • 鸭

goose • l'oie • die Gans • ガチョウ • 鹅

fish • le poisson • der Fisch • 魚 • 鱼

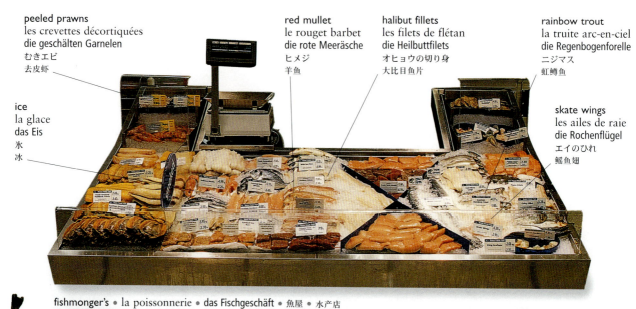

peeled prawns
les crevettes décortiquées
die geschälten Garnelen
むきエビ
去皮虾

ice
la glace
das Eis
氷
冰

red mullet
le rouget barbet
die rote Meeräsche
ヒメジ
羊鱼

halibut fillets
les filets de flétan
die Heilbuttfilets
オヒョウの切り身
大比目鱼片

rainbow trout
la truite arc-en-ciel
die Regenbogenforelle
ニジマス
虹鳟鱼

skate wings
les ailes de raie
die Rochenflügel
エイのひれ
鳐鱼翅

fishmonger's • la poissonnerie • das Fischgeschäft • 魚屋 • 水产店

monkfish • la lotte
• die Quappe • アンコウ
• 鮟鱇鱼

mackerel • le maquereau
• die Makrele • サバ • 鲭鱼

trout • la truite • die
Forelle • マス • 鳟鱼

swordfish • l'espadon • der Schwertfisch
• メカジキ • 剑鱼

Dover sole • la sole
• die Seezunge • シタビ
ラメ • 鳎鱼

lemon sole • la limande-
sole • die Rotzunge • カレ
イ • 黄盖鲽

haddock • l'aiglefin
• der Schellfisch • ハド
ック • 黑线鳕

sardine • la sardine
• die Sardine • イワシ
• 沙丁鱼

skate • la raie • der
Rochen • エイ • 鳐鱼

whiting • le merlan • der
Weißfisch • メルラン • 牙鳕

sea bass • le bar • der Seebarsch
• スズキ • 海鲈

salmon • le saumon • der Lachs • サケ
• 鲑鱼

cod • la morue • der Kabeljau • タラ
• 鳕鱼

sea bream • la daurade
• der Seebrassen • タイ
• 鲷鱼

tuna • le thon • der Tunfisch • マグロ • 金枪鱼

seafood • les fruits de mer • die Meeresfrüchte • 海産物 • 海鮮

scallop
la coquille Saint-Jacques
die Jakobsmuschel
ホタテガイ
扇贝

crab
le crabe
die Krabbe
カニ
螃蟹

lobster
le homard
der Hummer
ロブスター
龙虾

king prawn
la crevette
die Garnele
クルマエビ
大对虾

mussel
la moule
die Miesmuschel
ムール貝
贻贝

razor-shell
le couteau
die Scheidenmuschel
マテガイ
蛏子

crayfish • l'écrevisse
• der Krebs • ザリガニ
• 小龙虾

oyster
l'huître
die Auster
カキ
牡蛎

cockle • la coque
• die Herzmuschel • ト
リガイ • 鸟蛤

octopus • la pieuvre
• der Seepolyp • タコ
• 章鱼

cuttlefish • la seiche
• die Sepie • コウイカ
• 乌贼

squid • le calamar
• der Tintenfisch • イカ
• 鱿鱼

clam • le clam • die
Venusmuschel • 二枚贝
• 蛤蜊

frozen	cleaned	smoked	descaled	filleted	steak	tail	bone	scale
surgelé	préparé	fumé	écaillé	en filets	la tranche	la queue	l'arête	l'écaille
tiefgefroren	zubereitet	geräuchert	entschuppt	filetiert	die Schnitte	der Schwanz	die Gräte	die Schuppe
冷凍の	はらわたを取った	燻製にした	うろこを取った	切り身にした	切り身	尾	骨	うろこ
冷冻的	处理干净的	熏制的	去鳞的	切片的	鱼片	尾部	骨头	鳞片
fresh	salted	skinned	boned	fillet	loin			
frais	salé	sans peau	sans arêtes	le filet	la longe			
frisch	gesalzen	enthäutet	entgrätet	das Filet	die Lende			
生の	塩漬けにした	皮をはいだ	骨を取った	切り身	大きな切り身			
新鮮	盐渍的	去皮的	去骨的	去骨鱼片	腰肉			

Will you clean it for me?
Pouvez-vous le préparer pour moi?
Können Sie ihn mir fertig zubereiten?
はらわたを取ってもらえますか？
能帮我把它收拾干净吗？

vegetables 1 • les légumes 1 • das Gemüse 1 • 野菜 1 • 蔬菜 1

seed
la graine
der Samen
種
种子

broad bean • la fève
• die dicke Bohne
• ソラマメ • 蚕豆

runner bean
le haricot grimpant
die Stangenbohne
ベニバナインゲン
红花菜豆

French bean • le
haricot vert • die
grüne Bohne • サヤイン
ゲン • 四季豆

garden pea • le petit
pois • die grüne Erbse
• エンドウ • 豌豆

pod
la gousse
die Schote
さや
豆莢

bean sprout • le germe
de soja • die
Sojabohnensprosse
• モヤシ
• 豆芽

bamboo shoot • la
pousse de bambou
• der Bambusspross
• タケノコ • 竹笋

okra • l'okra • die
Okra • オクラ • 羊角豆

sweetcorn • le maïs
• der Mais • トウモロコ
シ • 玉蜀黍

chicory • l'endive
• der Chicorée • チコリ
• 菊苣

fennel • le fenouil
• der Fenchel • ウイキョ
ウ • 茴香

palm hearts • les cœurs
de palmier • die
Palmherzen • パルメットヤ
シの芯 • 棕桐芯

celery • le céleri
• der Stangensellerie
• セロリ • 芹菜

leaf	floret	tip	organic	Do you sell organic vegetables?
la feuille	la fleurette	la pointe	biologique	Est-ce que vous vendez des légumes bios?
das Blatt	das Röschen	die Spitze	biodynamisch	Verkaufen Sie Biogemüse?
葉	小花	先	有機栽培の	有機野菜を売っていますか?
叶	小花	尖	有机(栽培)的	您卖有机蔬菜吗?
stalk	kernel	heart	plastic bag	Are these grown locally?
le trognon	le grain	le cœur	le sac en plastique	Est-ce qu'ils sont cultivés dans la région?
der Strunk	der Kern	das Herz	die Plastiktüte	Werden sie in dieser Gegend angebaut?
茎	(さやの中の)実	芯	ビニール袋	これは地元産ですか?
菜梗	果仁	芯	塑料袋	这些是当地产的吗?

rocket • la roquette • die Rauke • ルッコラ, キバナスズシロ • 芝麻菜

watercress • le cresson • die Brunnenkresse • クレソン • 豆瓣菜

radicchio • le radicchio • der Radicchio • 赤チコリ • 红球菊苣

brussel sprout • le chou de Bruxelles • der Rosenkohl • 芽キャベツ • 抱子甘蓝

swiss chard • la bette • der Mangold • フダンソウ • 甜叶菜

kale • le chou frisé • der Grünkohl • ケール • 羽衣甘蓝

sorrel • l'oseille • der Garten-Sauerampfer • スカンポ, スイバ • 酸模

endive • la chicorée • die Endivie • エンダイブ • 苦苣

dandelion • le pissenlit • der Löwenzahn • タンポポ • 蒲公英

spinach • les épinards • der Spinat • ホウレンソウ • 菠菜

kohlrabi • le chou-rave • der Kohlrabi • コールラビ, カブカンラン • 球茎甘蓝

pak-choi • le chou chinois • der Chinakohl • パクチョイ • 油菜

lettuce • la laitue • der Salat • レタス • 萵苣

broccoli • le brocoli • der Brokkoli • ブロッコリー • 西兰花

cabbage • le chou • der Kohl • キャベツ • 卷心菜

spring greens • le chou précoce • der Frühkohl • 新キャベツ • 嫩圆白菜

vegetables 2 • les légumes 2 • das Gemüse 2 • 野菜 2 • 蔬菜 2

artichoke
l'artichaut
die Artischocke
アーティー
チョーク
朝鮮薊

radish
le radis
das Radieschen
ラディッシュ
小红萝卜

cauliflower
le chou-fleur
der Blumenkohl
カリフラワー
花椰菜，菜花

turnip
le navet
die Rübe
カブ
萝卜，芜菁

potato
la pomme
de terre
die Kartoffel
ジャガイモ
马铃薯

onion
l'oignon
die Zwiebel
タマネギ
洋葱

pepper
le poivron
die Paprika
ピーマン
甜椒

chilli • le piment • die Peperoni
• トウガラシ • 辣椒

marrow
la courge
der Gartenkürbis
ペポカボチャ
西葫芦

cherry tomato la tomate cerise die Kirschtomate ミニトマト 樱桃番茄	**celeriac** le céleri der Sellerie セルリアック 块根芹	**frozen** surgelé tiefgefroren 冷凍の 冷冻的	**bitter** amer bitter にがい 苦	**Can I have one kilo of potatoes please?** Puis-je avoir un kilo de pommes de terre,s'il vous plaît? Könnte ich bitte ein Kilo Kartoffeln haben? ジャガイモを1キロください。 请给我一公斤马铃薯。
carrot la carotte die Karotte ニンジン 胡萝卜	**taro root** le taro die Tarowurzel タロイモ 芋头	**raw** cru roh 生の 生	**firm** ferme fest 堅い 硬	**What's the price per kilo?** C'est combien le kilo? Was kostet ein Kilo? 1キロはいくらですか？ 每公斤多少钱？
breadfruit le fruit de l'arbre à pain die Brotfrucht パンノキの実 面包果	**water chestnut** la châtaigne d'eau die Wasserkastanie ヒシの実 荸荠	**hot** (*spicy*) épicé scharf 辛い 辣	**flesh** la pulpe das Fleisch 果肉 果肉	**What are those called?** Ils s'appellent comment? Wie heißen diese? あれは何という名前ですか？ 那些叫什么？
new potato la pomme de terre nouvelle die neue Kartoffel 新ジャガ 嫩马铃薯	**cassava** le manioc der Maniok キャッサバ 木薯	**sweet** sucré süß 甘い 甜	**root** la racine die Wurzel 根 根	

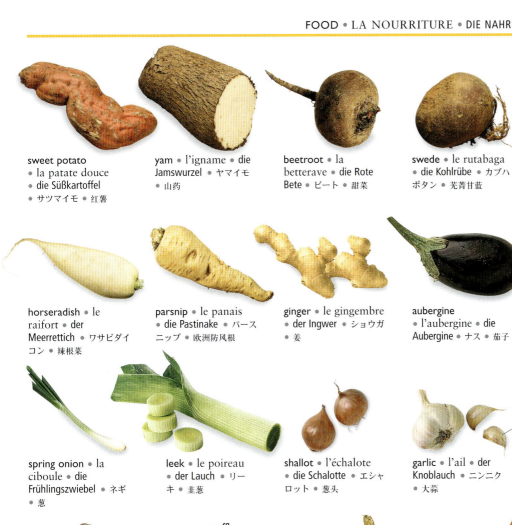

sweet potato
• la patate douce
• die Süßkartoffel
• サツマイモ • 红薯

yam • l'igname • die
Jamswurzel • ヤマイモ
• 山药

beetroot • la
betterave • die Rote
Bete • ビート • 甜菜

swede • le rutabaga
• die Kohlrübe • カブハ
ボタン • 芜菁甘蓝

Jerusalem artichoke
• le topinambour
• der Topinambur
• キクイモ • 菊芋

horseradish • le
raifort • der
Meerrettich • ワサビダイ
コン • 辣根菜

parsnip • le panais
• die Pastinake • パース
ニップ • 欧洲防风根

ginger • le gingembre
• der Ingwer • ショウガ
• 姜

aubergine
• l'aubergine • die
Aubergine • ナス • 茄子

tomato • la tomate
• die Tomate • トマト
• 番茄

spring onion • la
ciboule • die
Frühlingszwiebel • ネギ
• 葱

leek • le poireau
• der Lauch • リー
キ • 韭葱

shallot • l'échalote
• die Schalotte • エシャ
ロット • 葱头

garlic • l'ail • der
Knoblauch • ニンニク
• 大蒜

clove
la gousse
die Zehe
小球根
蒜瓣儿

truffle
la truffe
die Trüffel
トリュフ
块菌

mushroom • le champignon
• der Pilz • キノコ • 蘑菇

cucumber
• le concombre
• die Gurke • キュウリ
• 黄瓜

courgette • la
courgette • die Zucchini
• ズッキーニ • 密生西葫芦

butternut squash • la
courge musquée • der
Butternusskürbis • とっ
くり形のカボチャ • 冬南瓜

acorn squash • la courge
gland • der Eichelkürbis
• どんぐり形のカボチャ
• 橡果

pumpkin • la
citrouille • der Kürbis
• カボチャ
• 南瓜

fruit 1 • le fruit 1 • das Obst 1 • フルーツ1 • 水果 1

citrus fruit • les agrumes • die Zitrusfrüchte
● 柑橘類 ● 柑橘类水果

stoned fruit • les fruits à noyau • das Steinobst
● 核果 ● 有核水果

orange • l'orange
● die Orange ● オレンジ
● 橘子

clementine • la clémentine
● die Klementine ● クレメンタイン
● 细皮小柑橘

ugli fruit • le tangelo • die
Tangelo ● ウグリ ● 牙买加丑橘

pith
● la peau blanche
● die weiße Haut
● 皮の内側
● 海绵层

grapefruit • le pamplemousse
● die Grapefruit ● グレープフルー
ツ ● 葡萄柚

segment
le quartier
die Rippe
セグメント
橘瓣儿

tangerine • la mandarine
● die Mandarine ● タンジェリン
● 柑橘

satsuma • la satsuma
● die Satsuma ● 温州ミカン
● 无核蜜橘

zest
le zeste
die Schale
皮
外皮

lime • le citron vert
● die Limone ● ライム
● 酸橙

lemon • le citron • die Zitrone
● レモン ● 柠檬

kumquat • le kumquat
● die Kumquat ● キンカン
● 金橘

peach • la pêche • der Pfirsich
● モモ ● 桃

nectarine • la nectarine
● die Nektarine ● ネクタリン
● 油桃

apricot
● l'abricot ● die
Aprikose
● アンズ ● 杏

plum • la prune
● die Pflaume
● スモモ ● 李子

cherry • la cerise
● die Kirsche ● サク
ランボ ● 櫻桃

apple • la pomme • der Apfel
● リンゴ ● 苹果

pear • la poire • die Birne
● 洋ナシ ● 梨

basket of fruit • la corbeille de fruits • der Obstkorb
● 果物かご ● 果篮

berries and melons • les fruits rouges et les melons • das Beerenobst und die Melonen • ベリー とメロン類 • 浆果和甜瓜

strawberry • la fraise
• die Erdbeere • イチゴ
• 草莓

raspberry • la framboise
• die Himbeere • ラズベリー
• 覆盆子

melon • le melon
• die Melone • メロン
• 甜瓜

grapes • les raisins
• die Weintrauben • ブドウ
• 葡萄

blackberry • la mûre
• die Brombeere • ブラックベリー • 黒莓

redcurrant • la groseille
• die Johannisbeere • アカフサスグリ • 红醋栗

cranberry • la canneberge
• die Preiselbeere • クランベリー
• 蔓越橘

blackcurrant • le cassis
• die schwarze Johannisbeere
• クロフサスグリ • 黑醋栗

rind
l'écorce
die Schale
皮
瓜皮

seed
le pépin
der Kern
種
瓜籽

flesh
la pulpe
das Fruchtfleisch
果肉
瓜瓤

blueberry • la myrtille
• die Heidelbeere • ブルーベリー
• 蓝莓

white currant • la groseille
blanche • die weiße
Johannisbeere • シロフサスグリ
• 白醋栗

watermelon • la pastèque • die Wassermelone • スイカ • 西瓜

loganberry • la loganberry
• die Loganbeere • ローガンベリー
• 罗甘莓

gooseberry • la groseille à
maquereau • die Stachelbeere
• グーズベリー
• 醋栗

rhubarb	sour	crisp	seedless	Are they ripe?
la rhubarbe	aigre	croquant	sans pépins	Est-ce qu'ils sont mûrs?
der Rhabarber	sauer	knackig	kernlos	Sind sie reif?
ルバーブ	すっぱい	パリパリした	種なしの	熟していますか？
大黄	酸	脆	无核	它们熟吗？
fibre	fresh	rotten	juice	Can I try one?
la fibre	frais	pourri	le jus	Je peux goûter?
die Faser	frisch	faul	der Saft	Könnte ich eine probieren?
繊維	新鮮な	腐った	果汁	試食できますか？
纤维	新鲜	烂	汁液	我可以尝一个吗？
sweet	juicy	pulp	core	How long will they keep?
sucré	juteux	la pulpe	le trognon	Ils se gardent combien de temps?
süß	saftig	das Fruchtmark	das Kerngehäuse	Wie lange halten sie sich?
甘い	果汁が多い	果肉	心	どのくらい日もちしますか？
甜	多汁	果肉	核	它们能放多久？

fruit 2 • les fruits 2 • das Obst 2 • フルーツ 2 • 水果 2

mango
la mangue
die Mango
マンゴー
芒果

pineapple
l'ananas
die Ananas
パイナップル
菠萝

avocado
l'avocat
die Avocado
アボカド
鳄梨

papaya
la papaye
die Papaya
パパイヤ
番木瓜

peach
la pêche
der Pfirsich
モモ
桃

lychee
le litchi
die Litschi
ライチ
荔枝

pip
le pépin
der Kern
種子
籽

kiwifruit
le kiwi
die Kiwi
キウイフルーツ
獼猴桃

cape gooseberry
le physalis
die Kapstachelbeere
シマホオズキ
灯笼果

skin
la peau
die Schale
皮
皮

quince • le coing • die Quitte • マルメロ • 榅桲

passion fruit • le fruit de la passion • die Passionsfrucht • パッションフルーツ • 西番莲果

banana • la banane • die Banane • バナナ • 香蕉

guava • la goyave • die Guave • グアバ • 番石榴

pomegranate • la grenade • der Granatapfel • ザクロ • 石榴

persimmon • le kaki • die Persimone • カキ • 柿子

feijoa • le feijoa • die Feijoa • フェイジョア • 费约果

prickly pear • la figue de Barbarie • die Kaktusfeige • サボテンの実 • 仙人掌果

starfruit • la carambole • die Sternfrucht • ゴレンシ • 杨桃

mangosteen • le mangoustan • die Mangostane • マンゴスチン • 山竹果

nuts and dried fruit • les noix et les fruits secs • die Nüsse und das Dörrobst • ナッツとドライフルーツ • 坚果和干果

pine nut • le pignon • die Piniennuss • 松の実 • 松子

pistachio • la pistache • die Pistazie • ピスタチオ • 开心果

cashewnut • la noix de cajou • die Cashewnuss • カシューナッツ • 腰果

peanut • la cacahouète • die Erdnuss • ピーナッツ • 花生

hazelnut • la noisette • die Haselnuss • ヘーゼルナッツ • 榛子

brazilnut • la noix du Brésil • die Paranuss • ブラジルナッツ • 巴西果

pecan • la noix pacane • die Pecannuss • ペカン • 美洲山核桃

almond • l'amande • die Mandel • アーモンド • 杏仁

walnut • la noix • die Walnuss • クルミ • 核桃

chestnut • le marron • die Esskastanie • クリ • 栗子

macadamia le macadamia die Macadamianuss マカダミアナッツ 澳洲坚果

fig • la figue • die Feige • イチジク • 无花果

date • la datte • die Dattel • デーツ • 椰枣

prune • le pruneau • die Backpflaume • プルーン • 梅干

shell la coquille die Schale 殻 売

flesh la chair das Fruchtfleisch 果肉 果肉

sultana • le raisin de Smyrne • die Sultanine • スルタナの干しブドウ • 无核葡萄干

raisin • le raisin sec • die Rosine • 干しブドウ • 葡萄干

currant • le raisin de Corinthe • die Korinthe • カラント • 无核小葡萄干

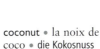

coconut • la noix de coco • die Kokosnuss • ココナッツ • 椰子

green vert grün 未熟の 未熟的	**hard** dur hart 堅い 硬	**kernel** l'amande der Kern 仁 果仁	**salted** salé gesalzen 塩味をつけた 盐渍的	**roasted** grillé geröstet 炒った 烘烤的	**tropical fruit** les fruits tropicaux die Südfrüchte 熱帯の果物 热带水果	**shelled** décortiqué geschält 殻を取り除いた 去壳的
ripe mûr reif 熟した 成熟的	**soft** mou weich 柔らかい 软	**desiccated** séché getrocknet 乾燥させた 脱水的	**raw** cru roh 生の 生	**seasonal** de saison Saison- 旬の 应季的	**candied fruit** le fruit confit die kandierten Früchte 砂糖漬けの果物 蜜饯	**whole** complet ganz まるごとの 完整

grains and pulses • les céréales et les légumes secs • die Getreidearten und die Hülsenfrüchte • 穀類と豆類 • 谷物及豆类

grains • les céréales • das Getreide • 穀類 • 谷物

wheat • le blé
• der Weizen • 小麦
• 小麦

oats • l'avoine
• der Hafer • カラス麦
• 燕麦

barley • l'orge
• die Gerste • 大麦
• 大麦

millet • le millet
• die Hirse • キビ
• 小米

corn • le maïs
• der Mais • トウモロ
コシ • 玉米

quinoa • le quinoa
• die Reismelde
• キノア • 奎奴亚藜

seed	fresh	easy cook
la graine	frais	facile à cuisiner
der Samen	frisch	leicht zu kochen
種	生の	料理が簡単な
种子	新鮮	易烹调的
husk	fragrance	wholegrain
la balle	parfumé	complet
die Hülse	aromatisch	Vollkorn-
殻	香りを加えた	全粒の
外壳	香	整粒
kernel	cereal	long-grain
le grain	la céréale	à grains longs
der Kern	die Getreideflocken	Langkorn-
仁	シリアル	長い粒の
谷粒	谷类食品	长粒
dry	soak (v)	short-grain
sec	laisser tremper	à grains ronds
trocken	einweichen	Rundkorn-
乾燥した	水につける	短い粒の
干燥	浸泡	圓粒

rice • le riz • der Reis • 米 • 米

white rice • le riz blanc
• der weiße Reis • 白米 • 白米

brown rice • le riz complet
• der Naturreis • 玄米 • 糙米

wild rice • le riz sauvage
• der Wasserreis
• ワイルドライス • 菰米

pudding rice • le riz rond
• der Milchreis • プディング用の米
• 布丁米

processed grains • les céréales traitées • die verarbeiteten Getreidearten • 加工穀類 • 加工过的谷物

couscous • le couscous
• der Kuskus • クスクス
• 蒸粗麦粉

cracked wheat • le blé écrasé
• der Weizenschrot
• 粗挽き麦 • 碎粒小麦

semolina • la semoule
• der Grieß • セモリナ
• 粗粒小麦粉

bran • le son • die Kleie
• ふすま • 麦麸

beans and peas • les haricots et les pois • die Bohnen und die Erbsen • 豆類 • 豆类

butter beans • les gros
haricots blancs • die
Mondbohnen • アオイマメ
• 棉豆

haricot beans • les
haricots blancs • die
weißen Bohnen • 白インゲ
ンマメ • 菜豆

red kidney beans • les
haricots rouges • die
roten Bohnen • 赤インゲン
• 红芸豆

aduki beans • les
adzukis • die Adzuki-
bohnen • 小豆 • 赤豆

broad beans
• les fèves • die
Saubohnen • ソラマメ
• 蚕豆

soya beans
• les graines de soja
• die Sojabohnen
• 大豆 • 大豆

black-eyed beans • les
haricots à œil noir • die
Teparybohnen • 黒目豆
• 黒眼豆

pinto beans • les
haricots pinto • die
Pintobohnen • ピントビ
ーン • 斑豆

mung beans • les
haricots mung • die
Mungbohnen • 緑豆
• 绿豆

flageolet beans • les
flageolets • die
französischen Bohnen
• フラジョレ • 小(粒)菜豆

brown lentils • les
lentilles • die braunen
Linsen • レンズマメ
• 褐色小扁豆

red lentils • les lentilles
rouges • die roten Linsen
• 赤レンズマメ • 红豆

green peas • les petits
pois • die grünen Erbsen
• グリーンピース • 青豆

chick peas • les pois
chiches • die Kichererbsen
• ヒヨコマメ • 鹰嘴豆

split peas • les pois cassés
• die getrockneten Erbsen
• 干し割りグリーンピース
• 半粒豆

seeds • les graines • die Körner • 種 • 种子

pumpkin seed • la
graine de potiron
• der Kürbiskern
• カボチャの種 • 南瓜籽

mustard seed • le
grain de moutarde
• das Senfkorn
• からしの種 • 芥菜籽

caraway • la graine de
carvi • der Kümmel • キ
ャラウェーの種
• 葛缕子籽

sesame seed
• la graine de sésame
• das Sesamkorn
• ごま • 芝麻籽

sunflower seed • la graine de tournesol • der Sonnenblumenkern • ひまわりの種 • 向日葵籽

herbs and spices • les herbes et les épices • die Kräuter und Gewürze • ハーブと香辛料 • 香草和香辛料

spices • les épices • die Gewürze • 香辛料 • 香辛料

vanilla • la vanille • die Vanille • バニラ • 香子兰

nutmeg • la noix de muscade • die Muskatnuss • ナツメグ • 肉豆蔻

mace • le macis • die Muskatblüte • メース • 肉豆蔻衣

turmeric • le curcuma • die Kurkuma • ターメリック • 姜黄根

cumin • le cumin • der Kreuzkümmel • クミン • 枯茗, 小茴香

bouquet garni • le bouquet garni • die Kräutermischung • ブーケガルニ • 香料包

allspice • le poivre de la Jamaïque • der Piment • オールスパイス • 多香果

peppercorn • le grain de poivre • das Pfefferkorn • コショウの実 • 胡椒粒

fenugreek • le fenugrec • der Bockshornklee • フェヌグリーク • 葫芦巴

chilli • le piment • der Chili • チリ • 辣椒末

whole
en morceaux
ganz
粒のままの
顆粒状

crushed
écrasé
zerstoßen
つぶした
压碎的

saffron • le safran • der Safran • サフラン • 藏红花

cardamom • la cardamome • der Kardamom • カルダモン • 小豆蔻

curry powder • la poudre de curry • das Currypulver • カレー粉 • 咖喱粉

ground
en poudre
gemahlen
挽いて粉末にした
磨碎的

paprika • le paprika • der Paprika • パプリカ • 辣椒粉

flakes
en flocons
geraspelt
薄片
片状

garlic • l'ail • der Knoblauch • ニンニク • 大蒜

herbs • les herbes • die Kräuter • ハーブ • 香草

sticks
les bâtons
die Stangen
スティック
桂皮

cinnamon • la cannelle • der Zimt • シナモン • 肉桂

lemon grass • la citronnelle • das Zitronengras • レモングラス • 柠檬草

cloves • le clou de girofle • die Gewürznelke • クローブ • 丁香

star anise • l'anis étoilé • der Sternarnis • 八角 • 八角, 大料

ginger • le gingembre • der Ingwer • ショウガ • 姜

fennel • le fenouil • der Fenchel • フェンネル • 茴香

fennel seeds
les graines de fenouil
die Fenchelsamen
フェンネルの実
茴香籽

chives • la ciboulette • der Schnittlauch • チャイブ • 细香葱

mint • la menthe • die Minze • ハッカ • 薄荷

tarragon • l'estragon • der Estragon • タラゴン • 龙蒿

marjoram • la marjolaine • der Majoran • マジョラム • 墨角兰

oregano • l'origan • der Oregano • オレガノ • 牛至

bay leaf • la feuille de laurier • das Lorbeerblatt • ベイリーフ • 月桂叶

thyme • le thym • der Thymian • タイム • 百里香

basil • le basilic • das Basilikum • バジル • 罗勒

coriander • la coriandre • der Koriander • コリアンダー • 香菜

parsley • le persil • die Petersilie • パセリ • 欧芹

sage • la sauge • der Salbei • セージ • 鼠尾草

dill • l'aneth • der Dill • ディル • 莳萝

rosemary • le romarin • der Rosmarin • ローズマリー • 迷迭香

bottled foods • les aliments en bouteilles
• die Nahrungsmittel in Flaschen • 瓶詰め食品
• 瓶装食品

cork
le bouchon
der Korken
コルク
软木塞

sunflower oil
• l'huile de
tournesol • das
Sonnenblumenöl
• ひまわり油
• 葵花籽油

walnut oil • l'huile de noix
• das Walnussöl • クルミ油
• 核桃油

grapeseed oil • l'huile de pépins
de raisin • das Traubenkernöl
• ブドウ種油 • 葡萄籽油

almond oil • l'huile
d'amande • das
Mandelöl • アーモンド油
• 杏仁油

sesame seed oil
• l'huile de sésame
• das Sesamöl • ごま
油 • 芝麻油

hazelnut oil • l'huile
de noisette • das
Haselnussöl • ヘーゼルナ
ッツ油 • 榛仁油

olive oil • l'huile
d'olive • das Olivenöl
• オリーブ油 • 橄榄油

herbs • les herbes
• die Kräuter
• ハーブ • 香草

flavoured oil • l'huile
parfumée • das
aromatische Öl • 香味油
• 香油

oils • les huiles • die Öle • 油 • 油

---

sweet spreads • les produits à tartiner • der süße Aufstrich
• 甘いスプレッド • 甜酱

jar • le pot • das Glas
• (広口の) 瓶 • 广口瓶

honeycomb • le gâteau
de miel • die Honigwabe
• ハチの巣 • 蜜脾

set honey
le miel solide
der feste Honig
固まったハチミツ
固体蜂蜜

lemon curd • la pâte à
tartiner au citron
• der Zitronenaufstrich
• レモンカード
• 柠檬酱

raspberry jam • la
confiture de framboises
• die Himbeerkonfitüre • ラ
ズベリージャム • 覆盆子酱

marmalade • la confiture
d'oranges • die
Orangenmarmelade • マー
マレード • 橘子酱

clear honey • le miel
liquide • der flüssige
Honig • (透明な) 液状の
ハチミツ • 液体蜂蜜

maple syrup
• le sirop d'érable
• der Ahornsirup
• メープルシロップ
• 枫糖浆

condiments and spreads • les condiments • die Würzen
• 調味料とスプレッド • 调味品

cider vinegar
le vinaigre de cidre
der Apfelweinessig
リンゴ酢
苹果醋

balsamic vinegar
le vinaigre balsamique
der Gewürzessig
バルサミコ酢
香脂醋

bottle
la bouteille
die Flasche
瓶
瓶

mayonnaise • la mayonnaise
• die Majonäse • マヨネーズ
• 蛋黄酱

English mustard
• la moutarde anglaise
• der englische Senf
• イングリッシュマスター
ド • 英式芥末酱

ketchup • le ketchup
• der Ketchup • ケチャッ
プ • 番茄酱

French mustard • la
moutarde française
• der französische Senf
• フレンチマスタード
• 法式芥末酱

chutney • le chutney
• das Chutney
• チャツネ • 酸辣酱

malt vinegar
• le vinaigre de malt
• der Malzessig • 麦芽酢
• 麦芽醋

wine vinegar
le vinaigre de vin
der Weinessig
ワインビネガー
酒醋

sauce • la sauce
• die Soße
• ソース
• 调味汁

wholegrain mustard
• la moutarde en
grains • der grobe Senf
• 粒マスタード
• 颗粒芥末酱

vinegar • le vinaigre • der Essig • 酢 • 醋

sealed jar • le bocal
scellé • das Einmachglas
• 密閉容器
• 密封瓶

peanut butter • le beurre
de cacahouètes • die
Erdnussbutter • ピーナッツ
バター • 花生酱

chocolate spread • la pâte
à tartiner au chocolat
• der Schokoladenaufstrich
• チョコレートスプレッド
• 巧克力酱

preserved fruit
les fruits en bocaux
das eingemachte Obst
(砂糖漬けの)瓶詰め果物
罐装水果

vegetable oil
l'huile végétale
das Pflanzenöl
植物油
植物油

corn oil
l'huile de maïs
das Maiskeimöl
トウモロコシ油
玉米油

groundnut oil
l'huile d'arachide
das Erdnussöl
ピーナッツ油
花生油

rapeseed oil
l'huile de colza
das Rapsöl
菜種油
菜籽油

cold-pressed oil
l'huile pressée à froid
das kaltgepresste Öl
一番搾りの油
冷榨油

dairy produce • les produits laitiers • die Milchprodukte • 乳製品 • 乳制品

cheese • le fromage • der Käse • チーズ • 奶酪

rind
la croûte
die Rinde
皮
奶酪皮

semi-hard cheese
le fromage à pâte pressée non cuite
der mittelharte Käse
セミハードチーズ
半硬奶酪

grated cheese
le fromage râpé
der geriebene Käse
粉チーズ
碎奶酪

hard cheese • le fromage à pâte pressée cuite • der Hartkäse • ハードチーズ • 硬奶酪

cream cheese • le fromage à la crème • der Rahmkäse • クリームチーズ • 奶油干酪

cottage cheese • le cottage • der Hüttenkäse • コテージチーズ • 白干酪

blue cheese
• le bleu • der Blauschimmelkäse
• ブルーチーズ
• 蓝纹奶酪

semi-soft cheese • le fromage à pâte semi-molle • der halbfeste Käse
• セミソフトチーズ
• 半软奶酪

soft cheese • le fromage à pâte molle • der Weichkäse • ソフトチーズ • 软奶酪

fresh cheese • le fromage frais • der Frischkäse
• フレッシュチーズ • 鲜奶酪

milk • le lait • die Milch • 乳 • 奶

whole milk
le lait entier
die Vollmilch
全乳
纯牛奶

semi-skimmed milk
le lait demi-écrémé
die Halbfettmilch
半脱脂乳
半脱脂牛奶

skimmed milk
le lait écrémé
die Magermilch
脱脂乳
脱脂牛奶

milk carton
le carton de lait
die Milchtüte
牛乳パック
奶盒

goat's milk • le lait de chèvre • die Ziegenmilch • 山羊の乳 • 山羊奶

condensed milk
le lait condensé
die Kondensmilch
コンデンスミルク
炼乳

cow's milk • le lait de vache • die Kuhmilch • 牛乳 • 牛奶

butter • le beurre • die Butter
● バター ● 黄油

margarine • la margarine
● die Margarine ● マーガリン
● 人造黄油

cream • la crème • die Sahne
● クリーム ● 奶油

single cream • la crème
allégée • die fettarme Sahne
● シングルクリーム ● 脱脂奶油

double cream
la crème épaisse
die Schlagsahne
ダブルクリーム
高脂肪奶油

whipped cream
la crème fouettée
die Schlagsahne
ホイップクリーム
搅奶油

sour cream • la crème
fraîche • die saure
Sahne • サワークリーム
● 酸奶油

yoghurt • le yaourt
● der Joghurt ● ヨーグル
ト ● 酸奶

ice-cream • la glace
● das Eis ● アイスクリー
ム ● 冰激凌

eggs • les œufs • die Eier • 卵 • 蛋

yolk
le jaune d'œuf
das Eigelb
卵黄
蛋黄

egg white
le blanc d'œuf
das Eiweiß
卵白
蛋白

shell
la coquille
die Eierschale
殻
蛋壳

hen's egg • l'œuf de
poule • das Hühnerei
● 鶏の卵 ● 鸡蛋

duck egg • l'œuf de
cane • das Entenei
● アヒルの卵 ● 鸭蛋

egg cup
le coquetier
der Eierbecher
ゆで卵立て
蛋杯

goose egg • l'œuf
d'oie • das Gänseei
● ガチョウの卵
● 鹅蛋

quail egg • l'œuf de caille
● das Wachtelei ● ウズラの卵
● 鹌鹑蛋

boiled egg • l'œuf à la coque • das gekochte Ei
● ゆで卵 ● 煮鸡蛋

pasteurized pasteurisé pasteurisiert 低温殺菌した 已经过巴氏消毒	fat free sans matières grasses fettfrei 無脂肪の 不含脂肪	salted salé gesalzen 塩味の 盐渍的	sheep's milk le lait de brebis die Schafmilch 羊の乳 绵羊奶	lactose le lactose die Laktose 乳糖 乳糖	milkshake le milk-shake der Milchshake ミルクセーキ 奶昔
unpasteurized non pasteurisé unpasteurisiert 低温殺菌していない 未经过巴氏消毒	powdered milk le lait en poudre das Milchpulver 粉ミルク 奶粉	unsalted non salé ungesalzen 無塩の 无盐的	buttermilk le babeurre die Buttermilch バターミルク 酪乳	homogenised homogénéisé homogenisiert 均質化した 均质	frozen yoghurt le yaourt surgelé der gefrorene Joghurt フローズンヨーグルト 冻酸奶

breads and flours • les pains et la farine • das Brot und das Mehl • パンと小麦粉 • 面包和面粉

sliced bread
le pain tranché
das Scheibenbrot
スライスしたパン
切片面包

poppy seeds
les graines de pavot
der Mohn
ケシの実
罂粟籽

rye bread
le pain de seigle
das Roggenbrot
ライ麦パン
黑面包

baguette
la baguette
das Baguette
バゲット
棍子面包

bakery • la boulangerie • die Bäckerei • パン屋 • 面包店

---

making bread • faire du pain • Brot backen • パン作り • 制作面包

white flour • la farine
blanche • das Weizenmehl
● 精白小麦粉 ● 精白面粉

brown flour • la farine
complète • das Roggenmehl
● 精白しない小麦粉
● 黑麦面粉

wholemeal flour • la farine
brute • das Vollkornmehl
● 全粒小麦粉 ● 全麦面粉

yeast • la levure • die Hefe
● イースト ● 酵母

dough
la pâte
der Teig
パン生地
生面团

sift (v) • tamiser • sieben
● ふるいにかける ● 筛撒

mix (v) • mélanger
● verrühren ● 混ぜる ● 搅拌

knead (v) • pétrir • kneten
● こねる ● 和面

bake (v) • faire cuir au four
● backen ● 焼く ● 烘制

crust
la croûte
die Kruste
皮
面包皮

white bread • le pain blanc
• das Weißbrot • 白パン • 白面包

loaf
le pain
der Laib
パンの塊
面包块

brown bread • le pain bis
• das Graubrot • 黒パン • 黑面包

wholemeal bread • le pain de
son • das Vollkornbrot
• 全粒小麦粉パン • 全麦面包

slice
la tranche
die Scheibe
スライス
切片

granary bread • le pain
complet • das Mehrkornbrot
• 全麦のパン • 麸皮面包

corn bread • le pain de maïs
• das Maisbrot • トウモロコシパン
• 玉米面包

soda bread • le pain à la
bicarbonate de soude
• das Sodabrot • ソーダパン
• 苏打面包

sourdough bread • le pain au
levain • das Sauerteigbrot
• サワードウのパン • 酸面包

flatbread • le pain plat
• das Fladenbrot • フラットブレ
ッド • 薄干脆饼

bagel • le petit pain américain
• das Hefebrötchen • ベーグル
• 硬面包圈，百吉饼

bap • le petit pain rond • das
weiche Brötchen • バンズ
• 软面包片

roll • le petit pain • das
Brötchen • ロールパン
• 小面包

fruit bread • le pain aux
raisins secs • das Rosinenbrot
• フルーツ入りのパン
• 葡萄干面包

seeded bread • le pain aux
graines • das Körnerbrot
• 種つきのパン • 撒籽面包

naan bread • le naan
• der Naan • ナン
• 印度式面包

pitta bread • le pita
• das Pitabrot • ピタ • 皮塔饼

crispbread • le cracker
• das Knäckebrot
• クリスプブレッド • 薄脆饼干

self-raising flour la farine avec la levure das Mehl mit Backpulver ベーキングパウダー入りの小麦粉 自发粉	plain flour la farine sans levure das Mehl ohne Backpulver ベーキングパウダーのない小麦粉 中筋面粉	prove (v) lever gehen lassen 発酵する 发酵	breadcrumbs la chapelure das Paniermehl パンくず 面包屑	slicer la machine à couper der Brotschneider スライサー 切片机
strong flour la farine traitée das angereicherte Mehl 強力小麦粉 高筋面粉	rise (v) se lever aufgehen ふくらむ 发起	glaze (v) glacer glasieren つやを出す 浇糖	flute la flûte die Flöte 細長いパン 细长形面包	baker le boulanger der Bäcker パン屋 面包师

cakes and desserts • les gâteaux et les desserts • Kuchen und Nachspeisen • ケーキとデザート • 糕点

éclair
l'éclair
das Eclair
エクレア
长条奶油夹心点心

choux pastry
la pâte à choux
der Brandteig
シュー皮
油酥点心

puff pastry
la pâte feuilletée
der Blätterteig
パフペーストリー
奶油泡芙

cream
la crème
die Sahne
クリーム
奶油

filo pastry
la pâte de filo
der Blätterteig
フィロペーストリー
夹心酥

filling
la garniture
die Füllung
中身
夹心

fruit cake
le cake
der englische Kuchen
フルーツケーキ
水果蛋糕

chocolate coated
enrobé de chocolat
mit Schokolade überzogen
チョコレートをかけた
外覆巧克力

fruit tart
la tarte aux fruits
das Obsttortelett
フルーツタルト
水果馅饼

muffin
le muffin
der Muffin
マフィン
松饼

meringue
la meringue
das Baiser
メレンゲ
蛋白甜饼

sponge cake
la madeleine
das Biskuittörtchen
スポンジケーキ
松糕

cakes • les gâteaux • das Gebäck • ケーキ • 蛋糕

---

crème patisserie
la crème pâtissière
die Konditorcreme
クリームケーキ
奶油蛋糕

bun
le petit gâteau
das Teilchen
パン
小圆蛋糕

pastry
la pâte
der Teig
ペーストリー
面团

rice pudding
le riz au lait
der Milchreis
ライスプディング
米饭布丁

May I have a slice please?
Est-ce que je peux avoir une tranche s'il vous plaît?
Könnte ich bitte ein Stück haben?
1切れいただけますか？
我可以吃一片吗？

chocolate cake
le gâteau au chocolat
die Schokoladentorte
チョコレートケーキ
巧克力蛋糕

custard
la crème anglaise
der Vanillepudding
カスタード
蛋奶糕

slice
la tranche
das Stück
スライス
切片

celebration
la fête
die Feier
お祝い
庆祝会

chocolate chip • les pépites de chocolat • das Schokoladenstückchen • チョコレートチップ • 巧克力脆片

sponge fingers les boudoirs die Löffelbiskuits レディーフィンガー 指形饼干

florentine le florentine der Florentiner フロレンティーン 果仁巧克力脆饼

trifle • le diplomate • das Trifle • トライフル • 蜜饯布丁

biscuits • les biscuits • die Kekse • クッキー • 饼干

mousse • la mousse • die Mousse • ムース • 奶油冻，慕思

sorbet • le sorbet • das Sorbett • シャーベット • 果汁冰糕

cream pie • la tarte à la crème • die Sahnetorte • クリームパイ • 奶油馅饼

crème caramel • la crème caramel • der Karamellpudding • クレームカラメル • 焦糖蛋奶

celebration cakes • les gâteaux de fête • die festlichen Kuchen • お祝いのケーキ • 庆祝蛋糕

top tier l'étage supérieur der obere Kuchenteil 最上層 顶层

ribbon le ruban das Band リボン 缎带

decoration la décoration die Dekoration 飾り 装饰

birthday candles les bougies d'anniversaire die Geburtstagskerzen 誕生日のろうそく 生日蜡烛

blow out (v) souffler ausblasen 吹き消す 吹熄

bottom tier l'étage inférieur der untere Kuchenteil 最下層 底层

icing le glaçage der Zuckerguss アイシング 糖霜

marzipan la pâte d'amandes das Marzipan マジパン 杏仁糊

wedding cake • le gâteau de mariage • die Hochzeitstorte • ウェディングケーキ • 婚庆蛋糕

birthday cake • le gâteau d'anniversaire • der Geburtstagskuchen • バースデーケーキ • 生日蛋糕

delicatessen • la charcuterie • die Feinkost • デリカテセンストア • 熟食店

spicy sausage
le saucisson piquant
die pikante Wurst
香辛料入りのソーセージ
辣香肠

oil
l'huile
das Öl
油
油

vinegar
le vinaigre
der Essig
酢
醋

uncooked meat
la viande non cuite
das frische Fleisch
生肉
生肉

counter
le comptoir
die Theke
カウンター
柜台

flan • la quiche • die Quiche • キャシュ
● 果酱饼

salami • le salami ● die Salami • サラミ ● 萨拉米香肠

pepperoni • le pepperoni ● die Pepperoniwurst • ペパロニ ● 意大利辣香肠

pâté • le pâté • die Pastete ● パテ ● 肉酱

mozzarella • la mozzarella ● der Mozzarella • モッツァレラ ● 莫泽雷勒干酪

brie • le brie • der Brie ● ブリー • 布里干酪

goat's cheese • le fromage de chèvre • der Ziegenkäse • 山羊乳のチーズ • 山羊奶酪

cheddar • le cheddar • der Cheddar • チェダー • 切达干酪

parmesan • le parmesan ● der Parmesan • パルメザン ● 帕尔马干酪

camembert • le camembert ● der Camembert • カマンベール ● 卡门贝干酪

rind
la croûte
die Rinde
外皮
外皮

edam • l'édam • der Edamer ● エダム ● 伊丹奶酪

manchego • le manchego ● der Manchego • マンチェゴ ● 蒙切格干酪

pies • les pâtés en croûte • die Pasteten
• パイ • 西式馅饼, 派

black olive
l'olive noire
die schwarze Olive
黒オリーブ
黑橄榄

chili
le piment
die Peperoni
トウガラシ
辣椒

sauce
la sauce
die Soße
ソース
酱

bread roll
le petit pain
das Brötchen
ロールパン, プチパン
小圆面包

cooked meat
la viande cuite
das gekochte Fleisch
調理済みの肉
熟肉

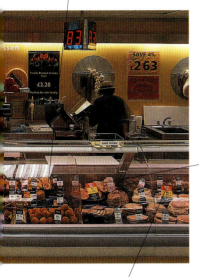

green olive
l'olive verte
die grüne Olive
グリーンオリーブ
緑橄欖

sandwich counter • le comptoir sandwichs • die Sandwichtheke
• サンドイッチのカウンター • 三明治柜台

ham • le jambon
• der Schinken
• ハム • 火腿

smoked fish • le poisson
fumé • der Räucherfisch
• 燻製の魚 • 熏鱼

capers • les câpres • die
Kapern • ケイパー
• 马槟榔

chorizo • le chorizo
• die Chorizo • チョリソ
• 蒜味腊肠

prosciutto • le prosciutto
• der Prosciutto • プロシュート
• 意大利熏火腿

stuffed olive • l'olive fourrée
• die gefüllte Olive • スタッフドオ
リーブ • 填馅橄榄

in oil • à l'huile • in Öl • 油漬けにした • 油渍
in brine • en saumure • in Lake • 塩水漬けにした • 卤制
marinated • mariné • mariniert • マリネにした • 醋渍的
salted • salé • gepökelt • 塩味をつけた • 盐渍的
smoked • fumé • geräuchert • 燻製にした • 熏制的
cured • séché • getrocknet • 保存加工した • 风干的

Take a number please.
Prenez un numéro, s'il vous plaît.
Nehmen Sie bitte eine Nummer.
数量をお願いします。
请记一下数目。

Can I try some of that please?
Est-ce que je peut goûter un peu de ça, s'il vous plaît?
Kann ich bitte etwas davon probieren?
ちょっと試食してもいいですか？
我能尝尝吗？

May I have six slices of that please?
Je voudrais six tranches, s'il vous plaît.
Ich hätte gerne sechs Scheiben davon, bitte.
それを6切れもらえますか？
请来六片。

drinks • les boissons • die Getränke • 飲料 • 饮料

water • l'eau • das Wasser • 水 • 水

bottled water
l'eau en bouteille
das Flaschenwasser
瓶入りの水
瓶装水

sparkling
gazeux
mit Kohlensäure
発泡性の
炭酸(饮料)

tap water • l'eau du robinet
• das Leitungswasser • 水道の水
• 自来水

still
non gazeux
ohne Kohlensäure
非発泡性の
非炭酸(饮料)

tonic water • le tonic
• das Tonicwater
• トニックウォーター
• 奎宁水

mineral water • l'eau minérale • das
Mineralwasser • ミネラルウォーター • 矿泉水

soda water • le soda
• das Sodawasser • 炭酸
水 • 苏打水

hot drinks • les boissons chaudes • die heißen Getränke • 温かい飲料 • 热饮

teabag • le sachet de thé
• der Teebeutel • ティーバッ
グ • 茶包

loose leaf tea
• les feuilles de
thé • die Teeblätter
• 茶の葉
• 茶叶

tea • le thé • der Tee • 茶 • 茶

beans • les grains
• die Bohnen • 豆
• 咖啡豆

ground coffee
le café moulu
der gemahlene Kaffee
挽いたコーヒー
咖啡末

coffee • le café • der Kaffee • コーヒー • 咖啡

hot chocolate • le
chocolat chaud • die
heiße Schokolade • ココ
ア • 热巧克力

malted drink • la
boisson maltée • das
Malzgetränk • 麦芽飲料
• 麦芽饮料

soft drinks • les boissons non alcoolisées • die alkoholfreien Getränke • 清涼飲料
• 软饮料(不含酒精的饮料)

straw • la paille
• der Strohhalm
• ストロー • 吸管

tomato juice • le jus
de tomate • der
Tomatensaft • トマトジュ
ース • 番茄汁

grape juice • le jus de
raisin • der Traubensaft
• グレープジュース
• 葡萄汁

lemonade • la limonade
• die Limonade • レモネ
ード • 柠檬水

orangeade • l'orangeade
• die Orangeade • オレン
ジエード • 橘子水

cola • le coca
• die Cola • コーラ
• 可乐

alcoholic drinks • les boissons alcoolisées • die alkoholischen Getränke • アルコール飲料 • 含酒精饮料

can
la boîte
die Dose
缶
罐

beer • la bière • das Bier • ビール • 啤酒

cider • le cidre • der Apfelwein • シードル • 苹果酒

bitter • la bière anglaise • das halbdunkle Bier • ビター • 苦啤酒

stout • la bière brune • der Stout • スタウト • 浓烈黑啤酒

gin • le gin • der Gin • ジン • 杜松子酒

vodka • la vodka • der Wodka • ウォッカ • 伏特加酒

whisky • le whisky • der Whisky • ウイスキー • 威士忌

rum • le rhum • der Rum • ラム酒 • 朗姆酒

brandy • le brandy • der Weinbrand • ブランデー • 白兰地

port • le porto • der Portwein • ポートワイン • 波尔图葡萄酒

dry • sec • trocken • 辛口(の) • 无糖分的

sherry • le sherry • der Sherry • シェリー酒 • 雪利酒

campari • le campari • der Campari • カンパリ • 堪培利酒

rosé
rosé
rosé
ロゼ
玫瑰红(葡萄酒)

white
blanc
weiß
白
白(葡萄酒)

red
rouge
rot
赤
红(葡萄酒)

liqueur • la liqueur • der Likör • リキュール • 利口酒

tequila • la téquila • der Tequila • テキーラ • 龙舌兰酒

champagne • le champagne • der Champagner • シャンパン • 香槟酒

wine • le vin • der Wein • ワイン • 葡萄酒

eating out
sortir manger
auswärts essen
外食
外出就餐

café • le café • das Café • カフェ • 咖啡馆

menu
le menu
die Speisekarte
メニュー
菜单

awning
le store
die Markise
日よけ
遮阳篷

pavement café • la terrasse de café • das Straßencafé
● オープンカフェ • 路边咖啡座

umbrella
le parasol
der Sonnenschirm
パラソル
遮阳伞

terrace café • la terrasse de café • das Terrassencafé
● 野外テラスのカフェ • 露天咖啡座

waiter
le serveur
der Kellner
ウェイター
侍者

coffee machine
le percolateur
die Kaffeemaschine
コーヒーメーカー
咖啡机

table
la table
der Tisch
テーブル
桌子

snack bar • le snack • die Snackbar • スナックバー • 快餐店

coffee • le café • der Kaffee • コーヒー • 咖啡

white coffee
le café crème
der Kaffee mit Milch
ミルク入りコーヒー
牛奶咖啡

black coffee
le noir
der schwarze Kaffee
ブラックコーヒー
黑咖啡

cocoa powder
le chocolat en poudre
das Kakaopulver
粉末ココア
可可粉

froth
la mousse
der Schaum
泡
泡沫

filter coffee ●
Filterkaffee ● ドリップコーヒー
● 过滤式咖啡

e ● der
le café filtr

espresso ● l'expresso
● der Espresso ● エスプレ
ッソ ● 意式浓缩咖啡

cappuccino ● le
cappuccino ● der Cappuccino
● カプチーノ ● 卡布奇诺咖啡

iced coffee ● le café glacé
● der Eiskaffee ● アイスコーヒー
● 冰咖啡

tea • le thé • der Tee • 茶 • 茶

herbal tea
la tisane
der Kräutertee
ハーブティー
草药茶

camomile tea • la camomille • der Kamillentee • カモミール茶 • 菊花茶

green tea • le thé vert • der grüne Tee • 緑茶 • 绿茶

tea with milk • le thé au lait • der Tee mit Milch • ミルクティー • 奶茶

black tea • le thé noir • der schwarze Tee • ブラックティー • 红茶

tea with lemon • le thé au citron • der Tee mit Zitrone • レモンティー • 柠檬茶

mint tea • l'infusion de menthe • der Pfefferminztee • ミントティー • 薄荷茶

iced tea • le thé glacé • der Eistee • アイスティー • 冰茶

juices and milkshakes • les jus et milk-shakes • die Säfte und Milchshakes • ジュースとミルクセーキ • 果汁和奶昔

chocolate milkshake
le milk-shake au chocolat
der Schokoladenmilchshake
チョコレートミルクセーキ
巧克力奶昔

strawberry milkshake
le milk-shake à la fraise
der Erdbeermilchshake
イチゴミルクセーキ
草莓奶昔

orange juice • le jus d'orange • der Orangensaft • オレンジジュース • 橘子汁

apple juice • le jus de pomme • der Apfelsaft • アップルジュース • 苹果汁

pineapple juice le jus d'ananas der Ananassaft パイナップルジュース 菠萝汁

tomato juice • le jus de tomate • der Tomatensaft • トマトジュース • 番茄汁

coffee milkshake
le milk-shake au café
der Kaffeemilchshake
コーヒーミルクセーキ
咖啡奶昔

food • la nourriture • das Essen • 食べ物 • 食物

brown bread
le pain bis
das Graubrot
黒パン
黑面包

scoop
la boule
die Kugel
一杯分
一勺量

toasted sandwich • le sandwich grillé • der getoastete Sandwich • トーストサンド • 烤三明治

salad • la salade • der Salat • サラダ • 沙拉

ice cream • la glace • das Eis • アイスクリーム • 冰激凌

pastry • la pâtisserie • das Gebäck • 焼き菓子 • 油酥点心

bar • le bar • die Bar • バー • 酒吧

glasses
les verres
die Gläser
グラス
玻璃杯

optic
la mesure
das Maß
(瓶につける)酒量計量器
量杯

till
la caisse
die Kasse
レジ
收款机

bartender
le barman
der Barkeeper
バーテン
酒保

beer tap
la pompe à biere
der Zapfhahn
ビール栓
啤酒龙头

coffee machine
le percolateur
die Kaffeemaschine
コーヒーメーカー
咖啡机

ice bucket
le seau à glace
der Eiskübel
アイスペール
冰桶

bar stool
le tabouret de bar
der Barhocker
いす
酒吧椅

ashtray
le cendrier
der Aschbecher
灰皿
烟灰缸

coaster
le dessous de verre
der Untersetzer
コースター
杯垫

bar counter
le comptoir
die Theke
カウンター
吧台

bottle opener
l'ouvre-bouteille
der Flaschenöffner
栓抜き
开瓶器

lever
le levier
der Hebel
レバー
摇杆

tongs
les pinces
die Eiszange
トングス
夹钳

stirrer
l'agitateur
der Cocktailrührer
マドラー
搅拌棒

measure
le verre gradué
der Messbecher
メジャーカップ
量杯

corkscrew • le tire-bouchon • der Korkenzieher
• コルク抜き • 拔塞钻

cocktail shaker • le shaker à cocktails • der Cocktailshaker
• シェーカー • 鸡尾酒调制器

pitcher
le pichet
der Krug
水差し
水罐

ice cube
le glaçon
der Eiswürfel
角氷
冰块

gin and tonic • le gin tonic
• der Gin Tonic • ジントニック
• 奎宁杜松子酒

scotch and water • le scotch
à l'eau • der Scotch mit Wasser
• スコッチの水割り • 加水威士忌

rum and coke • le rhum coca
• der Rum mit Cola • ラム酒のコ
ーラ割り • 加可乐朗姆酒

vodka and orange • la vodka
à l'orange • der Wodka mit
Orangensaft • ウォッカのオレン
ジジュース割り • 加橙汁伏特加酒

martini • le martini
• der Martini • マティーニ
• 马提尼酒

cocktail • le cocktail
• der Cocktail • カクテル
• 鸡尾酒

wine • le vin • der Wein
• ワイン • 葡萄酒

beer • la bière • das Bier
• ビール • 啤酒

ice and lemon
citron et glaçons
Eis und Zitrone
氷とレモン
冰和柠檬

single
simple
einfach
シングル
単份

double
double
doppelt
ダブル
双份

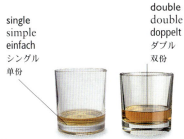

a shot • un coup • ein Schuss
• シングルショット • 一小杯

measure • la mesure • das
Maß • メジャーカップ • 量杯

without ice • sans glaçons
• ohne Eis • 氷なしの • 不加冰

with ice • avec des glaçons
• mit Eis • 氷入りの • 加冰

bar snacks • les amuse-gueule • die Knabbereien • スナック • 酒吧小吃

almonds
les amandes
die Mandeln
アーモンド
杏仁

cashewnuts
les noix de cajou
die Cashewnüsse
カシューナッツ
腰果

peanuts
les cacahouètes
die Erdnüsse
ピーナッツ
花生

crisps • les chips • die Kartoffelchips
• ポテトチップ • 炸薯片

nuts • les noix • die Nüsse • ナッツ
• 坚果

olives • les olives • die Oliven
• オリーブ • 橄榄

restaurant • le restaurant • das Restaurant • レストラン • 餐馆

non-smoking section
• la partie non-
fumeurs • der Nicht-
raucherbereich ● 禁煙席
● 禁烟区

napkin
la serviette
die Serviette
ナプキン
餐巾

commis chef
le commis
der Hilfskoch
コック見習い
助厨

table setting
le couvert
das Gedeck
テーブルセット
餐具摆放

chef
le chef de cuisine
der Küchenchef
料理長
主厨

glass
le verre
das Glas
グラス
玻璃杯

tray
le plateau
das Tablett
盆
托盘

kitchen • la cuisine • die Küche • 調理場
● 厨房

waiter • le garçon • der Kellner
● ウェイター ● 侍者

lunch menu le menu du déjeuner das Mittagsmenü 昼食メニュー 午餐菜单	specials les spécialités die Spezialitäten 特別料理 特色菜	price le prix der Preis 値段 价格	tip le pourboire das Trinkgeld チップ 小费	buffet le buffet das Buffet ビュッフェティング 自助餐	customer le client der Kunde 客 客人
evening menu le menu du soir das Abendmenü 夕食メニュー 晚餐菜单	à la carte à la carte à la carte お好み料理で 按菜单点菜	bill l'addition die Rechnung 勘定 账单	service included service compris Bedienung inbegriffen サービス料込みで 含服务费	smoking section la partie fumeurs der Raucherbereich 喫煙席 吸烟区	salt le sel das Salz 塩 盐
wine list la carte des vins die Weinkarte ワインリスト 酒单	sweet trolley le plateau à desserts der Dessertwagen デザート用ワゴン 甜食小车	receipt le reçu die Quittung レシート 收据	service not included service non compris ohne Bedienung サービス料別で 不含服务费	bar le bar die Bar バー 酒吧	pepper le poivre der Pfeffer コショウ 胡椒粉

menu • la carte • die Speisekarte
• メニュー • 菜单

child's meal • le menu
d'enfant • die Kinderportion
• お子様ランチ • 儿童套餐

order (v) • commander • bestellen • 注文する
• 点菜

pay (v) • payer • bezahlen • 支払いをする • 付账

courses • les plats • die Gänge • コース • 菜肴

apéritif • l'apéritif
• der Aperitif • アペリテ
ィフ • 开胃酒

starter • l'entrée • die
Vorspeise • アントレ • 开胃菜

soup • la soupe
• die Suppe • スープ
• 汤

main course • le plat principal
• das Hauptgericht • メインコース
• 主菜

side order • l'accompagnement
• die Beilage • 添え料理 • 配菜

fork
la fourchette
die Gabel
フォーク
餐叉

coffee spoon
la cuiller à café
der Kaffeelöffel
コーヒースプーン
咖啡匙

dessert • le dessert • der Nachtisch
• デザート • 餐后甜点

coffee • le café • der Kaffee
• コーヒー • 咖啡

A table for two please.
Une table pour deux, s'il vous plaît.
Einen Tisch für zwei Personen, bitte.
２人分の席をお願いします。
要一张两人桌。

Can I see the menu/wine list please?
La carte/La carte des vins, s'il vous plaît.
Die Speisekarte/Weinkarte, bitte.
メニュー／ワインリストを見せてもらえますか？
能让我看看菜单/酒单吗？

Is there a fixed price menu?
Avez-vous un menu à prix fixe?
Haben Sie ein Tagesmenü?
定額のメニューはありますか？
有固定价格菜单吗？

Do you have any vegetarian dishes?
Avez vous des plats végétariens?
Haben Sie vegetarische Gerichte?
ベジタリアン用の料理はありますか？
有素菜吗？

Could I have the bill/a receipt please?
L'addition/Un reçu, s'il vous plaît.
Könnte ich bitte die Rechnung/eine Quittung haben?
勘定書／レシートをもらえますか？
请给我账单/收据。

Can we pay separately?
Pouvons-nous payer chacun notre part?
Können wir getrennt zahlen?
支払いは別々でもいいですか？
我们能分开结账吗？

Where are the toilets, please?
Où sont les toilettes, s'il vous plaît?
Wo sind die Toiletten, bitte?
トイレはどこですか？
请问卫生间在哪里？

fast food • la restauration rapide • der Schnellimbiss • ファーストフード • 快餐

straw
la paille
der Strohhalm
ストロー
吸管

burger
le hamburger
der Hamburger
ハンバーガー
汉堡包

soft drink
la boisson non-alcoolisée
das alkoholfreie Getränk
清涼飲料
软饮料

french fries
les frites
die Pommes frites
フライドポテト
薯条

paper napkin
la serviette en papier
die Papierserviette
紙ナプキン
餐巾纸

tray
le plateau
das Tablett
トレー
托盘

burger meal • le hamburger avec des frites • der Hamburger mit Pommes frites • ハンバーガーの食事 • 汉堡套餐

pizza • la pizza • die Pizza • ピザ • 比萨饼

price list • le tarif • die Preisliste • 価格表 • 价目表

canned drink
la boisson en boîte
das Dosengetränk
缶飲料
罐装饮料

home delivery • la livraison à domicile • die Lieferung ins Haus • 宅配 • 送餐

street stall • le marchand de hot-dogs • der Imbissstand • 屋台 • 食品摊

pizza parlour
la pizzeria
die Pizzeria
ピザの店
比萨饼店

burger bar
le restaurant rapide
die Imbissstube
ハンバーガーの店
快餐店

menu
la carte
die Speisekarte
メニュー
菜单

eat-in
manger sur place
hier essen
店内で食べる
店内用餐

take-away
à emporter
zum Mitnehmen
持ち帰りの
外带

re-heat (v)
réchauffer
aufwärmen
温め直す
重新加热

tomato sauce
le ketchup
der Tomatenketchup
ケチャップ
番茄酱

Can I have that to go please?
À emporter, s'il vous plaît.
Ich möchte das mitnehmen.
持ち帰りでお願いします。
我带走吃。

Do you deliver?
Est-ce que vous livrez à domicile?
Liefern Sie ins Haus?
配達はしてもらえますか？
你们提供送餐服务吗?

bun
le petit pain
das Brötchen
パン
小圆面包

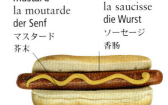

mustard
la moutarde
der Senf
マスタード
芥末

sausage
la saucisse
die Wurst
ソーセージ
香肠

hamburger • le hamburger
• der Hamburger • ハンバーガ
ー • 汉堡包

chicken burger • le hamburger
au poulet • der Chickenburger
• チキンバーガー • 鸡肉汉堡包

veggie burger • le hamburger
végétarien • der vegetarische
Hamburger • 野菜バーガー
• 蔬菜汉堡

hot dog • le hot-dog
• das Hot Dog • ホットドッグ
• 热狗

filling
la garniture
die Füllung
中身
馅

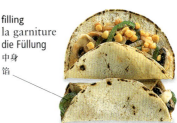

sandwich • le sandwich
• der Sandwich • サンドイッチ
• 三明治

club sandwich • le sandwich
mixte • der Klubsandwich • クラ
ブサンド • 总汇三明治

open sandwich • le canapé • das
belegte Brot • オープンサンド
• 单片三明治

wrap • le taco
• das gefüllte Fladenbrot
• タコス • 菜卷

sauce
la sauce
die Soße
ソース
酱

savoury
salé
salzig
塩味の
咸味的

sweet
sucré
süß
甘い
甜味的

kebab • le kébab • der Kebab
• 串焼き • 烤肉串

chicken nuggets • les beignets
de poulet • die Hähnchenstückchen
• チキンナゲット • 鸡块

topping
la garniture
der Pizzabelag
トッピング
装饰配料

crêpes • les crêpes • die Crêpes
• クレープ • 薄饼卷

fish and chips • le poisson avec
des frites • der Bratfisch mit Pommes
frites • フィッシュアンドチップス
• 鱼和薯条

ribs • les côtes • die
Rippen • リブ • 肋排

fried chicken • le poulet frit
• das gebratene Hähnchen • フラ
イドチキン • 炸鸡

pizza • la pizza • die Pizza
• ピザ • 比萨饼

breakfast • le petit déjeuner • das Frühstück • 朝食 • 早餐

milk
le lait
die Milch
牛乳
牛奶

cereal
les céréales
die Getreideflocken
シリアル
谷类食品

jam
la confiture
die Konfitüre
ジャム
果酱

dried fruit
les fruit secs
das Dörrobst
ドライフルーツ
干果

ham
le jambon
der Schinken
ハム
火腿

cheese
le fromage
der Käse
チーズ
奶酪

crispbread
le cracker
das Knäckebrot
クリスプブレッド
薄脆饼干

breakfast buffet • le buffet du petit déjeuner • das Frühstücks-buffet • 朝食ビュッフェ • 自助早餐

marmalade
la confiture d'oranges
die Orangenmarmelade
マーマレード
橘子酱

pâté
le pâté
die Pastete
パテ
肉酱

butter
le beurre
die Butter
バター
黄油

fruit juice
le jus de fruit
der Obstsaft
フルーツジュース
果汁

coffee
le café
der Kaffee
コーヒー
咖啡

croissant
le croissant
das Croissant
クロワッサン
羊角面包

hot chocolate
le chocolat chaud
die Schokolade
ココア
热巧克力

tea
le thé
der Tee
茶
茶

breakfast table • la table du petit déjeuner • der Frühstückstisch • 朝食の食卓 • 早餐桌

drinks • les boissons • die Getränke • 飲み物 • 饮料

english • français • deutsch • 日本語 • 汉语

brioche • la brioche • die Brioche • ブリオッシュ • 奶油糕点

bread • le pain • das Brot • パン • 面包

tomato
la tomate
die Tomate
トマト
番茄

black pudding
le boudin
die Blutwurst
黒ソーセージ
猪血香肠

toast
le toast
der Toast
トースト
烤面包

sausage
la saucisse
das Würstchen
ソーセージ
香肠

fried egg
l'œuf sur le plat
das Spiegelei
目玉焼き
煎蛋

bacon
le bacon
der Frühstücksspeck
ベーコン
熏肉

English breakfast • le petit déjeuner anglais • das englische Frühstück • イギリス風朝食 • 英式早餐

kippers • les kippers • die Räucherheringe • キッパー • 熏鲱鱼

french toast • le pain perdu • das in Ei gebratene Brot • フレンチトースト • 法式吐司

yolk
le jaune d'œuf
das Eigelb
黄身
蛋黄

boiled egg • l'œuf à la coque • das gekochte Ei • ゆで卵 • 煮鸡蛋

scrambled eggs • les œufs brouillés • das Rührei • いり卵 • 炒鸡蛋

cream
la crème
die Sahne
クリーム
奶油

pancakes • les crêpes • die Pfannkuchen • パンケーキ • 薄煎饼

waffles • les gaufres • die Waffeln • ワッフル • 华夫饼

porridge • le porridge • der Porridge • オートミール • 麦片粥

fruit yoghurt
le yaourt aux fruits
der Früchtejoghurt
フルーツヨーグルト
果味酸奶

fresh fruit • les fruits • das Obst • 果物 • 鲜果

dinner • le repas • die Hauptmahlzeit • ディナー • 正餐

soup • le potage • die Suppe
• スープ • 汤

broth • le bouillon • die Brühe • ブイヨン • 肉汤

stew • le ragoût • der Eintopf
• シチュー • 炖菜

curry • le curry • das Curry
• カレー • 咖喱

roast • le rôti • der Braten
• ロースト • 烤肉

pie • la tourte • die Pastete
• パイ • 馅饼

soufflé • le soufflé • das Soufflé • スフレ • 蛋奶酥

kebab • le chiche-kébab • der Schaschlik • 串焼き • 烤肉串

meatballs • les boulettes de viande • die Fleischklöße
• 肉だんご • 肉丸

omelette • l'omelette • das Omelett • オムレツ
• 煎蛋饼

stir fry • le sauté • das Schnellbratgericht • 炒め物
• 炒菜

noodles • les nouilles • die Nudeln • 麺 • 面条

pasta • les pâtes • die Nudeln
• パスタ • 意大利面食

rice • le riz • der Reis
• ご飯 • 米饭

mixed salad • la salade composée • der gemischte Salat
• ミックスサラダ • 什锦沙拉

green salad • la salade verte • der grüne Salat • グリーンサラダ • 蔬菜沙拉

dressing • la vinaigrette • die Salatsoße • ドレッシング
• 酸醋调味汁

techniques • la préparation • die Zubereitung • 料理法 • 烹调手法

stuffed • farci • gefüllt
• 詰め物をした • 装馅

in sauce • en sauce • in Soße
• ソース仕立ての • 浇汁

grilled • grillé • gegrillt •（グ
リルで）焼いた • 烤制

marinated • mariné
• mariniert • マリネにした
• 醋渍

poached • poché
• pochiert • 落とし卵の
• 水煮

mashed • en purée • püriert
• つぶした • 捣成糊状

baked • cuit • gebacken
• 焼いた • 烘制

pan fried • sauté
• kurzgebraten
• 油で炒めた • 煎制

fried • frit • gebraten • 炒めた
• 炒制

pickled • macéré • eingelegt
• 漬けた • 腌渍

smoked • fumé • geräuchert
• 燻製にした • 熏制

deep fried • frit • frittiert
•（たっぷりの油で）揚げた
• 油炸

in syrup • au sirop • in Saft
• シロップに漬けた • 枫糖浸泡

dressed • assaisonné
• angemacht • ドレッシングを加
えた • 调味

steamed • cuit à la vapeur
• gedämpft • 蒸した • 清蒸

cured • séché • getrocknet
• 保存処理した • 风干

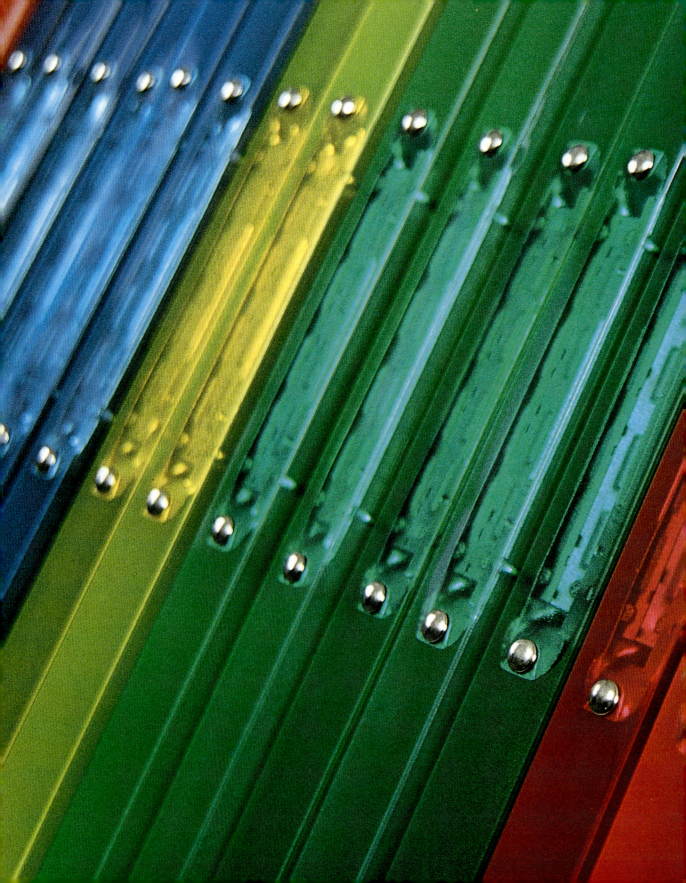

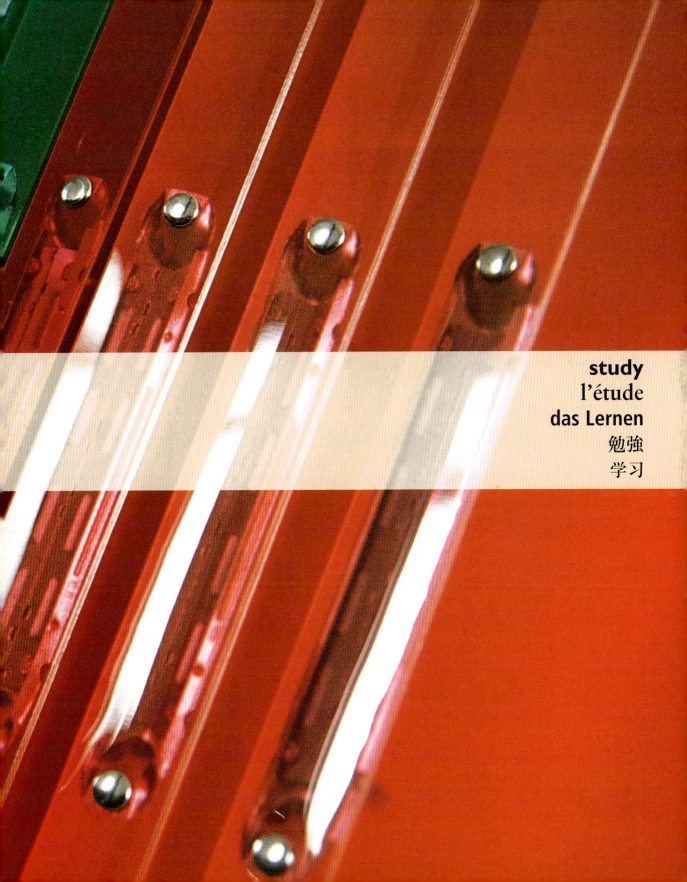

study
l'étude
das Lernen
勉強
学习

school • l'école • die Schule • 学校 • 学校

teacher
l'institutrice
die Lehrerin
先生
老师

blackboard
le tableau
die Tafel
黑板
黑板

schoolboy • l'écolier • der Schuljunge • 男子生徒 • 男生

pupil
l'élève
der Schüler
生徒
学生

school uniform
l'uniforme
die Schuluniform
制服
校服

desk
le pupitre
das Pult
机
课桌

school bag
le cartable
die Schultasche
学校かばん
书包

chalk
la craie
die Kreide
チョーク
粉笔

classroom • la salle de classe • das Klassenzimmer • 教室 • 教室

schoolgirl • l'écolière • das Schulmädchen • 女子生徒 • 女生

history l'histoire die Geschichte 歴史 历史	art l'art die Kunst 芸術 艺术	physics la physique die Physik 物理 物理
geography la géographie die Erdkunde 地理 地理	music la musique die Musik 音楽 音乐	chemistry la chimie die Chemie 化学 化学
literature la littérature die Literatur 文学 文学	maths les mathématiques die Mathematik 数学 数学	biology la biologie die Biologie 生物学 生物学
languages les langues die Sprachen 語学 语言	science les sciences die Naturwissenschaft 科学 自然科学	physical education l'éducation physique der Sport 体育 体育

activities • les activités • die Aktivitäten • 学習活動 • 学习活动

read (v) • lire • lesen • 読む • 读

write (v) • écrire • schreiben • 書く • 写

spell (v) • épeler • buchstabieren • 綴る • 拼写

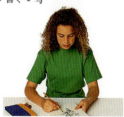

draw (v) • dessiner • zeichnen • 描く • 画

overhead projector • le rétroprojecteur • der Overheadprojektor • オーバーヘッドプロジェクター • 幻灯机

nib
la plume
die Feder
ペン先
笔尖

pen • le stylo • der Füller • ペン • 钢笔

colouring pencil
le crayon de couleur
der Buntstift
色鉛筆
彩色铅笔

pencil sharpener
le taille-crayon
der Spitzer
鉛筆けずり
转笔刀

pencil • le crayon • der Bleistift • 鉛筆 • 铅笔

rubber • la gomme • der Radiergummi • 消しゴム • 橡皮

notebook • le cahier • das Heft • ノート • 笔记本

textbook • le livre • das Schulbuch • 教科書 • 教科书

pencil case • la trousse • das Federmäppchen • 筆入れ • 笔袋

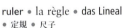

ruler • la règle • das Lineal • 定規 • 尺子

question (v) • questionner • fragen • 質問する • 提问

answer (v) • répondre • antworten • 答える • 回答

discuss (v) • discuter • diskutieren • 討論 • 讨论

learn (v) • apprendre • lernen • 学ぶ • 学习

head teacher	answer	grade
le directeur	la réponse	la note
der Schulleiter	die Antwort	die Note
校長	解答	グレード
校长	答案	评分
lesson	homework	year
la leçon	les devoirs	la classe
die Stunde	die Hausaufgabe	die Klasse
授業	宿題	学年
课	作业	年级
take notes (v)	essay	dictionary
prendre des notes	la rédaction	le dictionnaire
Notizen machen	der Aufsatz	das Wörterbuch
ノートを取る	作文	辞書
记笔记	作文	字典
question	examination	encyclopedia
la question	l'examen	l'encyclopédie
die Frage	die Prüfung	das Lexikon
質問	試験	百科事典
问题	考试	百科全书

maths • les mathématiques • die Mathematik • 数学 • 数学

shapes • les formes • die Formen • 図形 • 平面图形

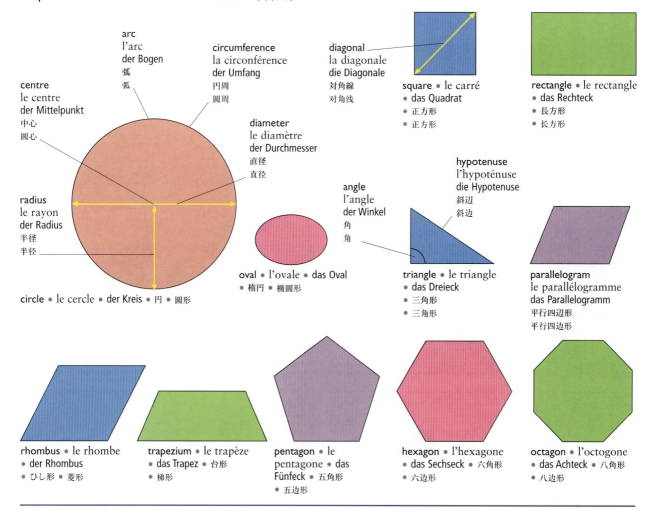

arc
l'arc
der Bogen
弧
弧

circumference
la circonférence
der Umfang
円周
圓周

diagonal
la diagonale
die Diagonale
対角線
对角线

square • le carré
• das Quadrat
• 正方形
• 正方形

rectangle • le rectangle
• das Rechteck
• 長方形
• 长方形

centre
le centre
der Mittelpunkt
中心
圓心

diameter
le diamètre
der Durchmesser
直径
直径

hypotenuse
l'hypoténuse
die Hypotenuse
斜辺
斜边

angle
l'angle
der Winkel
角
角

radius
le rayon
der Radius
半径
半径

oval • l'ovale • das Oval
• 楕円 • 椭圆形

triangle • le triangle
• das Dreieck
• 三角形
• 三角形

parallelogram
le parallélogramme
das Parallelogramm
平行四辺形
平行四边形

circle • le cercle • der Kreis • 円 • 圓形

rhombus • le rhombe
• der Rhombus
• ひし形 • 菱形

trapezium • le trapèze
• das Trapez • 台形
• 梯形

pentagon • le
pentagone • das
Fünfeck • 五角形
• 五边形

hexagon • l'hexagone
• das Sechseck • 六角形
• 六边形

octagon • l'octogone
• das Achteck • 八角形
• 八边形

solids • les solides • die Körper • 立体 • 立体

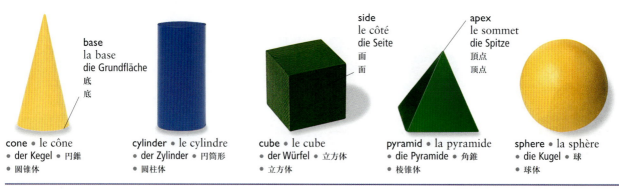

base
la base
die Grundfläche
底
底

side
le côté
die Seite
面
面

apex
le sommet
die Spitze
頂点
顶点

cone • le cône
• der Kegel • 円錐
• 圓锥体

cylinder • le cylindre
• der Zylinder • 円筒形
• 圓柱体

cube • le cube
• der Würfel • 立方体
• 立方体

pyramid • la pyramide
• die Pyramide • 角錐
• 棱锥体

sphere • la sphère
• die Kugel • 球
• 球体

lines • les lignes • die Linien • 線 • 线

straight • droit • gerade • 直線の • 平直

parallel • parallèle • parallel • 平行な • 平行

perpendicular • perpendiculaire • senkrecht • 垂直な • 垂直

curved • courbe • gekrümmt • 曲線の • 弯曲

measurements • les mesures • die Maße • 測定 • 度量

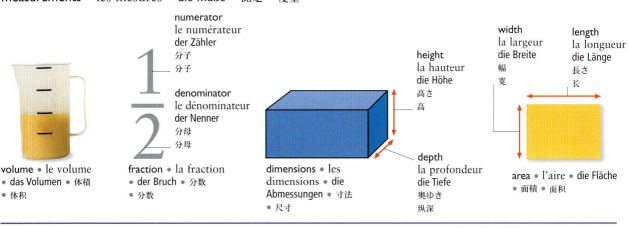

volume • le volume • das Volumen • 体積 • 体积

numerator • le numérateur • der Zähler • 分子 • 分子

denominator • le dénominateur • der Nenner • 分母 • 分母

fraction • la fraction • der Bruch • 分数 • 分数

height • la hauteur • die Höhe • 高さ • 高

depth • la profondeur • die Tiefe • 奥ゆき • 纵深

dimensions • les dimensions • die Abmessungen • 寸法 • 尺寸

width • la largeur • die Breite • 幅 • 宽

length • la longueur • die Länge • 長さ • 长

area • l'aire • die Fläche • 面積 • 面积

equipment • l'équipement • die Ausrüstung • 文具 • 学习用具

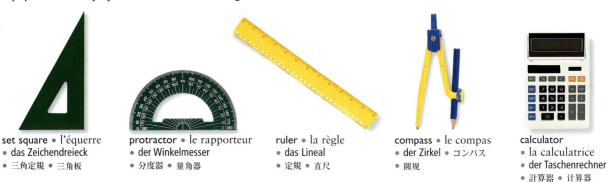

set square • l'équerre • das Zeichendreieck • 三角定規 • 三角板

protractor • le rapporteur • der Winkelmesser • 分度器 • 量角器

ruler • la règle • das Lineal • 定規 • 直尺

compass • le compas • der Zirkel • コンパス • 圆規

calculator • la calculatrice • der Taschenrechner • 計算器 • 计算器

geometry	plus	times	equals	add (v)	multiply (v)	equation
la géométrie	plus	fois	égale(nt)	additionner	multiplier	l'équation
die Geometrie	plus	mal	gleich	addieren	multiplizieren	die Gleichung
幾何学	プラス	倍	イコール	加える	掛ける	等式
几何	正	倍	等于	加	乘	等式
arithmetic	minus	divided by	count (v)	subtract (v)	divide (v)	percentage
l'arithmétique	moins	divisé par	compter	soustraire	diviser	le pourcentage
die Arithmetik	minus	geteilt durch	zählen	subtrahieren	dividieren	der Prozentsatz
算数	マイナス	割る	計算する	引く	割る	百分率
算术	负	除以	计数	减	除	百分比

science • la science • die Wissenschaft • 科学 • 科学

laboratory • le laboratoire
• das Labor • 実験室
• 实验室

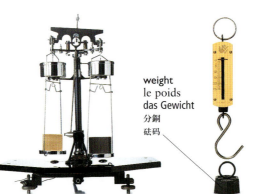

scales • la balance • die
Laborwaage • 天びんばかり
• 天平

weight
le poids
das Gewicht
分銅
砝码

spring balance • la balance
à ressort • die Federwaage
• ばねばかり • 弹簧秤

crucible • le creuset
• der Tiegel • るつぼ
• 坩埚

bunsen burner
le bec Bunsen
der Bunsenbrenner
ブンゼンバーナー
本生灯

tripod • le trépied
• der Dreifuß • 三脚
• 三脚架

test tube
l'éprouvette
das Reagenzglas
試験管
试管

rack • le support • das Gestell
• 試験管立て • 试管架

timer • le chronomètre • der
Zeitmesser • タイマー • 计时器

petri dish • la boîte de Pétri
• die Petrischale • シャーレー
• 培养皿

glass bottle
la bouteille
die Glasflasche
ガラスびん
玻璃瓶

clamp stand • le statif
• das Stativ • 留め具立て
• 夹钳座

clamp
la pince
die Klammer
留め具
夹钳

stopper
le bouchon
der Stöpsel
栓
瓶塞

funnel
l'entonnoir
der Trichter
漏斗
漏斗

flask
la fiole
der Kolben
フラスコ
烧瓶

experiment • l'expérience • der Versuch • 実験 • 实验

thermometer • le thermomètre • das Thermometer • 温度計 • 温度计

syringe • la seringue • die Spritze • 注射器 • 注射器

tweezers • la pince fine • die Pinzette • ピンセット • 镊子

scalpel • le scalpel • das Skalpell • メス • 解剖刀

dropper • le compte-gouttes • der Tropfer • ドロッパー • 滴管

forceps • le forceps • die Zange • はさみ • 医用钳

tongs • la pince • die Greifzange • トングス • 钳子

spatula • la spatule • der Spatel • へら • 刮刀

pestle • le pilon • die Keule • 乳棒 • 研杵

eyepiece • l'oculaire • das Okular • 接眼レンズ • 目镜

mortar • le mortier • der Mörser • 乳鉢 • 研钵

filter paper • le papier filtre • das Filterpapier • 濾紙 • 滤纸

safety goggles • les lunettes de protection • die Schutzbrille • 安全メガネ • 护目镜

focusing knob • le bouton de mise au point • der Einstellknopf • 焦点調節ノブ • 调焦旋钮

objective lens • la lentille de l'objectif • die Objektivlinse • 対物レンズ • 物镜

glass rod • la tige de verre • das Glasstäbchen • ガラス棒 • 玻璃棒

stage • la platine • der Tisch • 試料台 • 载物台

pipette • la pipette • die Pipette • ピペット • 吸管

beaker • le bécher • das Becherglas • ビーカー • 烧杯

slide • le porte-objet • der Objektträger • スライド • 载玻片

magnet • l'aimant • der Magnet • 磁石 • 磁铁

crocodile clip • la pince crocodile • die Krokodilklemme • わに口クリップ • 鳄鱼夹

mirror • le miroir • der Spiegel • 鏡 • 反射镜

negative electrode • l'électrode négative • die negative Elektrode • 陰極 • 负极

positive electrode • l'électrode positive • die positive Elektrode • 陽極 • 正极

microscope • le microscope • das Mikroskop • 顕微鏡 • 显微镜

battery • la pile • die Batterie • 電池 • 电池

college • l'enseignement supérieur • die Hochschule • コレッジ • 高等院校

admissions
le secrétariat
das Sekretariat
事務局
招生办

refectory
le restaurant
universitaire
die Mensa
食堂
学生食堂

health centre
le service de santé
die Gesundheitsfürsorge
保健センター
健康中心

sports field
• le terrain
de sport
• der Sportplatz
• 運動場
• 运动场

hall of residence
• la résidence
universitaire
• das
Studentenheim
• 学生寮
• 学生宿舍

catalogue
le catalogue
der Katalog
目録
书目

campus • le campus • der Campus • キャンパス • 校园

library card la carte de lecteur der Leserausweis 図書カード 借书证	enquiries les renseignements die Auskunft 受付 问询处	renew (v) renouveler verlängern 更新する 续借
reading room la salle de lecture der Lesesaal 閲覧室 阅览室	borrow (v) emprunter ausleihen 借りる 借入	book le livre das Buch 本 书
reading list les ouvrages recommandés die Literaturliste 必読書リスト 推荐书目	reserve (v) réserver vorbestellen 予約する 预订	title le titre der Titel タイトル 书名
return date la date de retour das Rückgabedatum 返却日 还书日期	loan le prêt die Ausleihe 貸出 借出	aisle le couloir der Gang 通路 走廊

loans desk • le service
de prêt • die Ausleihe
• 貸出カウンター • 借书处

librarian
la bibliothécaire
die Bibliothekarin
司書
图书管理员

bookshelf
les rayons
das Bücherregal
本棚
书架

periodical
le périodique
das Periodikum
定期刊行物
期刊

journal
la revue
die Zeitschrift
雑誌
杂志

library • la bibliothèque • die Bibliothek
• 図書館 • 图书馆

undergraduate • l'étudiant • der Student • 大学生 • 大学生

lecturer • l'assistant • der Dozent • 講師 • 讲师

graduate • la licenciée • die Graduierte • 卒業生 • 毕业生

robe • la robe • die Robe • ローブ • 学位袍

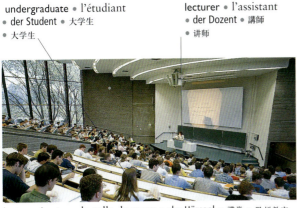

lecture theatre • la salle de cours • der Hörsaal • 講堂 • 阶梯教室

graduation ceremony • la cérémonie de la remise des diplômes • die Graduierungsfeier • 卒業式 • 毕业典礼

schools • les écoles • die Fachhochschulen • 専門学校 • 高等专科学校

model
le modèle
das Modell
モデル
模特

art college • l'école des beaux-arts • die Kunsthochschule • 美術大学 • 美术学院

music school • le Conservatoire • die Musikhochschule • 音楽学校 • 音乐学院

dance academy • l'école de danse • die Tanzakademie • ダンス専門学校 • 舞蹈学院

scholarship la bourse das Stipendium 奖学金 奖学金	research la recherche die Forschung 研究 研究	dissertation la dissertation die Examensarbeit 学位論文 (学位)论文	medicine la medecine die Medizin 医学 医学	economics les sciences économiques die Wirtschaftswissenschaft 経済学 经济学
diploma le diplôme das Diplom 卒業証書 文凭	masters la maîtrise der Magister 修士号 硕士学位[1]	department l'U.F.R. der Fachbereich 学部 系	zoology la zoologie die Zoologie 動物学 动物学	politics les sciences politiques die Politologie 政治学 政治学
degree la licence der akademische Grad 学位 学位	doctorate le doctorat die Promotion 博士号 博士学位	law le droit die Rechtswissenschaft 法律 法律	physics la physique die Physik 物理学 物理学	literature la littérature die Literatur 文学 文学
postgraduate de troisième cycle postgradual 大学院生の 研究生阶段的[2]	thesis la thèse die Dissertation 論文 论文	engineering les études d'ingénieur der Maschinenbau 工学 工程学	philosophy la philosophie die Philosophie 哲学 哲学	history of art l'histoire d'art die Kunstgeschichte 芸術史 艺术史

① 法国旧高等教育体制下完成第四年学业教育的学位　② 法国旧高等教育体制的第三阶段，为期4~5年

work
le travail
die Arbeit
仕事
工作

office 1 • le bureau 1 • das Büro 1 • オフィス 1 • 办公室 1

office • le bureau • das Büro • オフィス • 办公室

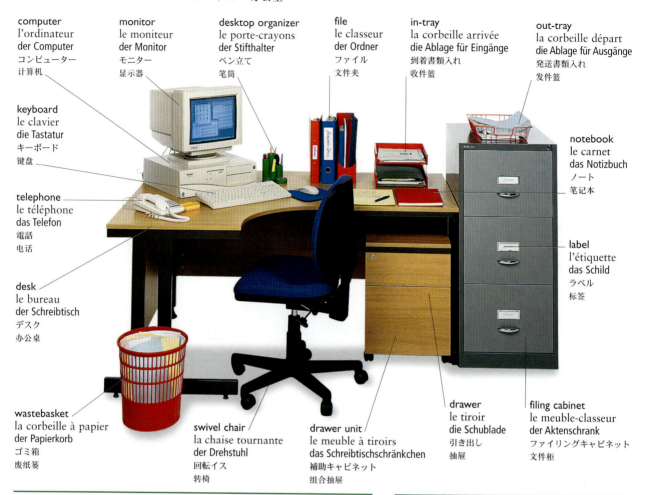

computer
l'ordinateur
der Computer
コンピューター
计算机

monitor
le moniteur
der Monitor
モニター
显示器

desktop organizer
le porte-crayons
der Stifthalter
ペン立て
笔筒

file
le classeur
der Ordner
ファイル
文件夹

in-tray
la corbeille arrivée
die Ablage für Eingänge
到着書類入れ
收件篮

out-tray
la corbeille départ
die Ablage für Ausgänge
発送書類入れ
发件篮

keyboard
le clavier
die Tastatur
キーボード
键盘

notebook
le carnet
das Notizbuch
ノート
笔记本

telephone
le téléphone
das Telefon
電話
电话

label
l'étiquette
das Schild
ラベル
标签

desk
le bureau
der Schreibtisch
デスク
办公桌

wastebasket
la corbeille à papier
der Papierkorb
ゴミ箱
废纸篓

swivel chair
la chaise tournante
der Drehstuhl
回転イス
转椅

drawer unit
le meuble à tiroirs
das Schreibtischschränkchen
補助キャビネット
组合抽屉

drawer
le tiroir
die Schublade
引き出し
抽屉

filing cabinet
le meuble-classeur
der Aktenschrank
ファイリングキャビネット
文件柜

---

office equipment • l'équipement de bureau • die Büroausstattung • オフィス機器 • 办公设备

paper tray
le magasin à papier
der Papierbehälter
用紙トレー
纸盒

paper guide
le guide
die Papierführung
用紙ガイド
送紙器

fax
le fax
das Fax
ファックス文書
传真

printer • l'imprimante • der Drucker
• プリンター • 打印机

fax machine • le fax • das Faxgerät
• ファックス • 传真机

print (v)	**enlarge (v)**
imprimer	agrandir
drucken	vergrößern
プリントする	拡大する
打印	放大
copy (v)	**reduce (v)**
photocopier	réduire
kopieren	verkleinern
コピーする	縮小する
复印	缩小

I need to make some copies.
J'ai besoin de faire des photocopies.
Ich möchte fotokopieren.
コピーが何枚か必要です。
我要复印。

english • français • deutsch • 日本語 • 汉语

office supplies • les fournitures de bureau • der Bürobedarf • 事務用品 • 办公用品

compliments slip
la fiche compliments
der Empfehlungszettel
謹呈票
礼帖

box file
le dossier-classeur
der Aktenordner
ボックスファイル
文件盒

letterhead • l'en-tête
• der Geschäftsbogen
• レターヘッドのついた便
箋 • 印有笺头的信纸

envelope • l'enveloppe
• der Briefumschlag
• 封筒 • 信封

divider
la fiche
intercalaire
der Teiler
仕切り
分隔页

tab • l'étiquette • der
Kartenreiter • ラベル
• 标签

clipboard • le
clipboard • das
Klemmbrett
• クリップボード
• 带纸夹的笔记板

note pad • le bloc-
notes • der Notizblock
• メモ用紙 • 便笺

hanging file • le
dossier suspendu
• der Hängeordner • ハン
ガーフォルダー
• 悬挂式文件夹

concertina file • le
porte-dossiers • der
Fächerordner • ドキュメン
トファイル • 格式文件夹

lever arch file
le classeur à levier
der Leitz-Ordner
レバーファイル
盒式文件夹

staples
les agrafes
die Klammern
針
订书钉

sticky tape • le scotch
• der Tesafilm • セロテー
プ • 透明胶带

ink pad
le tampon encreur
das Stempelkissen
インク台
印台

personal organizer
• l'agenda • der
Terminkalender • システ
ム手帳 • 备忘录

stapler • l'agrafeuse
• der Hefter
• ホチキス
• 订书机

tape dispenser • le
dévidoir de scotch
• der Tesafilmhalter
• テープカッター
• 胶带架

hole punch • le
perforateur • der Locher
• パンチャー • 打孔器

rubber stamp • le
cachet • der Stempel
• ゴムスタンプ • 图章

drawing pin
la punaise
der Reißnagel
画鋲
图钉

rubber band
• l'élastique • das
Gummiband • 輪ゴム
• 皮筋

bulldog clip • la
pince à dessin • die
Papierklammer • 目玉ク
リップ • 强力纸夹

paper clip • le
trombone • die Büro-
klammer • クリップ
• 曲别针

notice board • le panneau d'affichage • die
Pinnwand • 揭示板 • 公告栏

office 2 • le bureau 2 • das Büro 2 • オフィス2 • 办公室 2

flipchart
le tableau à feuilles mobiles
das Flipchart
フリップチャート
活动挂图

minutes
le compte rendu
das Protokoll
議事録
会议记录

easel
le chevalet
das Gestell
イーゼル
挂图架

report
le rapport
der Bericht
報告書
报告

manager
le directeur
der Manager
部長
经理

proposal
la proposition
das Angebot
企画
提案

executive
le cadre
der leitende Angestellte
役員
主管

meeting • le réunion • die Sitzung • 会議 • 会议

meeting room
la salle de conférence
der Sitzungsraum
会議室
会议室

agenda
l'ordre du jour
die Tagesordnung
議題
议程

attend (v)
assister à
teilnehmen
出席する
参加

chair (v)
présider
den Vorsitz führen
司会する
主持

What time is the meeting?
La conférence est à quelle heure?
Um wie viel Uhr ist die Sitzung?
会議は何時からですか？
什么时候开会？

What are your office hours?
Quelles sont vos heures de bureau?
Was sind Ihre Geschäftszeiten?
業務時間を教えてください。
您几点上下班？

projector
le projecteur
der Projektor
プロジェクター
幻灯机

speaker
le conférencier
der Sprecher
発表者
讲解人

presentation • la présentation • die Präsentation • プレゼンテーション • 介绍

english • français • deutsch • 日本語 • 汉语

business • les affaires • das Geschäft • ビジネス • 商务

laptop
le portable
der Laptop
ノートパソコン
笔记本电脑

notes
les notes
die Notizen
ノート
笔记

businessman
l'homme d'affaires
der Geschäftsmann
ビジネスマン
商人

businesswoman
la femme d'affaires
die Geschäftsfrau
ビジネスウーマン
女商人

business lunch • le déjeuner d'affaires • das Arbeitsessen • ビジネスランチ • 工作午餐

business trip • le voyage d'affaires • die Geschäftsreise • 出張 • 商务旅行

appointment
le rendez-vous
der Termin
約束
约会

palmtop
l'ordinateur de poche
der Palmtop
電子手帳, PDA
掌上电脑

diary • l'agenda • der Terminkalender • 手帳 • 日志

client • le client • der Kunde • クライエント • 客户

managing director • le directeur général • der Generaldirektor • 専務 • 总经理

business deal • l'affaire • das Geschäftsabkommen • 商談 • 商业交易

company la société die Firma 会社 公司	staff le personnel das Personal スタッフ 员工	accounts department la comptabilité die Buchhaltung 経理部 会计部	legal department le service du contentieux die Rechtsabteilung 法務部 法律事务部
head office le siège social die Zentrale 本社 总部, 总公司	payroll le livre de paie die Lohnliste 給料支払簿 工资单	marketing department le service marketing die Marketingabteilung マーケティング部 市场部	customer service department le service après-vente die Kundendienstabteilung 顧客サービス部 客户服务部
branch la succursale die Zweigstelle 支社 分部, 分公司	salary le salaire das Gehalt 給料 薪水	sales department le service des ventes die Verkaufsabteilung 営業部 销售部	personnel department le service de ressources humaines die Personalabteilung 人事部 人力资源部

computer • l'ordinateur • der Computer • コンピューター • 计算机

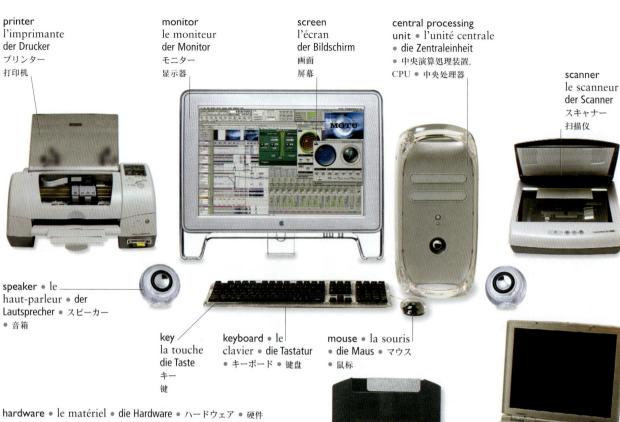

printer
l'imprimante
der Drucker
プリンター
打印机

monitor
le moniteur
der Monitor
モニター
显示器

screen
l'écran
der Bildschirm
画面
屏幕

central processing unit • l'unité centrale • die Zentraleinheit • 中央演算処理装置, CPU • 中央处理器

scanner
le scanneur
der Scanner
スキャナー
扫描仪

speaker • le haut-parleur • der Lautsprecher • スピーカー • 音箱

key
la touche
die Taste
キー
键

keyboard • le clavier • die Tastatur • キーボード • 键盘

mouse • la souris • die Maus • マウス • 鼠标

hardware • le matériel • die Hardware • ハードウェア • 硬件

memory la mémoire der Speicher メモリー 存储器	**software** le logiciel die Software ソフトウェア 软件	**server** le serveur der Server サーバー 服务器
RAM la RAM das RAM ラム 随机存储器	**application** l'application die Anwendung アプリケーション 应用程序	**port** le port der Port ポート 端口
bytes les bytes die Bytes バイト 字节	**programme** le programme das Programm プログラム 程序	**power cable** le câble électrique das Stromkabel 電源ケーブル 电源线
system le système das System システム 系统	**network** le réseau das Netzwerk ネットワーク 网络	**processor** le processeur der Prozessor プロセッサー 处理器

disk • le disque • die Diskette • フロッピーディスク • 软盘

laptop • le portable • der Laptop • ノートパソコン • 笔记本电脑

hard drive • le disque dur • das Festplattenlaufwerk • ハードドライブ • 硬盘

modem
le modem
das Modem
モデム
调制解调器

desktop • le bureau • das Desktop • デスクトップ • 桌面

menubar
la barre de menus
der Menübalken
メニューバー
菜单栏

font • la police • die Schriftart
• フォント • 字体

file • le fichier • die
Datei • ファイル
• 文件

icon • l'icône
• das Symbol • アイコ
ン • 图标

toolbar • la barre
d'outils • die
Werkzeugleiste • ツール
バー • 工具栏

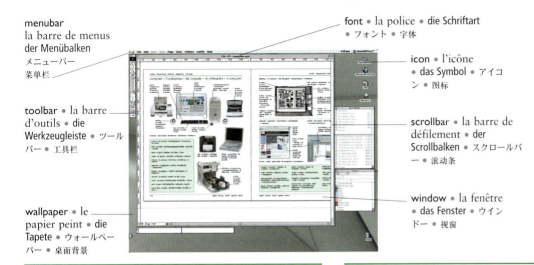

scrollbar • la barre de
défilement • der
Scrollbalken • スクロールバ
ー • 滚动条

folder • le dossier
• der Ordner • フォルダ
ー • 文件夹

wallpaper • le
papier peint • die
Tapete • ウォールペー
パー • 桌面背景

window • la fenêtre
• das Fenster • ウイン
ドー • 视窗

trash • la poubelle
• der Papierkorb • ゴミ
箱 • 回收站

internet • l'internet • das Internet • インターネット • 互联网

browser
le navigateur
der Browser
ブラウザー
浏览器

inbox • la boîte
de réception • die
Inbox • 受信トレイ
• 收件箱

website
le site web
die Web-Site
ウェブサイト
网站

browse (v) • naviguer • browsen • 閲覧する • 浏览

email • le courrier électronique • die E-Mail • 電子メール • 电子邮件

email address • l'adresse de courrier électronique
• die E-Mail-Adresse • 電子メールアドレス • 电子邮件
地址

connect (v)	service provider	log on (v)	download (v)	send (v)	save (v)
connecter	le fournisseur d'accès	entrer	télécharger	envoyer	sauvegarder
verbinden	der Serviceprovider	einloggen	herunterladen	senden	sichern
接続する	プロバイダー会社	ログインする	ダウンロードする	送る	保存する
连接	服务商	登录	下载	发送	保存
instal (v)	email account	on-line	attachment	receive (v)	search (v)
installer	le compte de courrier électronique	en ligne	le document attaché	recevoir	chercher
installieren	das E-Mail-Konto	online	der Anhang	erhalten	suchen
インストールする	電子メールアカウント	オンライン	添付ファイル	受け取る	検索する
安装	电子邮件账户	在线	附件	接收	搜索

english • français • deutsch • 日本語 • 汉语

media • les médias • die Medien • メディア • 媒体

television studio • le studio de télévision • das Fernsehstudio • テレビスタジオ • 电视演播室

presenter
le présentateur
der Moderator
司会者
节目主持人

light
l'éclairage
die Beleuchtung
照明
照明

set
le plateau
die Studioeinrichtung
セット
布景

camera
la caméra
die Kamera
カメラ
摄像机

camera crane
la grue de caméra
der Kamerakran
カメラクレーン
摄像机升降器

cameraman
le cameraman
der Kameramann
カメラマン
摄像师

channel la chaîne der Kanal チャンネル 频道	**documentary** le documentaire der Dokumentarfilm ドキュメンタリー 纪录片	**press** la presse die Presse 報道機関 新闻媒体	**soap** le feuilleton die Seifenoper メロドラマ 肥皂剧	**cartoon** le dessin animé der Zeichentrickfilm アニメ 动画片	**live** en direct live 生放送の 直播
programming la programmation die Programmgestaltung 番組編成 节目编排	**news** les nouvelles die Nachrichten ニュース 新闻	**television series** la série télévisée die Fernsehserie テレビの連続ドラマ 电视连续剧	**game show** le jeu télévisé die Spielshow ゲーム番組 游戏节目	**prerecorded** en différé vorher aufgezeichnet 録画放送の 录播	**broadcast (v)** émettre senden 放送する 播放

interviewer • l'interviewer • der Interviewer • インタビュー記者 • 采访记者

reporter • la reporter • die Reporterin • レポーター • 记者

autocue • le télésouffleur • der Teleprompter • オートキュー • 自動提示机

newsreader • la présentatrice • die Nachrichtensprecherin • ニュースキャスター • 新闻播音员

actors • les acteurs • die Schauspieler • 俳優 • 演员

sound boom • la perche • der Mikrophongalgen • ブーム • 录音吊杆

clapper board • la claquette • die Klappe • カチンコ • 场记板

film set • le décor de cinéma • das Set • 映画のセット • 电影布景

radio • la radio • das Radio • ラジオ • 无线电广播

mixing desk
le pupitre de mixage
das Mischpult
ミキシングテーブル
混音台

microphone
le microphone
das Mikrophon
マイク
话筒

sound technician
l'ingénieur du son
der Tonmeister
ミキサー
录音师

recording studio • le studio d'enregistrement • das Tonstudio • 録音スタジオ • 录音室

radio station
la station de radio
die Rundfunkstation
ラジオ局
广播电台

short wave
les ondes courtes
die Kurzwelle
短波
短波

DJ
le D.J.
der DJ
ディスクジョッキー
流行音乐节目主持人

medium wave
les ondes moyennes
die Mittelwelle
中波
中波

broadcast
l'émission
die Sendung
放送
广播

frequency
la fréquence
die Frequenz
周波数
频率

wavelength
la longueur d'ondes
die Wellenlänge
波長
波长

volume
le volume
die Lautstärke
音量
音量

long wave
les grandes ondes
die Langwelle
長波
长波

tune (v)
régler
einstellen
同調させる
调音

law • le droit • das Recht • 法律 • 法律

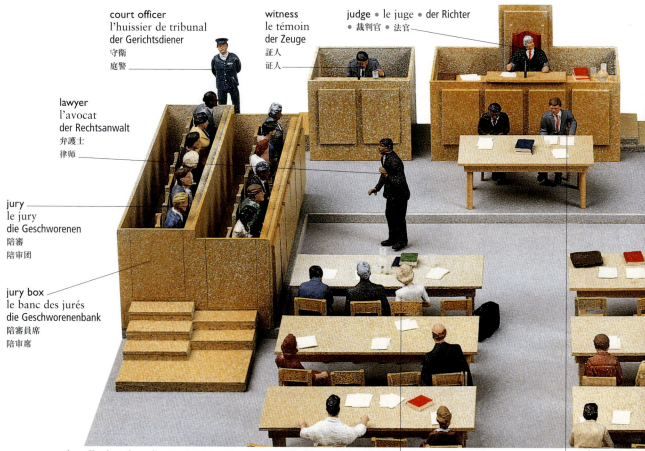

court officer
l'huissier de tribunal
der Gerichtsdiener
守衛
庭警

witness
le témoin
der Zeuge
証人
证人

judge • le juge • der Richter
● 裁判官 ● 法官

lawyer
l'avocat
der Rechtsanwalt
弁護士
律师

jury
le jury
die Geschworenen
陪審
陪审团

jury box
le banc des jurés
die Geschworenenbank
陪審員席
陪审席

courtroom • la salle de tribunal • der Gerichtssaal
● 法廷 ● 法庭

prosecution • l'accusation
● die Anklage ● 起訴側
● 起诉方

court official • le greffier
● der Protokollführer ● 裁判所職員
● 书记官

lawyer's office le cabinet das Anwaltsbüro 弁護士事務所 律师事务所	**summons** l'assignation die Vorladung 召喚 传讯	**writ** l'acte judiciaire die Verfügung 令状 传票	**court case** la cause der Rechtsfall 訴訟 诉讼案件
legal advice le conseil juridique die Rechtsberatung 法律相談 法律咨询	**statement** la déposition die Aussage 陳述 陈辞	**court date** la date du procès der Gerichtstermin 公判期日 开庭日	**charge** l'accusation die Anklage 告訴 控告
client le client der Klient 依頼人 诉讼委托人	**warrant** le mandat der Haftbefehl 逮捕状 逮捕令	**plea** le plaidoyer das Plädoyer 抗弁 抗辩	**accused** l'accusé der Angeklagte 被告 被告

stenographer
le sténographe
der Gerichtsstenograf
速記者
速记员

suspect
le suspect
der Verdächtige
容疑者
嫌疑犯

criminal
le criminel
der Straftäter
犯罪者
罪犯

defendant • l'accusé
• der Angeklagte • 被告人
• 被告人

defence • la défense • die
Verteidigung • 被告側
• 应诉方

photofit • le portrait-robot
• das Phantombild • モンタージ
ュ写真 • 拼凑人像

criminal record • le casier
judiciare • das Strafregister • 前科
の記録 • 犯罪记录

prison guard • le gardien de prison
• der Gefängniswärter • 刑務所護衛官
• 獄警

cell • la cellule • die
Gefängniszelle • 監房
• 单人牢房

prison • la prison • das Gefängnis
• 刑務所 • 监狱

evidence	guilty	bail	I want to see a lawyer.
la preuve	coupable	la caution	Je voudrais voir un avocat.
das Beweismittel	schuldig	die Kaution	Ich möchte mit einem Anwalt sprechen.
証拠	有罪の	保釈金	弁護士に会いたいです。
证据	有罪	保释金	我要见律师。
verdict	acquitted	appeal	Where is the courthouse?
le verdict	acquitté	l'appel	Où est le palais de justice?
das Urteil	freigesprochen	die Berufung	Wo ist das Gericht?
判決	無罪となった	上訴請求	裁判所はどこですか？
判决	无罪释放	上诉	法院在哪儿？
innocent	sentence	parole	Can I post bail?
innocent	la condamnation	la liberté conditionnelle	Est-ce que je peux verser la caution?
unschuldig	das Strafmaß	die Haftentlassung auf Bewährung	Kann ich die Kaution leisten?
無罪の	判決	仮釈放	保釈金を納められますか？
无罪	判刑	假释	我可以保释吗？

farm 1 • la ferme 1 • der Bauernhof 1 • 農場 1 • 农场 1

farmland
les terres cultivées
das Ackerland
農地
农田

farmyard
la cour de ferme
der Hof
中庭
农家场院

outbuilding
la dépendance
das Nebengebäude
離れ家
附属建筑物

farmhouse
la maison d'habitation
das Bauernhaus
家屋
农舍

farmer
le fermier
der Bauer
農夫
农民

field
le champ
das Feld
耕地
田地

barn
la grange
die Scheune
納屋
谷仓

vegetable plot
le potager
der Gemüsegarten
菜園
菜地

hedge
la haie
die Hecke
生垣
树篱

gate
la barrière
das Tor
門
大门

fence
la clôture
der Zaun
柵
围栏

pasture
le pré
die Weide
牧草地
牧场

livestock
les bestiaux
das Vieh
家畜類
家畜

cultivator
le cultivateur
der Kultivator
耕耘機
中耕机

tractor • le tracteur • der Traktor • トラクター • 拖拉机

combine harvester • la moissonneuse-batteuse
• der Mähdrescher • コンバイン • 联合收割机

types of farm • les exploitations agricoles • die landwirtschaftlichen Betriebe • 農場の種類 • 农场类型

crop • la culture • die Feldfrucht • 穀物 • 庄稼

flock • le troupeau • die Herde • 羊の群れ • 羊群

arable farm • la ferme de culture • der Ackerbaubetrieb • 耕作地 • 种植园

dairy farm • la ferme laitière • der Betrieb für Milchproduktion • 酪農場 • 乳牛场

sheep farm • la ferme d'élevage de moutons • die Schaffarm • 牧羊場 • 牧羊场

poultry farm • la ferme d'aviculture • die Hühnerfarm • 養鶏場 • 养鸡场

vine • la vigne • der Weinstock • ブドウの木 • 葡萄树

pig farm • la ferme d'élevage porcin • die Schweinefarm • 養豚場 • 养猪场

fish farm • le centre de pisciculture • die Fischzucht • 養魚場 • 养鱼场

fruit farm • l'exploitation fruitière • der Obstanbau • 果樹園 • 果园

vineyard • la vigne • der Weinberg • ブドウ園 • 葡萄园

actions • les activités • die Tätigkeiten • 作業 • 农活

furrow
le sillon
die Furche
畝
犁

plough (v) • labourer • pflügen • 鋤で耕す • 犁地

sow (v) • semer • säen • 種をまく • 播种

milk (v) • traire • melken • 乳を搾る • 挤奶

feed (v) • donner à manger • füttern • 餌を与える • 饲养

water (v) • arroser • bewässern • 水をやる • 灌溉

harvest (v) • récolter • ernten • 収穫する • 收获

herbicide l'herbicide das Herbizid 除草剤 除草剂	herd le troupeau die Herde 群れ 牧群	trough l'auge der Trog 飼い葉桶 饲料槽
pesticide le pesticide das Pestizid 殺虫剤 杀虫剂	silo le silo der Silo サイロ 地窖	plant (v) planter pflanzen 植えつける 种植

farm 2 • la ferme 2 • der Bauernhof 2 • 農場 2 • 农场 2

crops • les cultures • die Feldfrüchte • 農作物 • 农作物

wheat • le blé • der Weizen
• 小麦 • 小麦

corn • le maïs • der Mais
• トウモロコシ • 玉米

barley • l'orge • die Gerste
• 大麦 • 大麦

rapeseed • le colza • der Raps
• 菜種 • 油菜籽

sunflower • le tournesol
• die Sonnenblume • ヒマワリ
• 向日葵

bale • la balle
• der Ballen • ロール
• 捆包

hay • le foin • das Heu
• 干し草 • 干草

alfalfa • la luzerne
• die Luzerne • アルファルファ
• 紫花苜蓿

tobacco • le tabac • der
Tabak • タバコ • 烟草

rice • le riz • der Reis
• 米 • 水稻

tea • le thé • der Tee • 茶 • 茶

coffee • le café • der Kaffee
• コーヒー • 咖啡

flax • le lin • der Flachs • 麻
• 亜麻

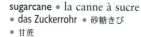

sugarcane • la canne à sucre
• das Zuckerrohr • 砂糖きび
• 甘蔗

cotton • le coton • die
Baumwolle • 綿花 • 棉花

scarecrow • l'épouvantail
• die Vogelscheuche
• かかし • 稻草人

livestock • le bétail • das Vieh • 家畜類 • 家畜

piglet • le porcelet
• das Ferkel • 子豚
• 小猪

calf
le veau
das Kalb
子牛
牛犊

pig • le cochon • das Schwein
• 豚 • 猪

cow • la vache • die Kuh
• 雌牛 • 母牛

bull • le taureau • der Stier
• 雄牛 • 公牛

sheep • le mouton • das
Schaf • 羊 • 绵羊

kid
le chevreau
das Zicklein
子山羊
小山羊

foal
le poulain
das Fohlen
子馬
马驹

lamb • l'agneau • das
Lamm • 子羊 • 羊羔

goat • la chèvre • die
Ziege • 山羊 • 山羊

horse • le cheval • das
Pferd • 馬 • 马

donkey • l'âne • der Esel
• ロバ • 驴

chick • le poussin
• das Küken • ひよこ
• 小鸡

duckling
le caneton
das Entenküken
子ガモ
小鸭

chicken • le poulet • das
Huhn • 鶏 • 鸡

cockerel • le coq • der
Hahn • 雄鶏 • 公鸡

turkey • le dindon • der
Truthahn • シチメンチョウ
• 火鸡

duck • le canard • die Ente
• カモ • 鸭

stable • l'écurie • der Stall
• 馬小屋 • 马厩

pen • l'enclos • der Pferch
• 畜舍 • 家畜圈

chicken coop • le poulailler
• der Hühnerstall • 鶏小屋 • 鸡舍

pigsty • la porcherie
• der Schweinestall • 豚小屋
• 猪圈

construction • la construction • der Bau • 建築 • 建筑

scaffolding • l'échafaudage
• das Gerüst • 足場
• 脚手架

pallet
la palette
die Palette
パレット
承砖坯板

ladder
l'échelle
die Leiter
はしご
梯子

window
la fenêtre
das Fenster
窓
窗户

rafter • le chevron
• der Dachsparren • 垂木
• 椽子

building site • le chantier • die Baustelle • 建築現場 • 建筑工地

fork-lift truck
le chariot de levage
der Gabelstapler
フォークリフト
叉车

toolbelt • la ceinture à outils
• der Werkzeuggürtel • 工具ベルト
• 工具腰带

beam
la poutre
der Balken
はり
梁

lintel
le linteau
der Sturz
まぐさ
过梁

wall
le mur
die Mauer
壁
墙

girder
la poutre
der Träger
桁
大梁

hard hat • le casque de
sécurité • der Schutzhelm
• ハードハット • 安全帽

cement
le ciment
der Zement
セメント
水泥

build (v) • construire • bauen • 建築する • 建造

builder • le maçon • der
Bauarbeiter • 建築労働者 • 建筑工人

cement mixer • la bétonnière • die
Betonmischmaschine • セメントミキサー
• 水泥搅拌器

materials • les matériaux • das Material • 建材 • 建筑材料

brick • la brique • der Ziegelstein • れんが • 砖

timber • le bois • das Bauholz • 材木 • 木材

roof tile • la tuile • der Dachziegel • 瓦 • 瓦片

concrete block • le bloc de béton • der Betonblock • コンクリートブロック • 混凝土块

tools • les outils • die Werkzeuge • 工具 • 工具

mortar • le mortier • der Mörtel • モルタル • 灰浆

trowel • la truelle • die Kelle • こて • 抹刀

spirit level • le niveau à bulle • die Wasserwaage • 水準器 • 水准仪

handle le manche der Stiel 柄 柄

sledgehammer • le marteau de forgeron • der Vorschlaghammer • 大ハンマー • 大锤

pickaxe • la pioche • die Spitzhacke • つるはし • 丁字镐

shovel • la pelle • die Schaufel • シャベル • 铁锹

machinery • les machines • die Maschinen • 機械 • (工程)机械

roller • le rouleau compresseur • die Walze • ローラー • 压路机

dumper truck • le tombereau • der Kipper • ダンプカー • 翻斗卡车

support • le support • die Stütze • アウトリガー • 支座

hook le crochet der Haken フック 吊钩

crane • la grue • der Kran • クレーン • 起重机

roadworks • les travaux • die Straßenarbeiten • 道路工事 • 道路施工

tarmac le macadam goudronné der Asphalt タールマック 柏油路面

cone le cône der Leitkegel コーン 锥形隔离墩

pneumatic drill • le marteau-piqueur • der Pressluftbohrer • 空気ドリル • 风钻

resurfacing le revêtement der Neubelag 再舗装 重铺路面

mechanical digger • la pelle mécanique • der Bagger • パワーショベル • 挖掘机

occupations 1 • les professions 1 • die Berufe 1 • 職業 1 • 职业 1

carpenter • le menuisier
• der Schreiner • 大工 • 木匠

electrician • l'électricien
• der Elektriker • 電気屋 • 电工

plumber • le plombier
• der Klempner • 配管工 • 水暖工

builder • le maçon • der
Bauhandwerker • 建設労働者
• 建筑工人

gardener • le jardinier
• der Gärtner • 庭師 • 园丁

vacuum cleaner
l'aspirateur
der Staubsauger
掃除機
吸尘器

cleaner • le nettoyeur • der
Gebäudereiniger • 清掃夫
• 清洁工

mechanic • le mécanicien
• der Mechaniker • 機械工
• 机械师

butcher • le boucher
• der Metzger • 肉屋 • 屠户

scissors
les ciseaux
die Schere
はさみ
剪刀

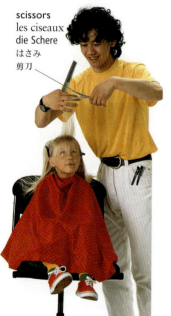

hairdresser • le coiffeur
• der Friseur • 美容師 • 美发师

fishmonger • la marchande
de poissons • die Fischhändlerin
• 魚屋 • 鱼贩

greengrocer • le marchand
de légumes • der
Gemüsehändler • グリーングロー
サー • 蔬菜水果商

florist • la fleuriste
• die Floristin • 花屋 • 花商

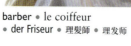

barber • le coiffeur
• der Friseur • 理髪師 • 理发师

jeweller • le bijoutier
• der Juwelier • 宝石商
• 珠宝匠

shop assistant • l'employée de
magasin • die Verkäuferin • 店員
• 售货员

estate agent • l'agent immobilier • die Immobilienmaklerin • 不動産屋 • 房地产商

optician • l'opticien • der Optiker • 眼鏡屋 • 配镜师

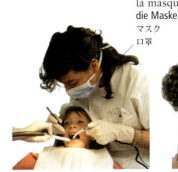

mask
la masque
die Maske
マスク
口罩

dentist • la dentiste • die Zahnärztin • 歯医者 • 牙医

doctor • le docteur • der Arzt • 医者 • 医生

pharmacist • la pharmacienne • die Apothekerin • 薬剤師 • 药剂师

nurse • l'infirmière • die Krankenschwester • 看護婦 • 护士

vet • la vétérinaire • die Tierärztin • 獣医 • 兽医

farmer • le fermier • der Bauer • 農夫 • 农民

fisherman • le pêcheur • der Fischer • 漁師 • 渔民

machine-gun • la mitrailleuse • das Maschinengewehr • マシンガン • 机枪

soldier • le soldat • der Soldat • 兵士 • 士兵

uniform
l'uniforme
die Uniform
制服
制服

policeman • le policier • der Polizist • 警察 • 警察

identity badge
le badge
das Abzeichen
バッジ
徽章

security guard • le garde • der Wächter • 警備員 • 保安

sailor • le marin • der Seemann • 水夫 • 水手

fireman • le pompier • der Feuerwehrmann • 消防士 • 消防队员

occupations 2 • les professions 2 • die Berufe 2 • 職業 2 • 职业 2

lawyer • l'avocat • der Rechtsanwalt • 弁護士 • 律师

accountant • le comptable • der Wirtschaftsprüfer • 会計士 • 会计师

model
la maquette
das Modell
模型
模型

architect • l'architecte • der Architekt • 建築家 • 建筑师

scientist • le scientifique • der Wissenschaftler • 科学者 • 科学家

teacher • l'institutrice • die Lehrerin • 教師 • 老师

librarian • le bibliothécaire • der Bibliothekar • 図書館司書 • 图书管理员

receptionist • la réceptionniste • die Empfangsdame • 受付 • 接待员

mailbag
le sac postal
die Posttasche
郵便袋
邮袋

postman • le facteur • der Briefträger • 郵便配達人 • 邮递员

bus driver • le conducteur de bus • der Busfahrer • バスの運転手 • 公共汽车司机

lorry driver • le camionneur • der Lastwagenfahrer • トラック運転手 • 卡车司机

taxi driver • le chauffeur de taxi • der Taxifahrer • タクシー運転手 • 出租车司机

pilot • le pilote • der Pilot • パイロット • 飞行员

air stewardess • l'hôtesse de l'air • die Flugbegleiterin • スチュワーデス • 空中小姐

travel agent • l'agent de voyages • die Reisebürokauffrau • 旅行案内業者 • 旅行代理

chef's hat
la toque
die Kochmütze
コック帽
厨师帽

chef • le chef • der Koch • コック • 厨师

tutu
le tutu
das Ballettröckchen
チュチュ
芭蕾舞裙

musician • le musicien
• der Musiker • 音楽家
• 音乐家

dancer • la danseuse
• die Tänzerin • ダンサー
• 舞踏演員

actor • le comédien
• der Schauspieler • 俳優
• 演员

singer • la chanteuse
• die Sängerin • 歌手 • 歌手

waitress • la serveuse
• die Kellnerin • ウェイトレス
• 女侍者

barman • le barman
• der Barkeeper • バーテン
• 酒保

sportsman • le sportif
• der Sportler • スポーツマン
• 运动员

sculptor • le sculpteur
• der Bildhauer • 彫刻家
• 雕塑家

notes
les notes
die Notizen
メモ
笔记

painter • la peintre
• die Malerin • 画家 • 画家

photographer • le
photographe • der Fotograf
• カメラマン • 摄影师

newsreader • le présentateur
• der Nachrichtensprecher • ニュ
ースキャスター • 新闻播音员

journalist • le journaliste
• der Journalist • ジャーナリスト
• 新闻记者

editor • la rédactrice
• die Redakteurin • 編集者
• 编辑

designer • la dessinatrice
• die Designerin • デザイナー
• 制图员

seamstress • la couturière
• die Damenschneiderin
• 縫製師 • 女缝纫师

tailor • le couturier • der
Schneider • 仕立屋 • 裁缝

transport
le transport
der Verkehr
交通
交通运输

roads • les routes • die Straßen • 道路 • 道路

motorway
l'autoroute
die Autobahn
高速道路
高速公路

toll booth
le poste de péage
die Mautstelle
料金所
收费站

road markings
les signalisations
die Straßenmarkierungen
路面表示
路面标志

slip road
la bretelle d'accès
die Zufahrtsstraße
進入路
主路入口

one-way
à sens unique
Einbahn-
一方通行の
单行

divider
l'îlot directionnel
die Verkehrsinsel
分離帯
隔离带

junction
le carrefour
die Kreuzung
合流点
交汇处

traffic light
les feux
die Verkehrsampel
信号
交通信号灯

inside lane • la file
de droite • die rechte
Spur • 内側車線
• 内车道

middle lane
la voie centrale
die mittlere Spur
中央車線
中央车道

outside lane
la voie de
dépassement
die Überholspur
外側車線
外车道

exit ramp
la bretelle de sortie
die Ausfahrts
出口ランプ
出口

traffic
la circulation
der Verkehr
交通
交通

flyover
l'autopont
die Überführung
高架交差道
立交桥

hard shoulder
l'accotement stabilisé
der Seitenstreifen
硬路肩
硬质路肩

underpass
le passage inférieur
die Unterführung
低路交差
高架桥下通道

lorry
le camion
der Lastwagen
トラック
载重汽车

central reservation
le terre-plein
der Mittelstreifen
中央分離帯
中央分车道

pedestrian crossing
• le passage clouté
• der Fußgängerüberweg
• 横断歩道 • 人行横道

emergency phone • le téléphone de secours • die Notrufsäule • 緊急電話 • 求救电话

disabled parking • le parking réservé aux personnes handicapées • der Behindertenparkplatz • 障害者用駐車スペース • 残疾人停车处

traffic jam • l'embouteillage • der Verkehrsstau • 交通渋滞 • 交通堵塞

map
la carte
die Landkarte
地図
地图

parking meter • le parc-mètre • die Parkuhr
• パーキングメーター
• 停车计时收费器

traffic policeman
• l'agent de la circulation
• der Verkehrspolizist
• 交通係警官 • 交通警察

roundabout	reverse (v)	tow away (v)
le rond-point	faire marche arrière	remorquer
der Kreisverkehr	rückwärts fahren	abschleppen
ロータリー	バックさせる	レッカーで移動させる
道路交叉处的环行路	倒车	拖走
diversion	drive (v)	dual carriageway
la déviation	conduire	la route à quatre voies
die Umleitung	fahren	die Schnellstraße
迂回道路	運転する	(中央分離帯のある)4車線道路
绕行道路	驾驶	(有中央分隔带的)复式车道
park (v)	roadworks	Is this the road to...?
garer	les travaux	C'est la route pour...?
parken	die Straßenbaustelle	Ist dies die Straße nach...?
駐車する	道路工事	この道は…へいきますか？
停车	道路施工	这是去…的路吗？
overtake (v)	crash barrier	Where can I park?
doubler	la glissière de sécurité	Où peut-on se garer?
überholen	die Leitplanke	Wo kann ich parken?
追い越す	ガードレール	駐車はどこでできますか？
超车	防撞护栏	哪里可以停车？

road signs • les panneaux routiers • die Verkehrsschilder • 道路標識 • 交通标志

no entry • sens interdit • keine Einfahrt
• 進入禁止 • 禁行

speed limit • la limitation de vitesse • die Geschwindigkeitsbegrenzung • 速度制限 • 限速

hazard • danger • Gefahr • 危険
• 危险

no stopping arrêt interdit Halten verboten 駐車禁止 禁止停车

no right turn • interdit de tourner à droite • rechts abbiegen verboten • 右折禁止 • 禁止右转

bus • le bus • der Bus • バス • 公共汽车

driver's seat
le siège du conducteur
der Fahrersitz
運転席
驾驶席

handrail
la poignée
der Haltegriff
手すり
扶手

automatic door
la porte automatique
die Automatiktür
自動ドア
自动门

front wheel
la roue avant
das Vorderrad
前輪
前轮

luggage hold
le compartiment à bagages
das Gepäckfach
トランクルーム
行李舱

door • la porte • die Tür • ドア • 车门

coach • le car • der Reisebus • 長距離バス • 长途汽车

types of buses • les types de bus • die Bustypen • バスの種類 • 公共汽车种类

route number
le numéro de bus
die Liniennummer
路線番号
公交线路号

driver
le conducteur
der Fahrer
運転手
司机

double-decker bus • le bus
à deux étages • der Doppeldecker
• 二階建てバス
• 双层公共汽车

tram • le tramway
• die Straßenbahn
• ストリートカー
• 有轨电车

trolley bus • le trolleybus • der Obus • トロリーバス • 无轨电车

school bus • le bus scolaire • der Schulbus
• スクールバス • 校车

english • français • deutsch • 日本語 • 汉语

stop button • le bouton
d'arrêt • der Halteknopf
● 降車ボタン
● 停车按钮

rear wheel
la roue arrière
das Hinterrad
後輪
后轮

window
la fenêtre
das Fenster
窓
窗户

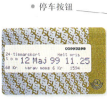

bus ticket • le ticket
● der Fahrschein
● バス乗車券 ● 公共汽车票

bell • la sonnette
● die Klingel
● ベル
● 铃

bus station • la gare routière
● der Busbahnhof ● バス発着所 ● 公共汽车总站

bus stop • l'arrêt de
bus • die Bushaltestelle
● バス停 ● 公共汽车站

fare le prix du ticket der Fahrpreis 料金 车费	wheelchair access l'accès aux handicapés der Rollstuhlzugang 車いす通路 轮椅通道
timetable l'horaire der Fahrplan 時刻表 时刻表	bus shelter l'abribus das Wartehäuschen 屋根付きバス待合所 公共汽车候车亭
Do you stop at…? Vous stoppez à…? Halten Sie am…? …に停まりますか？ 您在…停吗?	Which bus goes to…? C'est quel bus pour aller à…? Welcher Bus fährt nach…? …へはどのバスが行きますか？ 哪路车去…?

minibus • le minibus • der Kleinbus
● マイクロバス ● 小型公共汽车

tourist bus • le bus de touristes • der Touristenbus ● 観光バス
● 游览车

shuttle bus • la navette • der Zubringer
● シャトルバス ● 班车

car 1 • la voiture 1 • das Auto 1 • 乗用車1 • 汽车 1

exterior • l'extérieur • das Äußere • 外装 • 外部

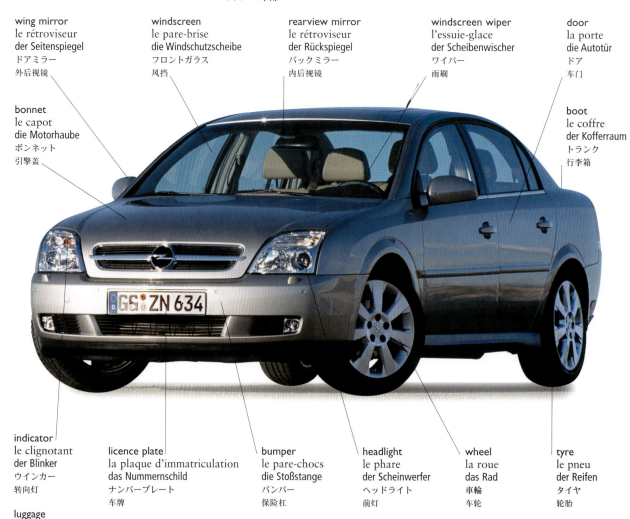

wing mirror
le rétroviseur
der Seitenspiegel
ドアミラー
外后视镜

windscreen
le pare-brise
die Windschutzscheibe
フロントガラス
风挡

rearview mirror
le rétroviseur
der Rückspiegel
バックミラー
内后视镜

windscreen wiper
l'essuie-glace
der Scheibenwischer
ワイパー
雨刷

door
la porte
die Autotür
ドア
车门

bonnet
le capot
die Motorhaube
ボンネット
引擎盖

boot
le coffre
der Kofferraum
トランク
行李箱

indicator
le clignotant
der Blinker
ウインカー
转向灯

licence plate
la plaque d'immatriculation
das Nummernschild
ナンバープレート
车牌

bumper
le pare-chocs
die Stoßstange
バンパー
保险杠

headlight
le phare
der Scheinwerfer
ヘッドライト
前灯

wheel
la roue
das Rad
車輪
车轮

tyre
le pneu
der Reifen
タイヤ
轮胎

luggage
les bagages
das Gepäck
手荷物
行李

roofrack • la galerie • der
Dachgepäckträger • ルーフラック
• 车顶行李架

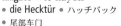

tailgate • le hayon
• die Hecktür • ハッチバック
• 尾部车门

seat belt • la ceinture de
sécurité • der Sicherheitsgurt
• シートベルト • 安全带

child seat • le siège d'enfant
• der Kindersitz • チャイルドシー
ト • 儿童座椅

types • les modèles • die Wagentypen • 種類 • 种类

small car • la petite voiture • der Kleinwagen • 小型車 • 微型车

hatchback • la berline à hayon • die Fließhecklimousine • ハッチバック • 揭背式轿车

saloon • la berline • die Limousine • セダン • 家庭轿车，三厢车

estate • le break • der Kombiwagen • ステーションワゴン • 客货两用车

convertible • la décapotable • das Kabriolett • オープンカー • 敞篷车

sports car • le cabriolet sport • das Sportkabriolett • スポーツカー • 跑车

people carrier • la voiture à six places • die Großraumlimousine • ミニバン • 六座厢式车

four-wheel drive • la quatre-quatre • der Geländewagen • 四輪駆動車 • 四轮驱动(车)

vintage • la voiture d'époque • das Vorkriegsmodell • クラシックカー • 老式汽车

limousine • la limousine • die verlängerte Limousine • リムジン • 大型高级轿车

petrol station • la station-service • die Tankstelle • ガソリンスタンド • 加油站

petrol pump
la pompe
die Zapfsäule
給油ポンプ
汽油泵

price
le tarif
der Benzinpreis
値段
价格

forecourt
l'aire de stationnement
der Tankstellenplatz
給油場
加油处

air supply
le compresseur
das Druckluftgerät
空気ポンプ
轮胎充气机

oil	leaded	car wash
l'huile	avec plomb	le lave-auto
das Öl	verbleit	die Autowaschanlage
オイル	有鉛の	カーウォッシュ
油	含铅	自动洗车站
petrol	diesel	antifreeze
l'essence	le diesel	l'antigel
das Benzin	der Diesel	das Frostschutzmittel
ガソリン	ディーゼル	不凍液
汽油	柴油	防冻液
unleaded	garage	screenwash
sans plomb	le garage	le lave-glace
bleifrei	die Werkstatt	die Scheibenwaschanlage
無鉛の	修理工場	フロントガラス洗浄機
无铅	汽车修理站	(清洗挡风玻璃用的)喷水器

Fill the tank, please.
Le plein, s'il vous plaît.
Voll tanken, bitte.
給油をお願いします。
请加满油。

car 2 • la voiture 2 • das Auto 2 • 乗用車 2 • 汽车 2

interior • l'intérieur • die Innenausstattung • 内装 • 内部

back seat
le siège arrière
der Rücksitz
後部座席
后座

armrest
l'accoudoir
die Armstütze
ひじ掛け
扶手

headrest
le repose-tête
die Kopfstütze
ヘッドレスト
座椅头枕

door lock
le verrouillage
die Türverriegelung
ドアロック
门锁

handle
la poignée
der Türgriff
ドアハンドル
车门把手

two-door	four-door	automatic	brake	accelerator
à deux portes	à quatre portes	automatique	le frein	l'accélérateur
zweitürig	viertürig	mit Automatik	die Bremse	das Gaspedal
２ドアの	４ドアの	オートマチック	ブレーキ	アクセル
双门	四门	自动	刹车	加速器，油门
three-door	manual	ignition	clutch	air conditioning
à trois portes	manuel	l'allumage	l'embrayage	la climatisation
dreitürig	mit Handschaltung	die Zündung	die Kupplung	die Klimaanlage
３ドアの	マニュアル	イグニション	クラッチ	エアコン
三门	手動	点火	离合器	空调

Can you tell me the way to…?
Pouvez-vous m'indiquer la route pour…?
Wie komme ich nach…?
…へ行く道を教えてくれませんか？
您能告诉我去…的路吗？

Where is the car park?
Où est le parking?
Wo ist hier ein Parkplatz?
駐車場はどこですか？
停车场在哪里？

Can I park here?
On peut se garer ici?
Kann ich hier parken?
ここに駐車してもいいですか？
这儿可以停车吗？

controls • les commandes • die Armaturen • 操作装置 • 操作装置

steering wheel
le volant
das Lenkrad
ハンドル
方向盘

horn
le klaxon
die Hupe
クラクション
喇叭

dashboard
le tableau de bord
das Armaturenbrett
ダッシュボード
仪表盘

hazard lights
les feux de détresse
die Warnlichter
ハザードランプ
警示灯

satellite navigation
le navigateur par satellite
das GPS-System
ナビゲーションシステム
卫星导航仪

left-hand drive • la conduite à gauche • die Linkssteuerung • 左ハンドル運転 • 左側駕駛

temperature gauge
le thermomètre
die Temperaturanzeige
温度計
温度計

rev counter
le compte-tours
der Drehzahlmesser
回転速度計
转速表

speedometer
le compteur
der Tachometer
速度計
车速表

fuel gauge
la jauge d'essence
die Kraftstoffanzeige
燃料計
油量表

car stereo
la stéréo
die Autostereoanlage
カーステレオ
汽车音响

lights switch
l'interrupteur feux
der Lichtschalter
ライトスイッチ
车灯开关

heater controls
la manette de chauffage
der Heizungsregler
ヒーコン
暖风开关

odometer
l'odomètre
der Kilometerzähler
走行距離計
里程表

gearstick
le levier de vitesses
der Schalthebel
シフトレバー
变速杆

air bag
l'airbag
der Airbag
エアバッグ
安全气囊

right-hand drive • la conduite à droite • die Rechtssteuerung • 右ハンドル運転 • 右側駕駛

car 3 • la voiture 3 • das Auto 3 • 乗用車 3 • 汽车 3

mechanics • la mécanique • die Mechanik • 構造 • 机械构造

screen wash reservoir
le réservoir de lave-glace
der Scheibenputzmittelbehälter
ウォッシャータンク
挡风玻璃清洗剂容器

dipstick
la jauge d'huile
der Ölmessstab
計量棒
量油计

air filter
le filtre à air
der Luftfilter
エアフィルター
空气过滤器

brake fluid reservoir
le réservoir de liquide de frein
der Bremsflüssigkeitsbehälter
ブレーキリザーバータンク
制动液容器

battery
la batterie
die Batterie
バッテリー
电池

bodywork
la carrosserie
die Karosserie
車体
车身

coolant reservoir • le réservoir
de liquide de refroidissement
• der Kühlmittelbehälter
• 冷却液タンク • 冷却剤容器

cylinder head
la culasse
der Zylinderkopf
シリンダーヘッド
汽缸盖

pipe
le tuyau
das Rohr
パイプ
水管

sunroof
le toit ouvrant
das Schiebedach
サンルーフ
天窗

radiator
le radiateur
der Kühler
ラジエーター
散热器

fan
le ventilateur
der Ventilator
ファン
风扇

engine
le moteur
der Motor
エンジン
发动机，引擎

hubcap
l'enjoliveur
die Radkappe
ハブキャップ
轮毂盖

gearbox
la boîte de vitesses
das Getriebe
ギアボックス
变速箱

transmission
la transmission
die Transmission
变速装置
传动装置

driveshaft
l'arbre de transmission
die Kardanwelle
驱动軸
驱动轴

puncture • la crevaison • die Reifenpanne
• パンク • 爆胎

spare tyre
la roue de secours
das Ersatzrad
スペアタイヤ
备用轮胎

wrench
la manivelle
der Radschlüssel
レンチ
曲柄

wheel nuts
les écrous de roue
die Radmuttern
車輪取りつけナット
固定螺母

jack
le cric
der Wagenheber
ジャッキ
千斤顶

change a wheel (v) • changer une roue • ein Rad wechseln
• タイヤを交換する • 更换轮胎

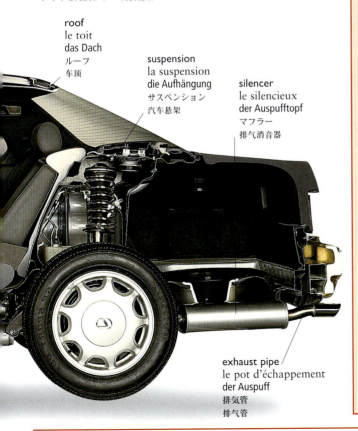

roof
le toit
das Dach
ルーフ
车顶

suspension
la suspension
die Aufhängung
サスペンション
汽车悬架

silencer
le silencieux
der Auspufftopf
マフラー
排气消音器

exhaust pipe
le pot d'échappement
der Auspuff
排气管
排气管

car accident l'accident de voiture der Autounfall 自動車事故 车祸	**cam belt** la courroie de cames der Nockenriemen カムベルト 轮轴皮带
breakdown la panne die Panne 故障 故障	**turbocharger** le turbocompresseur der Turbolader ターボチャージャー 涡轮增压器
insurance l'assurance die Versicherung 保険 保险	**distributor** le distributeur der Verteiler 配電器 配电器
tow truck la dépanneuse der Abschleppwagen レッカー車 拖车	**timing** le réglage de l'allumage die Einstellung 点火時調整 点火定时
mechanic le mécanicien der Mechaniker 整備士 机械师	**chassis** le châssis das Chassis シャーシー 底盘
tyre pressure la pression des pneus der Reifendruck タイヤ空気圧 胎压	**handbrake** le frein à main die Handbremse ハンドブレーキ 手刹车
fuse box le porte-fusibles der Sicherungskasten ヒューズボックス 保险盒	**alternator** l'alternateur die Lichtmaschine 交流発電機 交流发电机

spark plug
la bougie
die Zündkerze
スパークプラグ
火花塞

I've broken down.
Ma voiture est en panne.
Ich habe eine Panne.
故障しました。
我的车坏了。

fan belt
la courroie de ventilateur
der Keilriemen
ファンベルト
风扇皮带

My car won't start.
Ma voiture ne démarre pas.
Mein Auto springt nicht an.
車が始動しません。
我的车发动不起来。

petrol tank
le réservoir d'essence
der Benzintank
ガソリンタンク
油箱

motorbike • la moto • das Motorrad • オートバイ • 摩托车

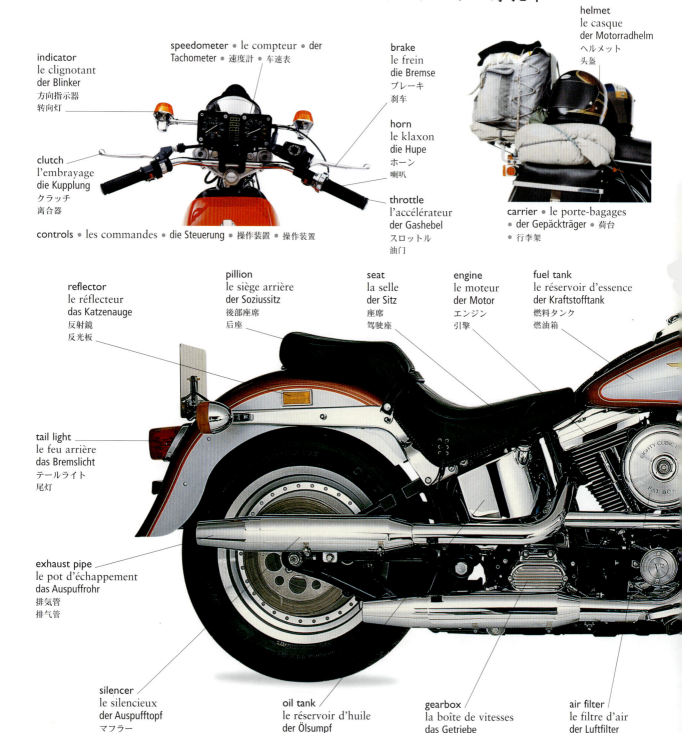

indicator
le clignotant
der Blinker
方向指示器
转向灯

speedometer • le compteur • der
Tachometer • 速度計 • 车速表

brake
le frein
die Bremse
ブレーキ
刹车

helmet
le casque
der Motorradhelm
ヘルメット
头盔

clutch
l'embrayage
die Kupplung
クラッチ
离合器

horn
le klaxon
die Hupe
ホーン
喇叭

throttle
l'accélérateur
der Gashebel
スロットル
油门

controls • les commandes • die Steuerung • 操作装置 • 操作装置

carrier • le porte-bagages
• der Gepäckträger • 荷台
• 行李架

reflector
le réflecteur
das Katzenauge
反射鏡
反光板

pillion
le siège arrière
der Soziussitz
後部座席
后座

seat
la selle
der Sitz
座席
驾驶座

engine
le moteur
der Motor
エンジン
引擎

fuel tank
le réservoir d'essence
der Kraftstofftank
燃料タンク
燃油箱

tail light
le feu arrière
das Bremslicht
テールライト
尾灯

exhaust pipe
le pot d'échappement
das Auspuffrohr
排気管
排气管

silencer
le silencieux
der Auspufftopf
マフラー
排气消音器

oil tank
le réservoir d'huile
der Ölsumpf
オイルタンク
机油箱

gearbox
la boîte de vitesses
das Getriebe
变速装置
变速箱

air filter
le filtre d'air
der Luftfilter
エアフィルター
空气过滤器

visor
la visière
das Visier
サンバイザー
头盔面罩

leathers
le vêtement en cuir
der Lederanzug
革の服
皮衣

reflector strap
la bande fluorescente
der Leuchtstreifen
反射ストラップ
反光肩带

knee pad
la genouillère
der Knieschützer
ひざ当て
护膝

clothing • les vêtements • die Kleidung • 服装 • 服装

headlight
le phare
der Scheinwerfer
ヘッドライト
前灯

suspension
la suspension
die Aufhängung
サスペンション
減震器

mudguard
le garde-boue
das Schutzblech
泥よけ
挡泥板

brake pedal
la pédale de frein
das Bremspedal
ブレーキペダル
刹车踏板

axle
l'essieu
die Achse
車軸
轮轴

tyre
le pneu
der Reifen
タイヤ
轮胎

types • les types • die Typen • 種類 • 种类

racing bike • la moto de course • die Rennmaschine
• レース用オートバイ • 赛车

windshield • le pare-brise
• die Windschutzscheibe • ウイ
ンドシールド • 风挡

tourer • la moto routière • der Tourer • ツーリングバイク
• 旅行摩托

dirt bike • la moto tout-terrain • das Geländemotorrad
• オフロードバイク • 越野摩托

stand • la béquille • der
Motorradständer • スタンド
• 支架

scooter • le scooter • der Roller • スクーター • 小轮摩托

bicycle • la bicyclette • das Fahrrad • 自転車 • 自行车

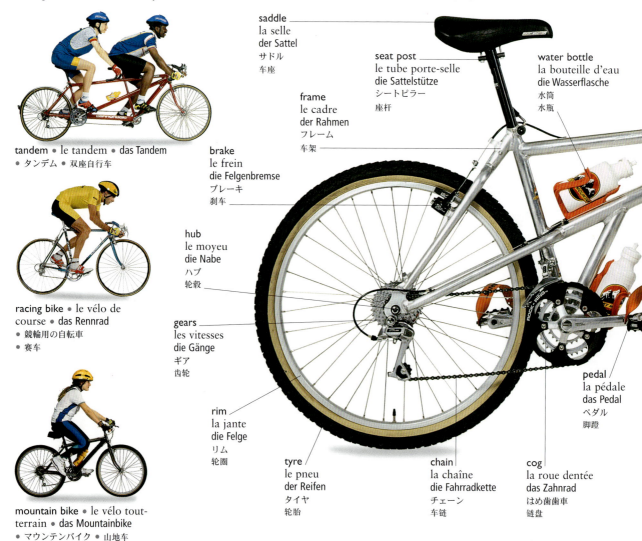

saddle
la selle
der Sattel
サドル
车座

seat post
le tube porte-selle
die Sattelstütze
シートピラー
座杆

water bottle
la bouteille d'eau
die Wasserflasche
水筒
水瓶

frame
le cadre
der Rahmen
フレーム
车架

brake
le frein
die Felgenbremse
ブレーキ
刹车

hub
le moyeu
die Nabe
ハブ
轮毂

gears
les vitesses
die Gänge
ギア
齿轮

rim
la jante
die Felge
リム
轮圈

tyre
le pneu
der Reifen
タイヤ
轮胎

chain
la chaîne
die Fahrradkette
チェーン
车链

cog
la roue dentée
das Zahnrad
はめ歯歯車
链盘

pedal
la pédale
das Pedal
ペダル
脚蹬

tandem • le tandem • das Tandem
• タンデム • 双座自行车

racing bike • le vélo de
course • das Rennrad
• 競輪用の自転車
• 赛车

mountain bike • le vélo tout-
terrain • das Mountainbike
• マウンテンバイク • 山地车

helmet
le casque
der Fahrradhelm
ヘルメット
头盔

touring bike • le vélo de
randonnée • das Tourenfahrrad
• ツーリング自転車 • 旅行车

road bike • le vélo de ville
• das Straßenrad • ロードレーサ
ー • 公路车

cycle lane • la piste cyclable • der Fahrradweg
• 自転車専用道路 • 自行车道

crossbar
la barre
die Stange
バー
横梁

handlebar
le guidon
die Lenkstange
ハンドル
车把

gear lever
le levier de vitesse
der Schalthebel
ギアレバー
变速杆

brake lever
le levier de frein
der Bremsgriff
ブレーキレバー
车闸

fork
la fourche
die Gabel
フォーク
前叉

spoke
le rayon
die Speiche
スポーク
辐条

wheel
la roue
das Rad
車輪
车轮

valve
la valve
das Ventil
バルブ
气门

tread
la bande de roulement
das Reifenprofil
トレッド
胎面

tyre lever • le
démonte-pneu
• der Reifenschlüssel
• タイヤレバー
• 轮胎撬杆

patch
la rustine
der Flicken
パッチ
补胎片

repair kit • la boîte d'outils • der Reparaturkasten
• 修理用キット • 修理工具箱

pump • la pompe • die
Luftpumpe • ポンプ • 气筒

key
la clef
der Schlüssel
鍵
钥匙

lock • l'antivol • das
Fahrradschloss • 錠 • 车锁

inner tube • la chambre à air
• der Schlauch • チューブ
• 内胎

child seat • le siège d'enfant
• der Kindersitz • 子供用座席
• 儿童座椅

lamp le phare die Fahrradlampe ライト 车灯	kickstand la béquille der Fahrradständer スタンド 支架	brake block le patin de frein die Bremsbacke ブレーキゴム 刹车片	basket le panier der Korb かご 车筐	toe clip le cale-pied der Rennbügel トークリップ 踏脚套	change gear (v) changer de vitesse schalten ギアを変える 变速
rear light le feu arrière das Rücklicht テールライト 尾灯	stabilisers les roues d'entraînement die Stützräder スタビライザー 稳定轮	cable le câble das Kabel ケーブル 绳索	dynamo la dynamo der Dynamo ダイナモ 发电机	toe strap la lanière der Riemen トーストラップ 趾带	brake (v) freiner bremsen ブレーキをかける 刹车
reflector le cataphote der Rückstrahler 反射鏡 反光镜	bike rack la galerie à vélo der Fahrradständer バイクラック (汽车顶上的)自行车支架	sprocket le pignon das Kettenzahnrad 鎖歯車 扣链齿	puncture la crevaison die Reifenpanne パンク 爆胎	pedal (v) pédaler treten ペダルを踏む 蹬踏	cycle (v) faire du vélo Rad fahren 自転車に乗る 骑车

train • le train • der Zug • 列車 • 列车

carriage
la voiture
der Wagen
客車
客车厢

platform
le quai
der Bahnsteig
プラットホーム
站台

trolley
le caddie
der Kofferkuli
手押し車
手推车

platform number
le numéro de voie
die Gleisnummer
ホーム番号
站台号

commuter
le voyageur
der Pendler
通勤者
旅客

train station • la gare • der Bahnhof • 鉄道の駅 • 火车站

types of train • les types de trains • die Zugtypen • 列車の種類 • 列车种类

engine
la locomotive
die Lokomotive
機関車
火车头

steam train • le train à vapeur
• die Dampflokomotive • 蒸気機関車
• 蒸汽机车

driver's cab
la cabine du conducteur
der Führerstand
運転室
驾驶室

rail
le rail
die Schiene
レール
铁轨

diesel train • le train diesel • die Diesellokomotive • ディーゼル機関車 • 柴油机车

electric train • le train électrique
• die Elektrolokomotive • 電車 • 电力机车

high-speed train • le train à grande
vitesse • der Hochgeschwindigkeitszug • 高速
列車 • 高速列车

monorail • le monorail • die
Einschienenbahn • モノレール • 单轨列车

underground train • le métro
• die U-Bahn • 地下鉄 • 地铁

tram • le tram • die Straßenbahn
• ストリートカー • 有轨电车

freight train • le train de marchandises
• der Güterzug • 貨物列車 • 货车

luggage rack • le porte-bagages • die Gepäckablage
● 荷物棚 ● 行李架

window
la fenêtre
das Zugfenster
窓
车窗

door
la porte
die Tür
ドア
门

track
la voie ferrée
das Gleis
路線
轨道

seat
le siège
der Sitz
席
座位

ticket barrier • le portillon • die Eingangssperre
● 改札口 ● 检票口

compartment • le compartiment • das Abteil
● コンパートメント ● 车厢隔间

41213
KUPONG 7.00 kr

ticket • le billet • die Fahrkarte • 乗車券
● 车票

public address system
le haut-parleur
der Lautsprecher
拡声装置
扩音器

timetable
l'horaire
der Fahrplan
時刻表
列车时刻表

dining car • la voiture-restaurant • der Speisewagen • 食堂車 • 餐车

concourse • le hall de gare • die Bahnhofshalle • 中央ホール • 车站大厅

sleeping compartment • le compartiment-couchettes • das Schlafabteil • 寝台車 • 卧铺车厢

rail network le réseau ferroviaire das Bahnnetz 鉄道網 铁路网	underground map le plan de métro der U-Bahnplan 地下鉄路線図 地铁线路图	ticket office le guichet der Fahrkartenschalter 切符売り場 售票处	live rail le rail conducteur die stromführende Schiene 送電軌条 接触轨
inter-city train le rapide der Intercity 都市連絡快速列車 城际列车	delay le retard die Verspätung 遅れ 晚点	ticket inspector le contrôleur der Schaffner 検札係 检票员	signal le signal das Signal 信号 信号
rush hour l'heure de pointe die Stoßzeit ラッシュアワー 上下班高峰期	fare le prix der Fahrpreis 料金 车费	change (v) changer umsteigen 乗り換える 换乘	emergency lever la manette de secours der Nothebel 緊急レバー 紧急刹车闸

aircraft • l'avion • das Flugzeug • 航空機 • 飞机

airliner • l'avion de ligne • das Verkehrsflugzeug • エアライナー • 班机

nose
le nez
der Bug
機首
机头

cockpit
le cockpit
das Cockpit
コックピット
驾驶舱

engine
le réacteur
das Triebwerk
エンジン
引擎

fuselage
le fuselage
der Rumpf
機体
机身

wing
l'aile
die Tragfläche
翼
机翼

tail
la queue
das Heck
尾翼
尾翼

rudder
la gouverne
das Seitenruder
方向舵
方向舵

nosewheel
la roue de nez
das Bugfahrwerk
前輪
前起落架

exit
la sortie
der Ausgang
出口
舱门

landing gear
le train d'atterrissage
das Hauptfahrwerk
着陸装置
起落架

aileron
l'aileron
das Querruder
補助翼
副翼

fin
la dérive
das Seitenleitwerk
垂直安定板
垂直尾翼

tailplane
l'empennage
das Höhenleitwerk
水平尾翼
水平尾翼

cabin • la cabine • die Kabine • キャビン • 机舱

emergency exit
la sortie de secours
der Notausgang
非常口
紧急出口

flight attendant
l'hôtesse de l'air
die Flugbegleiterin
添乗員
空乘人员

overhead locker
le casier à bagages
das Gepäckfach
頭上の収納棚
头顶锁柜

air vent
le ventilateur
die Luftdüse
通気孔
通风口

window
le hublot
das Fenster
窓
窗户

reading light
la liseuse
die Leselampe
読書灯
阅读灯

seat
le siège
der Sitz
座席
座位

row
la rangée
die Reihe
座席の列
排

armrest
l'accoudoir
die Armlehne
ひじ掛け
扶手

aisle
le couloir
der Gang
通路
走廊

tray-table
la tablette
der Klapptisch
トレーテーブル
搁板

seat back
le dossier
die Rückenlehne
背もたれ
椅背

microlight • l'U.L.M. • das Ultraleichtflugzeug • 超軽量飛行機 • 动力滑翔机

glider • le planeur • das Segelflugzeug • グライダー • 滑翔机

biplane • le biplan • der Doppeldecker • 複葉機 • 双翼飞机

propeller
l'hélice
der Propeller
プロペラ
螺旋桨

light aircraft • l'avion léger • das Leichtflugzeug • 軽飛行機 • 轻型飞机

sea plane • l'hydravion • das Wasserflugzeug • 水上飛行機 • 水上飞机

hot-air balloon
• la montgolfière
• der Heißluftballon • ホットバルーン
• 热气球

private jet • le jet privé • der Privatjet
• 自家用ジェット機 • 私人喷气式飞机

supersonic jet • l'avion supersonique • das Überschallflugzeug • 超音速ジェット機 • 超音速飞机

rotor blade
la pale de rotor
das Rotorblatt
回転翼
旋翼

missile
le missile
die Rakete
ミサイル
导弹

helicopter • l'hélicoptère
• der Hubschrauber • ヘリコプター
• 直升飞机

bomber • le bombardier • das Bombenflugzeug • 爆撃機 • 轰炸机

fighter plane • le chasseur
• das Jagdflugzeug • 戦闘機 • 战斗机

pilot	take off (v)	land (v)	economy class	hand luggage
le pilote	décoller	atterrir	la classe économique	les bagages à main
der Pilot	starten	landen	die Economyclass	das Handgepäck
操縦士	離陸する	着陸する	エコノミークラス	手荷物
飞行员	起飞	着陆	经济舱	手提行李
co-pilot	fly (v)	altitude	business class	seat belt
le copilote	voler	l'altitude	la classe affaires	la ceinture de sécurité
der Kopilot	fliegen	die Höhe	die Businessclass la	der Sicherheitsgurt
副操縦士	飛行する	高度	ビジネスクラス	シートベルト
副驾驶员	飞行	高度	商务舱	安全带

airport • l'aéroport • der Flughafen • 空港 • 机场

apron
l'aire de stationnement
das Vorfeld
エプロン
停机坪

baggage trailer
le porte-bagages
der Gepäckanhänger
荷物トレーラー
行李拖车

terminal
le terminal
der Terminal
ターミナル
候机楼

service vehicle
le véhicule de service
das Versorgungsfahrzeug
作業車
服务车

walkway
la passerelle
die Fluggastbrücke
通路
登机通道

airliner • l'avion de ligne • das Verkehrsflugzeug • エアライナー • 班机

runway
la piste
die Start- und Landebahn
滑走路
跑道

international flight
le vol international
der Auslandsflug
国際便
国际航线

domestic flight
le vol domestique
der Inlandsflug
国内便
国内航线

connection
la correspondance
die Flugverbindung
連絡便
联运

flight number
le numéro de vol
die Flugnummer
フライトナンバー
航班号

immigration
l'immigration
die Passkontrolle
出入国管理
入境检查

customs
la douane
der Zoll
税関
海关

excess baggage
l'excédent de bagages
das Übergepäck
超過手荷物
超重行李

carousel
le tapis roulant
das Gepäckband
回転式手荷物コンベヤー
行李传送带

security
la sécurité
die Sicherheitsvorkehrungen
安全措施
安全措施

X-ray machine
la machine de rayons x
die Gepäckröntgenmaschine
X線機器
X光行李检查机

holiday brochure
la brochure de vacances
der Urlaubsprospekt
観光用パンフレット
假日指南

holiday
les vacances
der Urlaub
休暇
假日

book a flight (v)
faire une réservation de vol
einen Flug buchen
航空便を予約する
订机票

check in (v)
enregistrer
einchecken
チェックインする
办理登机手续

control tower
la tour de contrôle
der Kontrollturm
管制塔
控制塔

english • français • deutsch • 日本語 • 汉语

visa
le visa
das Visum
ビザ
签证

passport • le passeport • der Pass • パスポート • 护照

hand luggage
les bagages à main
das Handgepäck
手荷物
手提行李

luggage
les bagages
das Gepäck
旅行用かばん
(大件)行李

trolley
le chariot
der Kofferkuli
カート
行李推车

check-in desk • l'enregistrement des bagages • der Abfertigungsschalter • チェックインカウンター • 办理登机手续处

passport control • le contrôle de passeports • die Passkontrolle • 出入国審査 • 护照检查处

boarding pass
la carte d'embarquement
die Bordkarte
搭乗券
登机牌

ticket • le billet • das Flugticket • 航空券 • 机票

gate number • le numéro de la porte d'embarquement • die Gatenummer • 搭乗ゲート番号 • 登机门号

departures
les départs
der Abflug
出発
出发

departure lounge • la salle de départ • die Abflughalle • 出発ロビー • 候机大厅

destination
la destination
das Reiseziel
目的地
目的地

arrivals
les arrivées
die Ankunft
到着
抵达

information screen • l'écran d'information • die Fluginformationsanzeige • 案内板 • 信息屏

duty-free shop • la boutique hors taxes • der Duty-free-Shop • 免税店 • 免税商店

baggage reclaim • le retrait des bagages • die Gepäckausgabe • 手荷物受取所 • 领取行李处

taxi rank • la station de taxis • der Taxistand • タクシー乗り場 • 出租车站

car hire • la location de voitures • der Autoverleih • レンタカー • 租车处

ship • le navire • das Schiff • 船 • 船

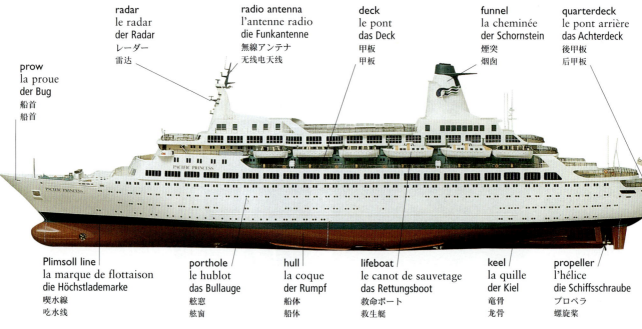

radar
le radar
der Radar
レーダー
雷达

radio antenna
l'antenne radio
die Funkantenne
無線アンテナ
无线电天线

deck
le pont
das Deck
甲板
甲板

funnel
la cheminée
der Schornstein
煙突
烟囱

quarterdeck
le pont arrière
das Achterdeck
後甲板
后甲板

prow
la proue
der Bug
船首
船首

Plimsoll line
la marque de flottaison
die Höchstlademarke
喫水線
吃水线

porthole
le hublot
das Bullauge
舷窓
舷窗

hull
la coque
der Rumpf
船体
船体

lifeboat
le canot de sauvetage
das Rettungsboot
救命ボート
救生艇

keel
la quille
der Kiel
竜骨
龙骨

propeller
l'hélice
die Schiffsschraube
プロペラ
螺旋桨

ocean liner • le paquebot • der Ozeandampfer • 遠洋定期船 • 远洋客轮

bridge • la passerelle de commandement • die Kommandobrücke • ブリッジ • 驾驶台

engine room • la salle des moteurs • der Maschinenraum • エンジンルーム • 轮机舱

cabin • la cabine • die Kabine • 船室 • 客舱

galley • la cuisine • die Kombüse • 調理室 • 船上厨房

dock le dock das Dock ドック 船坞	windlass le guindeau die Ankerwinde 巻き上げ機 卷扬机
port le port der Hafen 港 港口	captain le capitaine der Kapitän 船長 船长
gangway la passerelle die Landungsbrücke 舷梯 舷梯	speedboat le runabout das Rennboot 高速モーターボート 快艇
anchor l'ancre der Anker 錨 锚	rowing boat la barque das Ruderboot ボート 划桨船
bollard le bollard der Poller 係船柱 岸边缆桩	canoe le canoë das Kanu カヌー 独木舟

other ships • autres bateaux • andere Schiffe • その他の船 • 其他船型

ferry • le ferry • die Fähre • フェリー • 渡轮

outboard motor
le hors-bord
der Außenbordmotor
船外機
舷外马达

inflatable dinghy • le dinghy pneumatique • das Schlauchboot • ゴムボート • 充气式橡皮艇

hydrofoil • l'hydroptère • das Tragflügelboot • 水中翼船 • 水翼艇

yacht • le yacht • die Jacht • ヨット • 游艇

catamaran • le catamaran • der Katamaran • 双胴船 • 双体船

tug boat • le remorqueur • der Schleppdampfer • 引き船 • 拖船

hovercraft • l'aéroglisseur • das Luftkissenboot • ホーバークラフト • 气垫船

container ship • le navire porte-conteneurs • das Containerschiff • コンテナ船 • 集装箱船

rigging
le gréement
die Takelung
索具
帆缆

sailboat • le voilier • das Segelboot • セールボート • 帆船

hold
la cale
der Frachtraum
船倉
货舱

freighter • le cargo • das Frachtschiff • 货物船 • 货船

oil tanker • le pétrolier • der Öltanker • タンカー • 油轮

aircraft carrier • le porte-avions • der Flugzeugträger • 航空母艦 • 航空母舰

battleship • le navire de guerre • das Kriegsschiff • 戦艦 • 战舰

conning tower
le kiosque
der Kommandoturm
展望塔
指挥塔

submarine • le sous-marin • das U-Boot • 潜水艦 • 潜水艇

port • le port • der Hafen • 港 • 港口

warehouse
l'entrepôt
das Warenlager
倉庫
仓库

crane
la grue
der Kran
クレーン
起重机

fork-lift truck
le chariot élévateur
der Gabelstapler
フォークリフトトラック
叉车

access road
la route d'accès
die Zufahrtsstraße
連絡道路
出入港通道

customs house
le bureau des douanes
das Zollamt
税関
海关

container
le conteneur
der Container
コンテナー
集装箱

dock
le dock
das Dock
ドック
船坞

quay
le quai
der Kai
埠頭
码头

cargo
la cargaison
die Fracht
船荷
货物

ferry terminal
le terminal de ferrys
der Fährterminal
フェリーターミナル
渡船码头

ferry
le ferry
die Fähre
フェリー
渡船

ticket office
le guichet
der Fahrkartenschalter
切符売り場
售票处

passenger
le passager
der Passagier
船客
乘客

container port • le port de conteneurs • der Containerhafen • コンテナ港 • 集装箱港口

passenger port • le port de passagers • der Passagier-hafen • フェリー港 • 客运码头

net
le filet
das Netz
漁網
渔网

fishing boat
le bateau de pêche
das Fischerboot
漁船
渔船

mooring
les amarres
die Verankerung
係留索
缆绳

marina • la marina • die Marina • マリーナ
• 小船停靠区

fishing port • le port de pêche • der Fischereihafen • 漁港 • 渔港

harbour • le port • der Hafen • 港湾 • 港口

pier • l'embarcadère • der Pier
• 桟橋 • 栈桥

jetty • la jetée • der Landungssteg
• 突堤 • 防波堤

shipyard • le chantier naval • die Werft
• 造船所 • 船厂

lamp
le feu
die Laterne
灯火
塔灯

lighthouse • le phare
• der Leuchtturm • 灯台
• 灯塔

buoy • la bouée • die
Boje • 浮標 • 浮标

coastguard
le garde-côte
die Küstenwache
沿岸警備隊
海岸警卫队

harbour master
le capitaine de port
der Hafenmeister
港長
港务局长

drop anchor (v)
jeter l'ancre
den Anker werfen
錨を下ろす
抛锚

dry dock
la cale sèche
das Trockendock
乾ドック
干船坞

moor (v)
mouiller
festmachen
停泊させる
停泊

dock (v)
se mettre à quai
anlegen
乾ドックに入れる
进入船坞

board (v)
embarquer
an Bord gehen
乗船させる
上船

disembark (v)
débarquer
von Bord gehen
下船する
离船登岸

set sail (v)
prendre la mer
auslaufen
出航する
起航

sports
les sports
der Sport
スポーツ
体育运动

American football • le football américain • der Football • アメリカンフットボール • 美式橄榄球

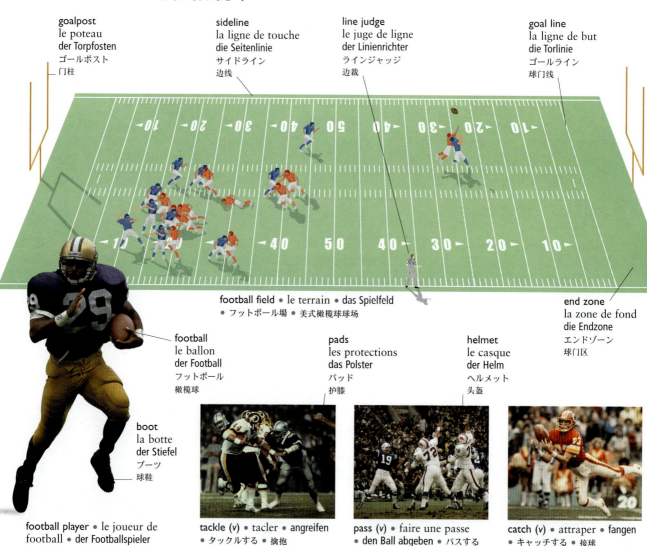

goalpost
le poteau
der Torpfosten
ゴールポスト
门柱

sideline
la ligne de touche
die Seitenlinie
サイドライン
边线

line judge
le juge de ligne
der Linienrichter
ラインジャッジ
边裁

goal line
la ligne de but
die Torlinie
ゴールライン
球门线

football field • le terrain • das Spielfeld
• フットボール場 • 美式橄榄球球场

end zone
la zone de fond
die Endzone
エンドゾーン
球门区

football
le ballon
der Football
フットボール
橄榄球

pads
les protections
das Polster
パッド
护膝

helmet
le casque
der Helm
ヘルメット
头盔

boot
la botte
der Stiefel
ブーツ
球鞋

football player • le joueur de
football • der Footballspieler
• フットボール選手 • 球员

tackle (v) • tacler • angreifen
• タックルする • 擒抱

pass (v) • faire une passe
• den Ball abgeben • パスする
• 传球

catch (v) • attraper • fangen
• キャッチする • 接球

time out le temps mort die Auszeit タイム（アウト） 暂停	team l'équipe die Mannschaft チーム 球队	defence la défense die Verteidigung ディフェンス 防守	cheerleader la majorette der Cheerleader チアリーダー 啦啦队长	What is the score? Où en est le match? Wie ist der Stand? 得点はどうなっている？ 几比几？
fumble la prise de ballon maladroite das unsichere Fangen des Balls （ボールの）ファンブル 漏接	attack l'attaque der Angriff オフェンス 进攻	score le score der Spielstand 得点 分数	touchdown le but der Touchdown タッチダウン 触地得分	Who is winning? Qui est-ce qui gagne? Wer gewinnt? どっちが勝っている？ 谁领先？

rugby • le rugby • das Rugby • ラグビー • 英式橄榄球

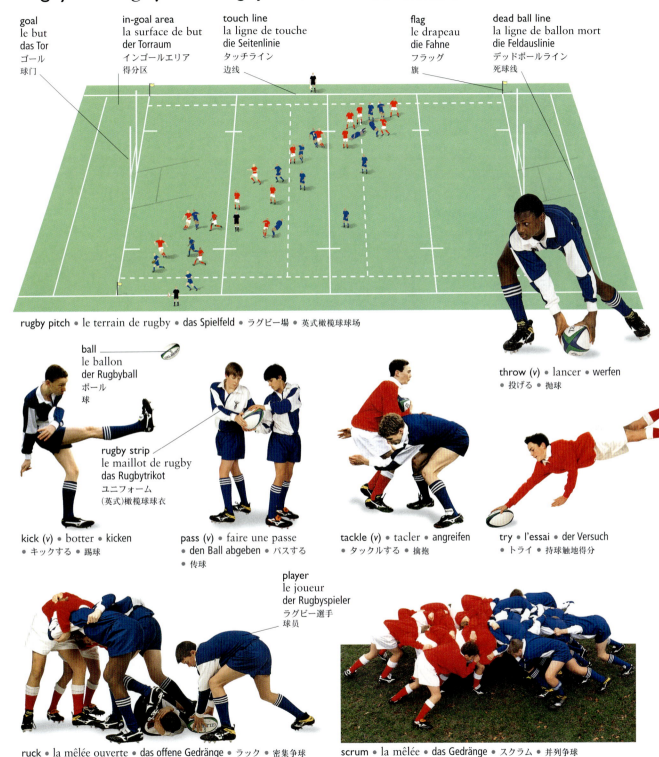

goal
le but
das Tor
ゴール
球门

in-goal area
la surface de but
der Torraum
インゴールエリア
得分区

touch line
la ligne de touche
die Seitenlinie
タッチライン
边线

flag
le drapeau
die Fahne
フラッグ
旗

dead ball line
la ligne de ballon mort
die Feldauslinie
デッドボールライン
死球线

rugby pitch • le terrain de rugby • das Spielfeld • ラグビー場 • 英式橄榄球球场

ball
le ballon
der Rugbyball
ボール
球

throw (v) • lancer • werfen
● 投げる ● 抛球

rugby strip
le maillot de rugby
das Rugbytrikot
ユニフォーム
(英式)橄榄球球衣

kick (v) • botter • kicken
● キックする ● 踢球

pass (v) • faire une passe
● den Ball abgeben ● パスする
● 传球

tackle (v) • tacler • angreifen
● タックルする ● 擒抱

try • l'essai • der Versuch
● トライ ● 持球触地得分

player
le joueur
der Rugbyspieler
ラグビー選手
球员

ruck • la mêlée ouverte • das offene Gedränge • ラック • 密集争球

scrum • la mêlée • das Gedränge • スクラム • 并列争球

soccer • le football • der Fußball • サッカー • 足球

football
le ballon
der Fußball
サッカーボール
足球

forward
l'avant
der Stürmer
フォワード
前锋

referee
l'arbitre
der Schiedsrichter
レフェリー
主裁判

centre circle
le cercle central
der Mittelkreis
センターサークル
中圈

goalkeeper
le gardien de but
der Torwart
ゴールキーパー
守门员

football strip
la tenue
der Dress
ユニフォーム
足球球衣

footballer • le joueur de foot
• der Fußballspieler • サッカー選手
• 足球球员

football pitch • le terrain • das Fußballfeld • サッカー場 • 足球场

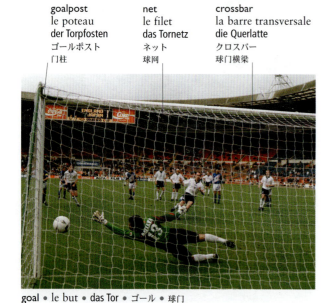

goalpost
le poteau
der Torpfosten
ゴールポスト
门柱

net
le filet
das Tornetz
ネット
球网

crossbar
la barre transversale
die Querlatte
クロスバー
球门横梁

goal • le but • das Tor • ゴール • 球门

dribble (v) • dribbler
• dribbeln • ドリブルする • 带球

head (v) • faire une tête
• köpfen • ヘッディングする
• 头球

wall
le mur
die Mauer
壁
人墙

free kick • le coup franc • der Freistoß • フリーキック • 任意球

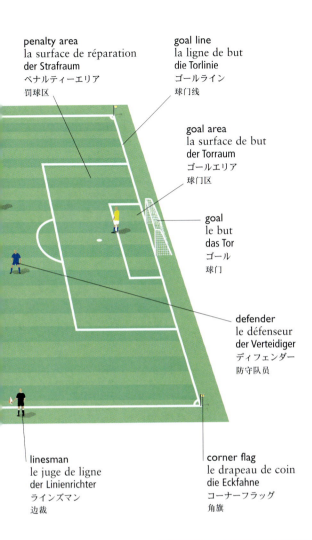

penalty area
la surface de réparation
der Strafraum
ペナルティーエリア
罚球区

goal line
la ligne de but
die Torlinie
ゴールライン
球门线

goal area
la surface de but
der Torraum
ゴールエリア
球门区

goal
le but
das Tor
ゴール
球门

defender
le défenseur
der Verteidiger
ディフェンダー
防守队员

linesman
le juge de ligne
der Linienrichter
ラインズマン
边裁

corner flag
le drapeau de coin
die Eckfahne
コーナーフラッグ
角旗

throw-in • la rentrée en touche
• der Einwurf • スローイン • 掷界
外球

kick (v) • botter • kicken
• キックする • 踢球

boot
la botte
der Fußballschuh
シューズ
球鞋

pass (v) • faire une passe
• den Ball abgeben • パスする
• 传球

shoot (v) • shooter • schießen
• シュートする • 射门

save (v) • sauver • halten
• セービングする • 救球

tackle (v) • tacler • angreifen
• タックルする • 铲球

stadium le stade das Stadion スタジアム 体育场	foul la faute das Foul ファール 犯规	yellow card le carton jaune die gelbe Karte イエローカード 黄牌	league le championnat die Liga リーグ 联赛	extra time la prolongation die Verlängerung エキストラタイム 加时
score a goal (v) marquer un but ein Tor schießen ゴールを決める 进球得分	corner le corner der Eckball コーナーキック 角球	off-side l'hors-jeu das Abseits オフサイド 越位	draw l'égalité das Unentschieden 引き分け 平局	substitute le remplaçant der Ersatzspieler 補欠 替补队员
penalty le penalty der Elfmeter ペナルティー 罚点球	red card le carton rouge die rote Karte レッドカード 红牌	send off l'expulsion der Platzverweis 退場させる 罚出场外	half time la mi-temps die Halbzeit ハーフタイム 半场	substitution le remplacement die Auswechslung 選手交替 换人

hockey • le hockey • das Hockey • ホッケー • 曲棍类运动

ice hockey • le hockey sur glace • das Eishockey • アイスホッケー • 冰球

goal line
la ligne de but
die Torlinie
ゴールライン
球门线

attack zone
la zone d'attaque
die Angriffszone
アタックゾーン
进攻区

neutral zone
la zone neutre
die neutrale Zone
ニュートラルゾーン
中场

defending zone
la zone de défense
die Verteidigungszone
ディフェンディングゾーン
防守区

goalkeeper
le gardien de but
der Torwart
ゴールキーパー
守门员

goal
le but
das Tor
ゴール
球门

face-off circle
le cercle de mise en jeu
der Anspielkreis
フェースオフサークル
开球区

centre circle
le cercle central
der Mittelkreis
センターサークル
中圈

glove
le gant
der Handschuh
グローブ
手套

pad
la protection
das Polster
パッド
护肩

stick
la crosse
der Schläger
スティック
球杆

ice-skate
le patin à glace
der Schlittschuh
アイススケート靴
冰鞋

puck
le palet
der Puck
パック
冰球

ice hockey rink • la patinoire • die Eisfläche • アイスホッケー場 • 冰球场

ice hockey player • le hockeyeur • der Eishockeyspieler • アイスホッケー選手 • 冰球球员

field hockey • le hockey • das Hockey • フィールドホッケー • 曲棍球

hockey stick
la crosse de hockey
der Hockeyschläger
スティック
曲棍球棒

ball
la balle
der Hockeyball
ボール
曲棍球

skate (v) • patiner • Schlittschuh laufen • 滑る • 滑行

hit (v) • frapper • schlagen • 打つ • 击球

cricket • le cricket • das Kricket • クリケット • 板球

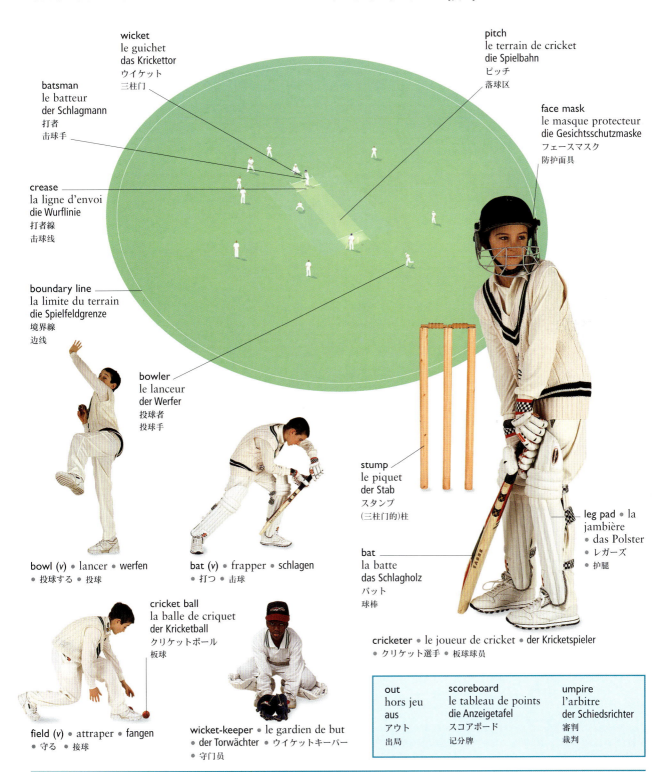

wicket
le guichet
das Krickettor
ウイケット
三柱门

pitch
le terrain de cricket
die Spielbahn
ピッチ
落球区

batsman
le batteur
der Schlagmann
打者
击球手

face mask
le masque protecteur
die Gesichtsschutzmaske
フェースマスク
防护面具

crease
la ligne d'envoi
die Wurflinie
打者線
击球线

boundary line
la limite du terrain
die Spielfeldgrenze
境界線
边线

bowler
le lanceur
der Werfer
投球者
投球手

stump
le piquet
der Stab
スタンプ
(三柱门的)柱

leg pad • la jambière • das Polster • レガーズ • 护腿

bat
la batte
das Schlagholz
バット
球棒

bowl (v) • lancer • werfen
● 投球する ● 投球

bat (v) • frapper • schlagen
● 打つ ● 击球

cricket ball
la balle de criquet
der Kricketball
クリケットボール
板球

cricketer • le joueur de cricket • der Kricketspieler
● クリケット選手 ● 板球球员

field (v) • attraper • fangen
● 守る ● 接球

wicket-keeper • le gardien de but
● der Torwächter ● ウイケットキーパー
● 守门员

out	scoreboard	umpire
hors jeu	le tableau de points	l'arbitre
aus	die Anzeigetafel	der Schiedsrichter
アウト	スコアボード	審判
出局	记分牌	裁判

basketball • le basket • der Basketball • バスケットボール • 篮球

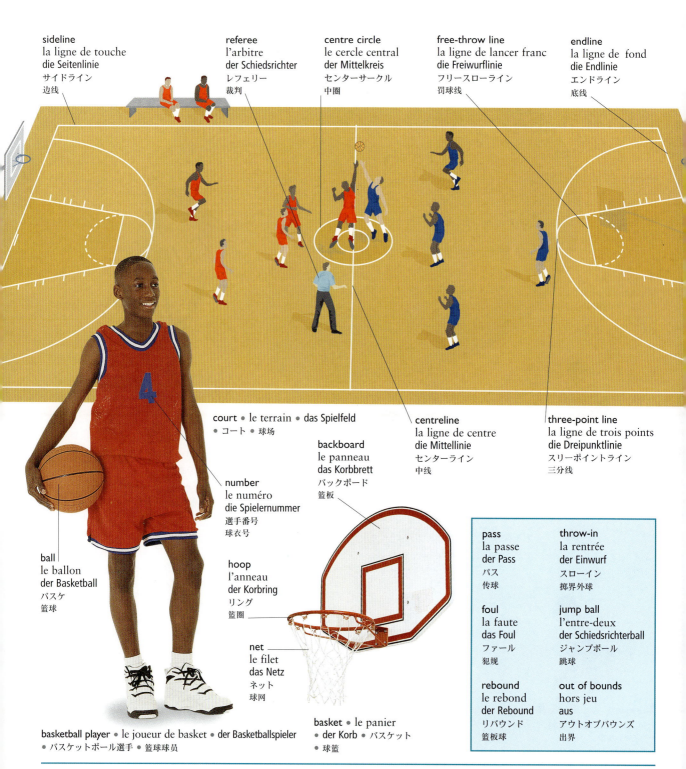

sideline
la ligne de touche
die Seitenlinie
サイドライン
边线

referee
l'arbitre
der Schiedsrichter
レフェリー
裁判

centre circle
le cercle central
der Mittelkreis
センターサークル
中圈

free-throw line
la ligne de lancer franc
die Freiwurflinie
フリースローライン
罚球线

endline
la ligne de fond
die Endlinie
エンドライン
底线

court • le terrain • das Spielfeld
• コート • 球场

centreline
la ligne de centre
die Mittellinie
センターライン
中线

three-point line
la ligne de trois points
die Dreipunktlinie
スリーポイントライン
三分线

backboard
le panneau
das Korbbrett
バックボード
篮板

number
le numéro
die Spielernummer
選手番号
球衣号

ball
le ballon
der Basketball
バスケ
篮球

hoop
l'anneau
der Korbring
リング
篮圈

net
le filet
das Netz
ネット
球网

basketball player • le joueur de basket • der Basketballspieler
• バスケットボール選手 • 篮球球员

basket • le panier
• der Korb • バスケット
• 球篮

pass
la passe
der Pass
パス
传球

throw-in
la rentrée
der Einwurf
スローイン
掷界外球

foul
la faute
das Foul
ファール
犯规

jump ball
l'entre-deux
der Schiedsrichterball
ジャンプボール
跳球

rebound
le rebond
der Rebound
リバウンド
篮板球

out of bounds
hors jeu
aus
アウトオブバウンズ
出界

actions • les actions • die Aktionen • 動作 • 动作

throw (v) • lancer • werfen
● 投げる • 掷球

catch (v) • attraper
● fangen • 捕る
● 接球

shoot (v) • tirer
● schießen • シュートする
● 投篮

jump (v) • sauter
● springen • ジャンプする
● 跳投

mark (v) • marquer • decken
● マークする • 盯人

block (v) • bloquer
● blocken • ブロックする
● 阻挡

bounce (v) • faire rebondir
● springen lassen
● バウンドさせる • 运球

dunk (v) • faire un dunk
● einen Dunk spielen
● ダンクショットする • 灌篮

volleyball • le volley • der Volleyball • バレーボール • 排球

block (v)
bloquer
blocken
ブロックする
拦网

net
le filet
das Netz
ネット
球网

dig (v)
faire une
manchette
baggern
レシーブする
垫球

referee
l'arbitre
der Schiedsrichter
レフェリー
裁判

knee support
la genouillère
der Knieschützer
ひざ当て
护膝

court • le terrain • das Spielfeld • コート • 球场

baseball • le baseball • der Baseball • 野球 • 棒球

field • le terrain • das Spielfeld • 球場 • 球场

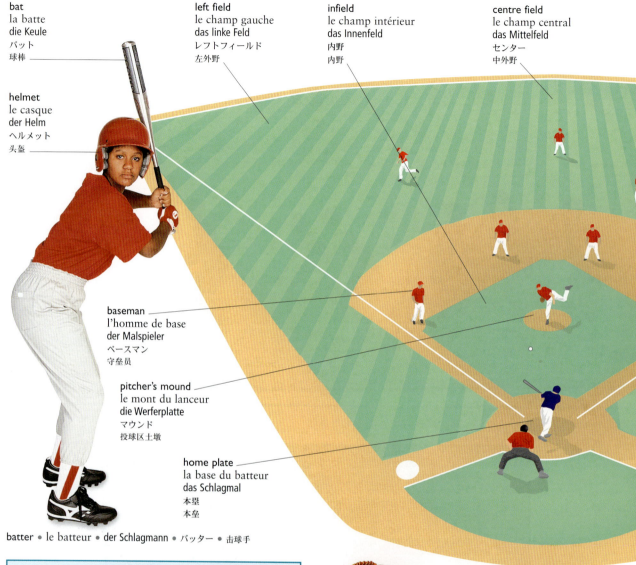

bat
la batte
die Keule
バット
球棒

helmet
le casque
der Helm
ヘルメット
头盔

left field
le champ gauche
das linke Feld
レフトフィールド
左外野

infield
le champ intérieur
das Innenfeld
内野
内野

centre field
le champ central
das Mittelfeld
センター
中外野

baseman
l'homme de base
der Malspieler
ベースマン
守垒员

pitcher's mound
le mont du lanceur
die Werferplatte
マウンド
投球区土墩

home plate
la base du batteur
das Schlagmal
本塁
本垒

batter • le batteur • der Schlagmann • バッター • 击球手

inning le tour de batte das Inning イニング 击球局	**safe** sauf in Sicherheit セーフ 安全上垒	**strike** le coup manqué der Schlagfehler ストライク 好球
run le point der Lauf 得点 得分	**out** hors jeu aus アウト 出局	**foul ball** la fausse balle der ungültige Schlag ファウルボール 界外球

ball
la balle
der Baseball
ボール
棒球

mitt • le gant • der Handschuh • ミット, グローブ • 棒球手套

mask • le masque • die Schutzmaske • マスク • 防护面具

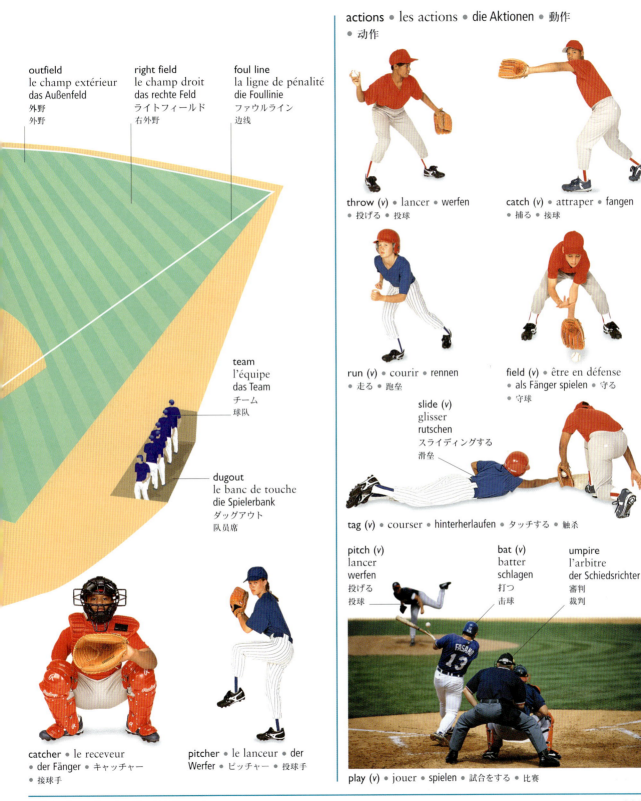

outfield
le champ extérieur
das Außenfeld
外野
外野

right field
le champ droit
das rechte Feld
ライトフィールド
右外野

foul line
la ligne de pénalité
die Foullinie
ファウルライン
边线

team
l'équipe
das Team
チーム
球队

dugout
le banc de touche
die Spielerbank
ダッグアウト
队员席

catcher • le receveur
• der Fänger • キャッチャー
• 接球手

pitcher • le lanceur • der
Werfer • ピッチャー • 投球手

actions • les actions • die Aktionen • 動作
• 动作

throw (v) • lancer • werfen
• 投げる • 投球

catch (v) • attraper • fangen
• 捕る • 接球

run (v) • courir • rennen
• 走る • 跑垒

field (v) • être en défense
• als Fänger spielen • 守る
• 守球

slide (v)
glisser
rutschen
スライディングする
滑垒

tag (v) • courser • hinterherlaufen • タッチする • 触杀

pitch (v)
lancer
werfen
投げる
投球

bat (v)
batter
schlagen
打つ
击球

umpire
l'arbitre
der Schiedsrichter
審判
裁判

play (v) • jouer • spielen • 試合をする • 比赛

tennis • le tennis • das Tennis • テニス • 网球

handle
le manche
der Griff
ハンドル
球拍柄

head
la tête
der Kopf
ヘッド
球拍面

string
la corde
die Saite
ガット
球拍网线

umpire
l'arbitre
der Schiedsrichter
審判
裁判

baseline • la ligne de fond
• die Grundlinie • ベースライン
• 底线

racquet
• la raquette
• der Tennisschläger
• ラケット • 球拍

service line
la ligne de service
die Aufschlaglinie
サーブライン
发球线

sideline
la ligne de côté
die Seitenlinie
サイドライン
边线

ball
la balle
der Tennisball
ボール
网球

wristband • le poignet
• das Schweißband • リストバ
ンド • 护腕

tennis court • le court de tennis • der Tennisplatz • テニスコート • 网球场

singles le simple das Einzel シングルス 单打	**set** le set der Satz セット 盘，局	**deuce** l'égalité der Einstand デュース 平分	**fault** la faute der Fehler フォールト 发球失误	**slice** le slice der Slice スライス 削球	**spin** l'effet der Spin スピン （球在空中）旋转
doubles le double das Doppel ダブルス 双打	**match** le match das Match マッチ 比赛	**advantage** l'avantage der Vorteil アドバンテージ 发球方占先	**ace** l'as das Ass エース 发球得分	**rally** l'échange der Ballwechsel ラリー 回合	**linesman** le juge de ligne der Linienrichter ラインズマン 边裁
game le jeu das Spiel ゲーム 比赛	**tiebreak** le tiebreak der Tiebreak タイブレーク 抢七局	**love** zéro null ラブ 零分	**dropshot** l'amorti der Stoppball ドロップショット 近网短球	**let!** net! Netz! レット！ 触网！	**championship** le championnat die Meisterschaft 選手権大会 锦标赛

strokes • les coups • die Schläge • ストローク • 击球动作

net
le filet
das Netz
ネット
球网

ballboy
le ramasseur de balles
der Balljunge
ボールボーイ
球童

smash
le smash
der Schmetterball
スマッシュ
扣球

serve (v)
servir
aufschlagen
サーブをする
发球

tennis shoes
les tennis
die Tennisschuhe
テニスシューズ
网球鞋

player • le joueur • der Tennisspieler • テニス 選手 • 网球手

serve • le service • der Aufschlag • サーブ • 发球

volley • la vollée • der Volley • ボレー • 拦击球

return • le retour • der Return • リターン • 回球

lob • le lob • der Lob • ロブ • 吊高球

forehand • le coup droit • die Vorhand • フォアハンド • 正手

backhand • le revers • die Rückhand • バックハンド • 反手

---

racquet games • les jeux de raquette • die Schlägerspiele • ラケットを使うスポーツ • 拍类运动

shuttlecock
le volant
der Federball
シャトルコック
羽毛球

bat • la raquette • der Tischtennisschläger • ラケット • 乒乓球拍

badminton • le badminton • das Badminton • バドミントン • 羽毛球(运动)

table tennis • le tennis de table • das Tischtennis • 卓球 • 乒乓球

squash • le squash • das Squash • スカッシュ • 壁球

racquetball • le racquetball • der Racquetball • ラケットボール • 短拍壁球

golf • le golf • das Golf • ゴルフ • 高尔夫球

hole
le trou
das Loch
ホール
球洞

teeing ground
le départ
der Abschlag
ティーグラウンド
発球区

green
le green
das Grün
グリーン
果岭

bunker
le bunker
der Bunker
バンカー
沙坑

flag
le drapeau
die Flagge
フラッグ
旗

swing (v)
exécuter un swing
schwingen
スイングする
挥杆

fairway
le fairway
das Fairway
フェアウェイ
球道

rough
le rough
das Rough
ラフ
长草区

water hazard
l'obstacle d'eau
das Wasserhindernis
ウォーターハザード
水障碍

golf course • le parcours de golf • der Golfplatz
• ゴルフコース • 高尔夫球场

stance
la position
die Haltung
スタンス
击球姿势

buggy
le buggy
der Buggy
バギー
短途小车

golfer • le joueur de golf • die Golfspielerin • ゴルファー • 高尔夫球员

clubhouse • le pavillon • das Klubhaus • クラブハウス • 会所

equipment • l'équipement • die Ausrüstung • 用具 • 球具

golf ball
la balle de golf
der Golfball
ゴルフボール
高尔夫球

tee • le tee • der
Aufsatz • ティー • 球座

umbrella
le parapluie
der Schirm
傘
伞

golf bag
le sac de golf
die Golftasche
ゴルフバッグ
高尔夫球袋

spikes
les pointes
die Spikes
スパイク
鞋钉

glove • le gant • der
Handschuh • グローブ
• 手套

golf trolley • le caddie • der Caddie
• カート • 高尔夫球车

golf shoe • la chaussure de
golf • der Golfschuh • ゴルフシュ
ーズ • 高尔夫球鞋

golf clubs • les clubs de golf • die Golfschläger • ゴルフクラブ • 高尔夫球杆

wood • le bois • das Holz
• ウッド • 木杆

putter • le putter
• der Putter • パター
• 推杆

iron • le fer • das Eisen
• アイアン
• 铁杆

wedge • la cale
• das Wedge • ウェッジ
• 挖起杆

actions • les actions • die Aktionen • 動作 • 动作

tee-off (v) • partir du
tee • vom Abschlag
spielen • ティーオフ
• 开球

drive (v) • driver
• driven • ドライブ
• 远打

putt (v) • putter
• einlochen • パットする
• 轻击

chip (v) • cocher
• chippen • チップシ
ョットする • 切击

par le par das Par パー 标准杆数	over par le over par das Überpar オーバーパー 高于标准杆数	handicap le handicap das Golfhandicap ハンデ 差点	caddy le caddie der Caddie キャディー 球童	stroke le coup der Schlag ストローク 击球	backswing le swing en arrière der Durchschwung バックスイング 向后挥杆
under par le under par das Unterpar アンダーパー 低于标准杆数	hole in one le trou en un das Hole-in-One ホールインワン 一杆入洞	tournament le tournoi das Golfturnier トーナメント 巡回赛	spectators les spectateurs die Zuschauer 観客 观众	practice swing le swing d'essai der Übungsschwung 練習スイング 练习挥杆	line of play la ligne de jeu die Spielbahn プレーの線 打球线

athletics • l'athlétisme • die Leichtathletik • 陸上競技 • 田径运动

lane
le couloir
die Bahn
コース
分道

track
la piste
die Rennbahn
トラック
跑道

finishing line
la ligne d'arrivée
die Ziellinie
フィニッシュライン
终点线

starting line
la ligne de départ
die Startlinie
スタートライン
起跑线

field • le terrain • das Feld • 競技場 • 运动场

athlete
l'athlète
die Leichtathletin
陸上競技選手
田径选手

starting blocks
le bloc de départ
der Startblock
スターティングブロック
起跑器

sprinter • le sprinter
• der Sprinter • 短距離走者
• 短跑选手

discus • le disque
• das Diskuswerfen
• 円盤投げ • 铁饼

shotput • le lancement du
poids • das Kugelstoßen
• 砲丸投げ • 铅球

javelin • le javelot • das
Speerwerfen • 槍投げ • 标枪

race la course das Rennen レース 赛跑	record le record der Rekord レコード 纪录	photo finish le photo-finish das Fotofinish 写真判定 终点摄影记录	pole vault le saut à la perche der Stabhochsprung 棒高跳び 撑杆跳
time le temps die Zeit タイム 时间	break a record (v) battre un record einen Rekord brechen 記録を破る 打破纪录	marathon le marathon der Marathon マラソン 马拉松	personal best le record personnel die persönliche Bestleistung 自己ベスト記録 个人最好成绩

stopwatch • le chronomètre
• die Stoppuhr • ストップウォッ
チ • 秒表

english • français • deutsch • 日本語 • 汉语

baton • le bâton
• der Stab • バトン
• 接力棒

crossbar • la barre
• die Latte • バー
• 横杆

relay race • le relais • der Staffellauf • リレー • 接力

high jump • le saut en hauteur • der Hochsprung • 走り高跳び • 跳高

long jump • le saut en longueur • der Weitsprung • 走り幅跳び • 跳远

hurdles • les haies • der Hürdenlauf • ハードル • 跨栏

gymnastics • la gymnastique • das Turnen • 体操 • 体操

springboard
le tremplin
das Sprungbrett
跳躍板
跳板

gymnast
la gymnaste
die Turnerin
体操選手
体操选手

horse
le cheval
das Pferd
(用具の)跳馬
跳马

somersault • le salto
• der Salto • 宙返り • 空翻

beam • la poutre • der Schwebebalken • 平均台 • 平衡木

ribbon • le drapeau
• das Gymnastikband
• リボン • 丝带

mat • le tapis • die Matte
• マット • 垫子

vault • le saut • der Sprung
• (競技の)跳馬 • 跳马(项目)

floor exercises • les exercises au sol • das Bodenturnen
• 床運動 • 自由体操

tumble • la cabriole • die Bodenakrobatik • 宙返りする
• 翻筋斗

rhythmic gymnastics • la gymnastique rythmique • die rhythmische Gymnastik • 新体操 • 艺术体操

horizontal bar la barre fixe das Reck 鉄棒 单杠	asymmetric bars les barres asymétriques der Stufenbarren 段違い平行棒 高低杠	rings les anneaux die Ringe つり輪 吊环	medals les médailles die Medaillen メダル 奖牌	silver l'argent das Silber 銀メダル 银牌
parallel bars les barres parallèles der Barren 平行棒 双杠	pommel horse le cheval d'arçons das Seitpferd 鞍馬 鞍马	podium le podium das Siegerpodium 表彰台 领奖台	gold l'or das Gold 金メダル 金牌	bronze le bronze die Bronze 銅メダル 铜牌

combat sports • les sports de combat • der Kampfsport • 格闘技 • 格斗运动

opponent
l'adversaire
der Gegner
相手
对手

guard
le protège-tête
der Kopfschutz
ヘッドガード
护盔

glove
le gant
der Handschuh
グローブ
手套

belt
la ceinture
der Gürtel
帯
腰带

tae-kwon-do • le taekwondo • das Taekwondo • テコンドー • 跆拳道

karate • le karaté • das Karate
● 空手 ● 空手道

judo • le judo • das Judo
● 柔道 ● 柔道

aikido • l'aïkido • das Aikido
● 合気道 ● 合气道

mask
le masque
die Maske
面
防护面具

sword
le sabre
der Säbel
竹刀
竹剑

kendo • le kendo • das Kendo • 剣道 • 剑道

kung fu • le kung-fu • das Kung-Fu
● カンフー ● 中国武术

kickboxing • la boxe
thaïlandaise • das Kickboxen
● キックボクシング ● 泰拳

wrestling • la lutte • das Ringen • レスリング
● 摔跤

boxing • la boxe • das Boxen • ボクシング
● 拳击

actions • les actions • die Techniken • 動作 • 动作

fall • la chute • das Fallen
• 崩し • 摔倒

hold • la prise • der Griff
• つかみ • 抓握

throw • la projection • der Wurf
• 投げ技 • 摔

pin • l'immobilisation • das Fesseln
• 固め技 • 压倒

kick • le coup de pied
• der Seitfußstoß • 蹴り
• 側踢

punch • le coup de poing
• der Stoß • パンチ • 出拳

strike • le coup • der Angriff
• 打ち • 击打

chop • le coup • der Hieb
• 手刀打ち • 劈

jump • le saut • der Sprung
• 跳び • 跳踢

block • le blocage • der Block
• 受け • 挡

boxing ring	round	fist	black belt	capoeira
le ring	le round	le poing	la ceinture noire	la capoeira
der Boxring	die Runde	die Faust	der schwarze Gürtel	das Capoeira
リング	ラウンド	こぶし	黒帯	カポエイラ
拳击台	回合	拳头	黑带	卡波卫勒舞
boxing gloves	bout	knock out	self defence	sumo wrestling
les gants de boxe	le combat	le knock-out	l'autodéfense	le sumo
die Boxhandschuhe	der Kampf	der Knockout	die Selbstverteidigung	das Sumo
ボクシング用グラブ	試合	ノックアウト	受け身	相撲
拳击手套	拳击比赛	击倒(对手)	自卫	相扑
mouth guard	sparring	punch bag	martial arts	tai-chi
le protège-dents	l'entraînement	le punching-bag	les arts martiaux	le taï chi
der Mundschutz	das Sparren	der Sandsack	die Kampfsportarten	das Tai Chi
マウスピース	スパーリング	サンドバッグ	武道	太極拳
护齿	拳击练习	沙袋	武术	太极拳

swimming • la natation • der Schwimmsport • 水泳 • 游泳

equipment • l'équipement • die Ausrüstung • 道具 • 泳具

armband • la brassière • der Schwimmflügel • アームバンド • 臂漂

nose clip
la pince pour le nez
die Nasenklemme
ノーズクリップ
鼻夹

goggles • les lunettes protectrices • die Schwimmbrille • ゴーグル • 游泳镜

float • la planche • das Schwimmfloß • ビート板 • 浮板

swimsuit • le maillot de bain • der Badeanzug • 水着 • 游泳衣

lane
le couloir
die Bahn
コース
泳道

water
l'eau
das Wasser
水
池水

starting block
le plot de départ
der Startblock
スタート台
出发台

cap • le bonnet
de natation
• die Badekappe
• スイミングキャップ
• 泳帽

trunks
le slip de bain
die Badehose
トランクス
泳裤

swimming pool • la piscine • das Schwimmbecken • プール • 游泳池

swimmer • le nageur • der Schwimmer • 水泳選手 • 游泳选手

springboard
le tremplin
das Sprungbrett
跳ね板
跳板

diver
le plongeur
der Springer
飛び込み選手
跳水选手

dive (v) • plonger • springen • 飛び込む • 跳水

swim (v) • nager • schwimmen • 泳ぐ • 游泳

turn • le tour • die Kehre • ターン • 转身

styles • les styles • die Schwimmstile • 泳法 • 泳姿

front crawl • le crawl • das Kraulen • クロール • 自由泳

breaststroke • la brasse • das Brustschwimmen • 平泳ぎ • 蛙泳

stroke
la nage
der Zug
ストローク
划水

kick
le coup de pied
der Stoß
キック
打水

backstroke • la nage sur le dos • das Rückenschwimmen • 背泳ぎ • 仰泳

butterfly • le papillon • der Butterfly • バタフライ • 蝶泳

scuba diving • la plongée • das Tauchen • スキューバダイビング • 水肺潜水

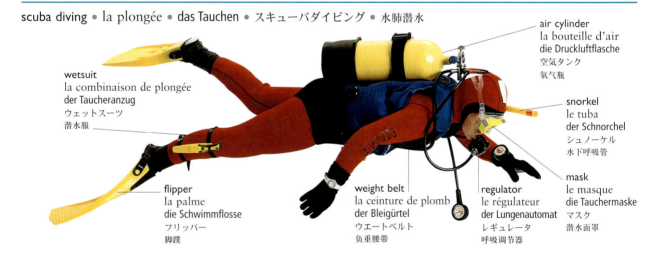

air cylinder
la bouteille d'air
die Druckluftflasche
空気タンク
氧气瓶

wetsuit
la combinaison de plongée
der Taucheranzug
ウェットスーツ
潜水服

snorkel
le tuba
der Schnorchel
シュノーケル
水下呼吸管

flipper
la palme
die Schwimmflosse
フリッパー
脚蹼

weight belt
la ceinture de plomb
der Bleigürtel
ウエートベルト
负重腰带

regulator
le régulateur
der Lungenautomat
レギュレータ
呼吸调节器

mask
le masque
die Tauchermaske
マスク
潜水面罩

dive le plongeon der Sprung 飛び込み 跳水	racing dive le départ plongé der Startsprung 水中への飛び込み 出发跳水	lockers les casiers die Schließfächer ロッカー 锁柜	water polo le water-polo der Wasserball 水球 水球	shallow end le petit bassin das flache Ende (プールの)浅い方 浅水区	cramp la crampe der Krampf 痙攣 抽筋
high dive le plongeon de haut vol der Turmsprung 高飛び込み 高台跳水	tread water (v) nager sur place Wasser treten 立ち泳ぎする 踩水	lifeguard le maître nageur der Bademeister ライフセーバー 救生员	deep end le grand bassin das tiefe Ende (プールの)深い方 深水区	synchronized swimming la nage synchronisée das Synchronschwimmen シンクロナイズドスイミング 花样游泳	drown (v) se noyer ertrinken おぼれる 溺水

sailing • la voile • der Segelsport • セーリング • 帆船运动

compass • le compas
• der Kompass • コンパス
• 指南針

anchor • l'ancre • der
Anker • アンカー • 锚

mast
le mât
der Mast
マスト
桅杆

rigging
le gréement
die Takelung
索具
帆缆

mainsail
la grand-voile
das Großsegel
メインセール
主帆

cleat
le taquet
die Klampe
クリート
系索耳

sidedeck
le pont de côté
das Seitendeck
サイドデッキ
側舷

headsail
la voile d'avant
die Fock
ヘッドセール
艏三角帆

boom
la bôme
der Baum
ブーム
帆桁

bow
l'avant
der Bug
バウ
船头

stern
l'arrière
das Heck
スターン
船尾

tiller
la barre
die Pinne
ティラー
舵柄

hull
la coque
der Rumpf
ハル
船体

navigate (v) • naviguer • navigieren • 航行する
• 航行

yacht • le yacht • die Segeljacht • ヨット • 帆船

safety • la sécurité • die Sicherheit • 救命具 • 救生器具

flare • la fusée éclairante
• die Leuchtrakete • 照明弹
• 照明弹

lifebuoy • la bouée de
sauvetage • der Rettungsring
• 救命用浮き袋 • 救生圈

life jacket • le gilet de
sauvetage • die Schwimmweste
• ライフジャケット • 救生衣

life raft • le radeau de
sauvetage • das Rettungsboot
• 救命ゴムボート • 救生筏

watersports • les sports aquatiques • der Wassersport • 水上スポーツ • 水上运动

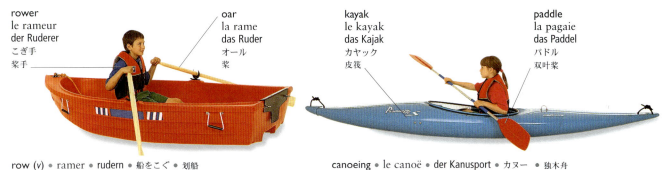

rower
le rameur
der Ruderer
こぎ手
桨手

oar
la rame
das Ruder
オール
桨

kayak
le kayak
das Kajak
カヤック
皮筏

paddle
la pagaie
das Paddel
パドル
双叶桨

row (v) • ramer • rudern • 船をこぐ • 划船

canoeing • le canoë • der Kanusport • カヌー • 独木舟

sail
la voile
das Segel
セール
帆

surfboard • la planche
• das Surfbrett • サーフボード
• 冲浪板

surfing • le surf • das
Wellenreiten • サーフィン
• 冲浪

ski • le ski • der Wasserski
• スキー板 • 滑水橇

waterskiing • le ski nautique
• das Wasserski • 水上スキー
• 滑水

speed boating • le moto-
nautisme • der Schnellbootsport
• 高速モーターボート • 快艇

windsurfer
le planchiste
der Windsurfer
ウインドサーファー
帆板运动员

board
la planche
das Surfbrett
ボード
帆板

footstrap
la bride
die Fußschlaufe
フットストラップ
套脚带

rafting • le rafting • das
Rafting • ラフティング • 漂流

jet skiing • le jet-ski • der
Wassermotorradsport • ジェット
スキー • 水上摩托

windsurfing • la planche à voile • das Windsurfing • ウインドサーフ
ィン • 帆板运动

waterskier	crew	wind	surf	sheet	centreboard
le skieur nautique	l'équipage	le vent	l'écume	l'écoute	la dérive
der Wasserskifahrer	die Crew	der Wind	die Brandung	die Schot	das Schwert
水上スキーヤー	クルー	風	寄せ波	シート	センターボード
滑水者	艇员	风	浪花	帆脚索	稳向板
surfer	tack (v)	wave	rapids	rudder	capsize (v)
le surfeur	louvoyer	la vague	les rapides	le gouvernail	chavirer
der Surfer	aufkreuzen	die Welle	das Wildwasser	das Ruder	kentern
サーファー	タック	波	早瀬	舵	転覆する
冲浪运动员	抢风航行	波浪	激流	舵	(船)倾覆

horse riding • l'équitation • der Reitsport • 乗馬 • 马上运动

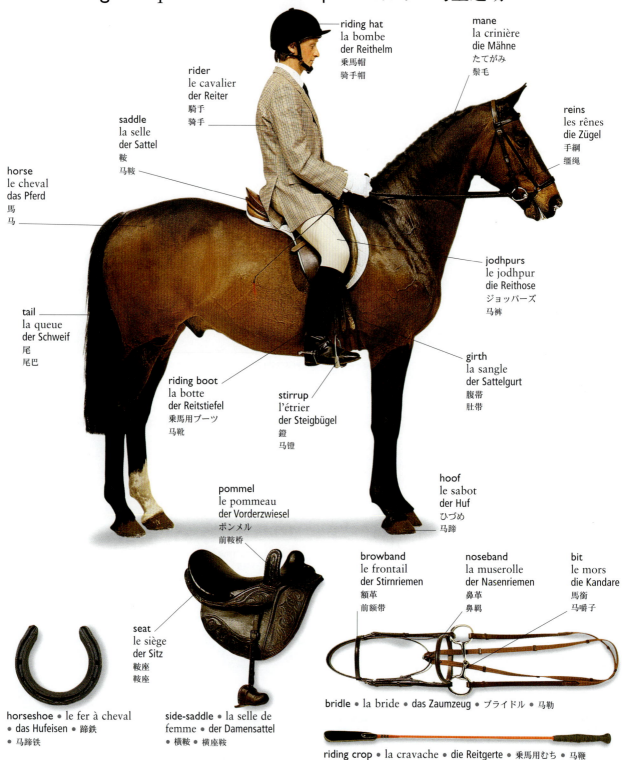

riding hat
la bombe
der Reithelm
乗馬帽
骑手帽

mane
la crinière
die Mähne
たてがみ
鬃毛

rider
le cavalier
der Reiter
騎手
骑手

reins
les rênes
die Zügel
手綱
缰绳

saddle
la selle
der Sattel
鞍
马鞍

horse
le cheval
das Pferd
馬
马

jodhpurs
le jodhpur
die Reithose
ジョッパーズ
马裤

tail
la queue
der Schweif
尾
尾巴

girth
la sangle
der Sattelgurt
腹带
肚带

riding boot
la botte
der Reitstiefel
乗馬用ブーツ
马靴

stirrup
l'étrier
der Steigbügel
鐙
马镫

hoof
le sabot
der Huf
ひづめ
马蹄

pommel
le pommeau
der Vorderzwiesel
ポンメル
前鞍桥

browband
le frontail
der Stirnriemen
額革
前额带

noseband
la muserolle
der Nasenriemen
鼻革
鼻羁

bit
le mors
die Kandare
馬銜
马嚼子

seat
le siège
der Sitz
鞍座
鞍座

horseshoe • le fer à cheval • das Hufeisen • 蹄鉄 • 马蹄铁

side-saddle • la selle de femme • der Damensattel • 横鞍 • 横座鞍

bridle • la bride • das Zaumzeug • ブライドル • 马勒

riding crop • la cravache • die Reitgerte • 乗馬用むち • 马鞭

events • les courses • die Veranstaltungen • 競技 • 赛事

racehorse • le cheval de course
• das Rennpferd • 競走用馬 • 赛马

fence • l'obstacle • das Hindernis
• 障害物 • 障碍

horse race • la course de chevaux • das
Pferderennen • 競馬 • 赛马(比赛)

steeplechase • le steeple • das Jagdrennen
• スティープルチェース • 障碍赛

harness race • la course de trot
• das Trabrennen • 繫駕競争 • 轻驾车赛

rodeo • le rodéo • das Rodeo • ロデオ
• 牛仔竞技表演

showjumping • le jumping • das Spring-
reiten • 障害飛び越え • 越障碍赛

carriage race • la course attelée
• das Zweispännerrennen • 馬車競争
• 双套马车赛

trekking • la randonnée • das Trekking
• 遠乗り • 长途旅行

dressage • le dressage • das Dressurreiten
• 馬場馬術 • 花式骑术

polo • le polo • das Polo • ポロ • 马球

walk le pas der Schritt 並足 慢步	canter le petit galop der Kanter キャンター 慢跑	jump le saut der Sprung ジャンプ 跳跃	halter le licou das Halfter 頭絡 笼头	paddock l'enclos die Koppel パドック 围场	flat race la course de plat das Flachrennen 平地競争 无障碍赛马
trot le trot der Trab だく足 小跑	gallop le galop der Galopp ギャロップ 疾驰	groom le valet d'écurie der Stallbursche 厩務員 马夫	stable l'écurie der Pferdestall 厩舎 马厩	arena l'arène der Turnierplatz 競馬場 竞技场	racecourse le champs de courses die Rennbahn レースコース 赛马场

fishing • la pêche • der Angelsport • 釣り • 钓鱼

weight • le plomb • das Gewicht • おもり • 铅坠

float • le flotteur • die Pose • 浮き • 浮标

barb • le barbillon • der Widerhaken • かえし • 倒钩

eye • l'œillet • das Öhr • 針穴 • 钩眼

fishhook • l'hameçon • der Angelhaken • 釣り針 • 渔钩

lure • l'appât • der Köderhaken • ルアー • 人造饵

bait • l'amorce • der Köder • 餌 • 饵

fly • la mouche • die Fliege • フライ • 假蝇

landing net • l'épuisette • der Kescher • ランディングネット • 抄网

keep net • la bourriche • der Setzkescher • フラシ • 活鱼笼

tackle box • la boîte d'équipement • der Spinnerkasten • 釣り道具入れ • 钓具箱

line • la ligne • die Schnur • 釣り糸 • 渔线

fishing rod • la canne à pêche • die Angelrute • 釣りざお • 渔竿

reel • le moulinet • die Rolle • リール • 渔线轮

waders • les bottes de pêche • die Watstiefel • 胴長 • 防水裤

angler • le pêcheur • der Angler • 釣り師 • 钓鱼者

types of fishing • les genres de pêche • die Fischfangarten • 釣りの種類 • 垂钓种类

freshwater fishing • la pêche en eau douce • das Süßwasserangeln • 清流釣り • 淡水垂钓

fly fishing • la pêche à la mouche • das Fliegenangeln • フライフィッシング • 假蝇垂钓

sport fishing • la pêche sportive • das Sportangeln • スポーツフィッシング • 休闲垂钓

deep sea fishing • la pêche hauturière • die Hochseefischerei • 遠海釣り • 深海垂钓

surfcasting • la pêche au lancer en mer • das Brandungsangeln • 投げ釣り • 激浪投钓

activities • les activités • die Aktivitäten • 行動 • 活动

cast (v) • lancer • auswerfen • 投げる • 撒网

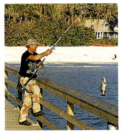

catch (v) • attraper • fangen • 捕える • 捕捉

reel in (v) • ramener • einholen • リールを巻く • 收线

net (v) • prendre au filet • mit dem Netz fangen • 網で捕える • 网捕

release (v) • lâcher • loslassen • 放す • 放生

bait (v) amorcer ködern 餌をつける 装饵	tackle le matériel de pêche die Angelgeräte 釣り道具 钓具	waterproofs l'imperméable die Regenhaut 防水レインコート 雨衣	fishing permit le permis de pêche der Angelschein 漁業許可(証) 钓鱼许可证	creel le panier de pêche der Fischkorb 魚籠 渔篓
bite (v) mordre anbeißen 餌に食いつく 咬钩	spool le tambour die Rolle スプール 线轴	pole la perche die Stake (リールを用いない)釣りざお 杆	marine fishing la pêche maritime die Seefischerei 海釣り 海洋捕捞	spearfishing la pêche sous-marine das Speerfischen スペアフィッシング 渔叉捕鱼

skiing • le ski • der Skisport • スキー • 滑雪

ski slope • la pente de ski
• der Skihang • スロープ
• 滑雪坡道

chairlift
le télésiège
der Sessellift
リフト
缆车吊椅

cable car
la télécabine
der Kabinenlift
ゴンドラ
缆车

les 3 vallées

ski suit
la combinaison de ski
der Skianzug
スキーウェア
滑雪服

ski pole
le bâton de ski
der Skistock
ストック
滑雪杖

glove
le gant
der Handschuh
グローブ
手套

ski run
la piste de ski
die Skipiste
ゲレンデ
雪道

safety barrier
la barrière de sécurité
die Sicherheitssperre
防護柵
安全护栏

ski boot
la chaussure de ski
der Skistiefel
スキー靴
滑雪靴

ski • le ski • der Ski
• スキー板
• 滑雪板

edge • la carre
• die Kante • エッジ
• 板边

skier • la skieuse • die Skiläuferin
• スキーヤー • 滑雪者

tip • la pointe • die Spitze
• トップベンド • 板尖

events • les épreuves • die Disziplinen • 競技 • 项目

gate • la porte
• das Tor • 旗門
• 旗门杆

downhill skiing • la descente
• der Abfahrtslauf
• 滑降スキー • 高山速降

slalom • le slalom
• der Slalom • スラローム
• 小回转

ski jump • le saut
• der Skisprung • スキージャンプ
• 跳台滑雪

cross-country skiing • le ski de randonnée • der Langlauf • クロス
カントリースキー • 越野滑雪

winter sports • les sports d'hiver • der Wintersport
• ウインタースポーツ • 冬季运动

skate
le patin à glace
der Schlittschuh
スケート靴
冰鞋

goggles • les lunettes
de ski • die Skibrille
• ゴーグル
• 滑雪镜

ice climbing • l'escalade en glace • das Eisklettern
• アイスクライミング • 攀冰

ice-skating • le patinage
• das Eislaufen • アイススケート
• 溜冰

figure skating • le patinage
artistique • der Eiskunstlauf
• フィギュアスケート
• 花样滑冰

snowboarding
• le surf des neiges
• das Snowboarding • スノーボー
ド • 单板滑雪

alpine skiing	dog sledding
le ski alpin	le traîneau à chiens
die alpine Kombination	das Hundeschlittenfahren
アルペンスキー	犬ぞり
高山滑雪	狗拉雪橇
giant slalom	speed skating
le slalom géant	le patinage de vitesse
der Riesenslalom	das Eisschnelllauf
大回転	スピードスケート
大回转	速滑
off-piste	biathlon
hors piste	le biathlon
abseits der Piste	das Biathlon
コース外	バイアスロン
雪道外	冬季两项(滑雪和射击)
curling	avalanche
le curling	l'avalanche
das Curling	die Lawine
カーリング	雪崩
冰上溜石	雪崩

bobsleigh • le bobsleigh
• der Bobsport • ボブスレー
• 长橇滑雪

luge • la luge • das Rennrodeln
• リュージュ • 小型橇

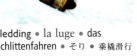

snowmobile • l'autoneige
• das Schneemobil • スノーモー
ビル • 机动雪橇

sledding • la luge • das
Schlittenfahren • そり • 乘橇滑行

other sports • les autres sports • die anderen Sportarten • その他のスポーツ • 其他运动

glider
le planeur
das Segelflugzeug
グライダー
滑翔机

gliding • le vol plané • das Segelfliegen • グライディング • 滑翔

hang-glider
le deltaplane
der Drachen
ハンググライダー
悬挂式滑翔机

hang-gliding • le deltaplane • das Drachenfliegen • ハンググライディング • 悬挂滑翔

parachute
le parachute
der Fallschirm
パラシュート
降落伞

rope
la corde
das Seil
ロープ
绳索

rock climbing • l'escalade • das Klettern • ロッククライミング • 攀岩

parachuting • le parachutisme • das Fallschirmspringen • パラシュート降下 • 跳伞

paragliding • le parapente • das Gleitschirmfliegen • パラグライディング • 滑翔伞

skydiving • le saut en chute libre • das Fallschirmspringen • スカイダイビング • 特技跳伞

abseiling • le rappel • das Abseilen • アブザイレン • 悬绳下降

bungee jumping • le saut à l'élastique • das Bungeejumping • バンジージャンプ • 蹦极

racing driver
le coureur automobile
der Rennfahrer
レーシングドライバー
赛车手

rally driving • le rallye • das
Rallyefahren ● ラリー
● 汽车拉力赛

motor racing ● la course
automobile ● der Rennsport
● 自動車レース ● 赛车

motorcross ● le motocross
● das Motocross ● モトクロス
● 摩托车越野赛

motorbike racing ● la course
de moto ● das Motorradrennen
● バイクレース ● 摩托车赛

skateboard
la planche à roulettes
das Skateboard
スケートボード
滑板

rollerskate
le patin à roulettes
der Rollschuh
ローラースケート靴
旱冰鞋

stick
la crosse
der Lacrosseschläger
スティック
球棒

mask
le masque
die Maske
マスク
面具

foil
le fleuret
das Florett
フォイル
花剑

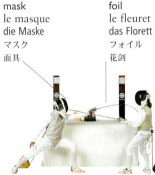

skateboarding ● la planche à
roulettes ● das Skateboard-
fahren ● スケートボーディング
● 滑板(运动)

roller skating ● le patinage à
roulettes ● das Rollschuhfahren
● ローラースケート ● 滑旱冰

lacrosse ● le lacrosse
● das Lacrosse ● ラクロス
● 长曲棍球

fencing ● l'escrime
● das Fechten ● フェンシング
● 击剑

pin ● la quille ● der Kegel
● ピン ● 保龄球瓶

bow ● l'arc ● der Bogen
● 弓 ● 弓

target ● la cible ● die
Zielscheibe ● 的 ● 靶

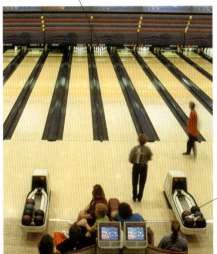

arrow
la flèche
der Pfeil
矢
箭

quiver
le carquois
der Köcher
矢筒
箭袋

archery ● le tir à l'arc ● das
Bogenschießen ● アーチェリー
● 射箭

target shooting ● le tir à cible
● das Scheibenschießen
● 射撃 ● 射击

bowling ball
● la boule de
bowling ● die
Bowlingkugel
● ボーリング用ボ
ール ● 保龄球

bowling ● le bowling ● das Bowling ● ボーリン
グ ● 保龄球运动

pool ● le billard américain
● das Poolbillard ● ポケット
● 美式台球

snooker ● le billard
● das Snooker ● スヌーカー
● 斯诺克台球

fitness • le conditionnement physique • die Fitness • フィットネス • 健身

gym machine • l'appareil de gym • das Fitnessgerät • トレーニングマシン • 健身器械

bench • le banc • die Bank • ベンチ • 长椅

exercise bike • le vélo d'entraînement • das Trainingsrad • エクササイズバイク • 健身车

free weights les poids die Gewichte フリーウェイト 力量训练器

bar la barre die Stange バー 横杠

gym • le gymnase • das Fitnesscenter • ジム • 健身房

rowing machine • la machine à ramer • die Rudermaschine • ローイングマシン • 划船机

treadmill • la tapis roulant • das Laufband • トレッドミル • 跑步机

cross trainer • la machine de randonnée • die Langlaufmaschine • クロストレーナー • 椭圆机

personal trainer • l'entraîneuse individuelle • die private Fitnesstrainerin • 個人トレーナー • 私人教练

step machine • l'escalier d'entraînement • die Tretmaschine • ステップマシン • 踏步机

swimming pool • la piscine • das Schwimmbecken • 水泳プール • 游泳池

sauna • le sauna • die Sauna • サウナ • 桑拿浴

exercises • les exercices • die Übungen • エクササイズ • 锻炼

stretch • l'étirement • das Strecken • ストレッチ • 伸展腿

lunge • la fente en avant • der Ausfall • ランジ • 弓箭步压腿

tights
le collant
die Strumpfhose
レオタード
紧身衣

sit-up • le redressement assis • das Rumpfheben • 腹筋運動 • 仰卧起坐

dumb bell
l'haltère
die Hantel
ダンベル
哑铃

bicep curl • l'exercice pour les biceps • die Bizepsübung • カール • 二头肌训练

press-up • la traction • der Liegestütz • 腕立て伏せ • 俯卧撑

leg press • la traction pour les jambes • der Beinstütz • レッグプレス • 蹬腿

squat • la flexion de jambes • die Kniebeuge • 屈伸運動 • 蹲起

chest press • l'exercice pour la poitrine • die Brustübung • チェストプレス • 扩胸

trainers • les baskets • die Trainingsschuhe • トレーニングシューズ • 运动鞋

weight training • l'entraînement poids et haltères • das Krafttraining • ウエートトレーニング • 重量训练

weight bar
la barre à poids
die Gewichthantel
バーベル
杠铃横杆

vest
• le maillot
• das Hemd
• ランニングシャツ
• 背心

jogging • le jogging • das Jogging • ジョギング • 慢跑

aerobics • l'aérobic • das Aerobic • エアロビクス • 有氧运动

train (v) s'entraîner trainieren トレーニングする 训练	jog on the spot (v) jogger sur place auf der Stelle joggen その場ジョギングをする 原地跑	extend (v) étendre ausstrecken 伸ばす 伸展	Pilates les exercices Pilates die Pilates-Übungen ピラティス（メソッド） 普拉提	circuit training l'entraînement en circuit das Zirkeltraining サーキットトレーニング 循环训练法
warm up (v) s'échauffer sich aufwärmen ウォーミングアップする 热身	flex (v) fléchir beugen 曲げる 弯曲(四肢)	pull up (v) tirer hochziehen 引き上げる 引体向上	boxercise l'aéroboxe die Boxgymnastik ボクササイズ 搏击操	skipping le saut à la corde das Seilspringen 縄飛び 跳绳

leisure
le temps libre
die Freizeit
レジャー
休闲

theatre • le théâtre • das Theater • 劇場 • 剧院

curtain
le rideau
der Vorhang
カーテン
幕

wings
les coulisses
die Kulisse
袖
舞台側翼

set
le décor
das Bühnenbild
舞台装置
布景

audience
le public
das Publikum
観客
观众

orchestra
l'orchestre
das Orchester
オーケストラ
乐队

stage • la scène • die Bühne • 舞台 • 舞台

seat
le fauteuil
der Sitzplatz
座席
座位

upper circle
la deuxième galerie
der zweite Rang
アッパーサークル
三楼厅座

row
la rangée
die Reihe
列
排

box
la loge
die Loge
ボックス席
包厢

circle
la corbeille
der erste Rang
桟敷席
二楼厅座

balcony
le balcon
der Balkon
バルコニー
楼座

aisle
l'allée
der Gang
通路
过道

stalls
l'orchestre
das Parkett
ストール
正厅前排座位

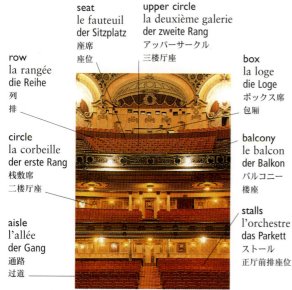

seating • les places • die Bestuhlung • 座席の配列
• 座位安排

play	director	first night
la pièce de théâtre	le metteur en scène	la première
das Theaterstück	der Regisseur	die Premiere
戯曲	演出家	初日
戏剧	导演	首演
cast	producer	interval
la distribution	le producteur	l'entracte
die Besetzung	der Producer	die Pause
キャスト	プロデューサー	幕間
角色分配	制片人	幕间休息
actor	script	programme
l'acteur	le texte	le programme
der Schauspieler	das Rollenheft	das Programm
俳優	台本	プログラム
演员	剧本	节目
actress	backdrop	orchestra pit
l'actrice	la toile de fond	la fosse d'orchestre
die Schauspielerin	der Prospekt	der Orchestergraben
女優	背景幕	オーケストラボックス
女演员	背景幕布	乐池

costume
le costume
das Theaterkostüm
衣装
戏装

concert • le concert • das Konzert
● コンサート ● 音乐会

musical • la comédie musicale
● das Musical ● ミュージカル ● 音乐剧

ballet • le ballet • das
Ballett ● バレー ● 芭蕾舞

usher
le placeur
der Platzanweiser
案内係
引座员

soundtrack
la bande sonore
die Tonspur
サウンドトラック
声带

I'd like two tickets for tonight's performance.
Je voudrais deux billets pour la
représentation de ce soir.
Ich möchte zwei Karten für die Aufführung heute
Abend.
今晩の公演のチケットを2枚ください。
我想要两张今晚演出的票。

classical music
la musique classique
die klassische Musik
クラシック音楽
古典音乐

applaud (v)
applaudir
applaudieren
拍手喝采する
鼓掌喝彩

What time does it start?
Ça commence à quelle heure?
Um wie viel Uhr beginnt die Aufführung?
何時に始まりますか？
演出什么时候开始？

musical score
la partition
die Noten
楽譜
乐谱

encore
le bis
die Zugabe
アンコール
(要求演出者)再来一次

opera • l'opéra
● die Oper ● オペラ
● 歌剧

cinema • le cinéma • das Kino • 映画館 • 电影院

popcorn
le pop-corn
das Popcorn
ポップコーン
爆米花

box office
la caisse
die Kasse
切符売り場
售票处

lobby
le foyer
das Foyer
ロビー
大厅

comedy
la comédie
die Komödie
コメディー
喜剧片

romance
la comédie romantique
der Liebesfilm
ロマンス
爱情片

poster
l'affiche
das Plakat
ポスター
海报

thriller
le thriller
der Thriller
スリラー
惊险片

science fiction film
le film de science-fiction
der Science-Fiction-Film
ＳＦ映画
科幻片

horror film
le film d'horreur
der Horrorfilm
ホラー映画
恐怖片

adventure
le film d'aventures
der Abenteuerfilm
アドベンチャー
冒险片

western
le western
der Western
西部劇
西部片

animated film
le film d'animation
der Zeichentrickfilm
アニメーション映画
动画片

cinema hall • la salle de
cinéma • der Kinosaal • シネマ
ハウス • 电影放映厅

screen • l'écran • die Leinwand
● スクリーン ● 银幕

orchestra • l'orchestre • das Orchester • オーケストラ • 乐队

strings • les cordes • die Saiteninstrumente • 弦楽器 • 弦乐器

harp
la harpe
die Harfe
ハープ
竖琴

conductor
le chef d'orchestre
der Dirigent
指揮者
指挥

double bass
le contrebasse
der Kontrabass
ダブルベース
低音提琴

violin
le violon
die Geige
バイオリン
小提琴

podium
le podium
das Podium
指揮台
指挥台

viola
l'alto
die Bratsche
ビオラ
中提琴

cello
le violoncelle
das Cello
チェロ
大提琴

score
la partition
die Noten
楽譜
乐谱

treble clef
la clé de sol
der Violinschlüssel
ト音記号
高音谱号

note
la note
die Note
音符
音符

staff
la portée
das Liniensystem
譜表
五线谱

bass clef
la clé de fa
der Bassschlüssel
ヘ音記号
低音谱号

piano • le piano • das Klavier • ピアノ • 钢琴

notation • la notation • die Notation • ノーテーション • 记谱法

overture	sonata	rest	sharp	natural	scale
l'ouverture	la sonate	le silence	la dièse	le bécarre	la gamme
die Ouvertüre	die Sonate	das Pausenzeichen	das Kreuz	das Auflösungszeichen	die Tonleiter
序曲	ソナタ	休止符	シャープ	ナチュラル	音階
序曲	奏鸣曲	休止符	升号	本位号	音阶
symphony	instruments	pitch	flat	bar	baton
la symphonie	les instruments	le ton	le bémol	la barre de mesure	la baguette
die Symphonie	die Musikinstrumente	die Tonhöhe	das B	der Taktstrich	der Taktstock
交響曲	楽器	ピッチ	フラット	小節線	指揮棒
交响乐	乐器	音高	降号	小节线	指挥棒

woodwind • les bois • die Holzblasinstrumente • 木管楽器 • 木管乐器

piccolo • le piccolo • die Pikkoloflöte • ピッコロ • 短笛

flute • la flûte traversière • die Querflöte • フルート • 长笛

oboe • le hautbois • die Oboe • オーボエ • 双簧管

cor anglais • le cor anglais • das Englischhorn • イングリッシュホルン • 英国管

clarinet • la clarinette • die Klarinette • クラリネット • 单簧管

bass clarinet • la clarinette basse • die Bassklarinette • バスクラリネット • 低音单簧管

bassoon • le basson • das Fagott • バスーン • 巴松管

double bassoon • le contrebasson • das Kontrafagott • ダブルバスーン • 倍低音管

saxophone • le saxophone • das Saxophon • サクソホン • 萨克斯管

percussion • la percussion • die Schlaginstrumente • 打楽器 • 打击乐器

kettledrum • la timbale • die Kesselpauke • ティンパニー • 定音鼓

gong • le gong • der Gong • ゴング • 锣

bongos • les bongos • die Bongos • ボンゴ • 邦戈鼓

snare drum • la caisse claire • die kleine Trommel • スネアドラム • 小军鼓

cymbals • les cymbales • das Becken • シンバル • 钹

tambourine tambourin das Tamburin タンバリン 铃鼓

vibraphone • le vibraphone • das Vibraphon • ビブラフォン • 颤音琴

triangle le triangle der Triangel トライアングル 三角铁

maracas les maracas die Maracas マラカス 沙锤

brass • les cuivres • die Blechblasinstrumente • 金管楽器 • 铜管乐器

trumpet • la trompette • die Trompete • トランペット • 小号

trombone • le trombone • die Posaune • トロンボーン • 长号

French horn • le cor • das Horn • フレンチホルン • 圆号

tuba • le tuba • die Tuba • チューバ • 大号

concert • le concert • das Konzert • コンサート • 音乐会

lead singer
le chanteur
der Leadsänger
ボーカリスト
主唱

microphone
le microphone
das Mikrophon
マイク
麦克风

drummer
le batteur
der Schlagzeuger
ドラマー
鼓手

guitarist
le guitariste
der Gitarrist
ギタリスト
吉他手

fans
les fans
die Fans
ファン
歌迷

speaker
le haut-parleur
der Lautsprecher
スピーカー
扩音器

bass guitarist
le bassiste
der Bassgitarrist
ベーシスト
低音吉他手

rock concert • le concert de rock • das Rockkonzert • ロックコンサート • 摇滚音乐会

instruments • les instruments • die Instrumente • 楽器 • 乐器

pickup
le pick-up
der Tonabnehmer
ピックアップ
拾音器

neck
le manche
der Hals
ネック
琴颈

fret
le sillet
der Bund
フレット
弦枕

tuning peg
la cheville
der Wirbel
ペグ
弦轴

bridge
le chevalet
der Steg
ブリッジ
琴马

string
la corde
die Saite
弦
弦

drum
le tambour
die Trommel
ドラム類
鼓

bass guitar • la basse • die Bassgitarre
• ベースギター • 低音吉他

keyboard • le piano électronique • das Keyboard
• キーボード • 电子琴

electric guitar • la guitare électrique
• die elektrische Gitarre • エレキギター
• 电吉他

drum kit • la batterie • das
Schlagzeug • ドラムセット • 架子鼓

musical styles • les styles de musique • die Musikstile • 音楽様式 • 音乐风格

jazz • le jazz • der Jazz • ジャズ • 爵士乐

blues • le blues • der Blues • ブルース • 蓝调音乐

punk • la musique punk • die Punkmusik • パンク • 朋克音乐

folk music • la musique folk • der Folk • フォーク • 民间音乐

pop • la pop • der Pop • ポップス • 流行音乐

dance • la dance • die Tanzmusik • ダンス • 舞曲

rap • le rap • der Rap • ラップ • 说唱音乐

heavy metal • la heavy métal • das Heavymetal • ヘビーメタル • 重金属摇滚

classical music • la musique classique • die klassische Musik • クラシック音楽 • 古典音乐

song	lyrics	melody	beat	reggae	country	spotlight
la chanson	les paroles	la mélodie	le beat	le reggae	la country	le projecteur
das Lied	der Text	die Melodie	der Beat	der Reggae	die Countrymusic	der Scheinwerfer
歌	歌詞	メロディー	ビート	レゲエ	カントリー	スポットライト
歌曲	歌词	旋律	节拍	雷盖音乐	乡村音乐	聚光灯

sightseeing • le tourisme • die Besichtigungstour • 観光 • 观光

itinerary
l'itinéraire
die Route
ルート
旅行路线

open-top
à impériale
mit offenem Oberdeck
オープントップ
敞篷

tourist
le touriste
der Tourist
観光客
游客

This is an official London Sightseeing Bus.

LONDON PRIDE

tour bus • le bus touristique • der Stadtrundfahrtbus • 観光バス • 观光巴士

tour guide
la guide
die Fremdenführerin
ツアーガイド
导游

statuette • la statuette • die Figur • 小彫像 • 小雕像

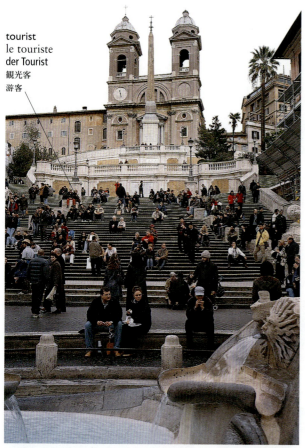

tourist attraction • l'attraction touristique • die Touristenattraktion • 観光名所 • 游览胜地

guided tour • la tour guidé • die Führung • ガイド付ツアー • 团体旅游

souvenirs • les souvenirs • die Andenken • 土産 • 纪念品

open	guide book	camcorder	left	Where is…?	I'm lost.
ouvert	le guide	le caméscope	à gauche	Où est…?	Je me suis perdu.
geöffnet	der Reiseführer	der Camcorder	links	Wo ist…?	Ich habe mich verlaufen.
開館	旅行ガイド	ビデオカメラ	左に	…はどこですか?	道に迷いました。
开门	旅行指南	便携式摄像机	左	…在哪里?	我迷路了。
closed	film	camera	right	Can you tell me the way to…?	
fermé	la pellicule	l'appareil photo	à droite	Pour aller à…, s'il vous plaît?	
geschlossen	der Film	die Kamera	rechts	Können Sie mir sagen, wie ich nach… komme?	
閉館	フィルム	カメラ	右に	…への行き方を教えてください。	
关门	胶片	照相机	右	你能告诉我到…的路吗?	
entrance fee	batteries	directions	straight on		
le prix d'entrée	les piles	les directions	tout droit		
das Eintrittsgeld	die Batterien	die Richtungsangaben	geradeaus		
入場料	電池	案内	まっすぐに		
入场费	电池	(行路的)指引	直行		

attractions • les attractions • die Sehenswürdigkeiten • 名所 • 名胜

painting
le tableau
das Gemälde
絵画
绘画

exhibit
l'objet exposé
das Ausstellungsstück
展示物
展品

exhibition • l'exposition
• die Ausstellung • 展覧
• 展览

famous ruin
la ruine célèbre
die berühmte Ruine
遺跡
古迹

art gallery • le musée d'art
• die Kunstgalerie • アートギャラ
リー • 艺术馆

monument • le monument
• das Monument • 記念建造物
• 纪念碑

museum • le musée
• das Museum • 博物館
• 博物馆

historic building • le
monument historique • das
historische Gebäude • 歴史的建造
物 • 历史建筑

casino • le casino • das Kasino
• カジノ • 赌场

gardens • le parc • der Park
• 庭園 • 庭园

national park • le parc national • der Nationalpark • 国立公園
• 国家公园

information • l'information • die Information • 情報 • 游览信息

times
les heures
die Zeiten
日程
日程

floor plan • le plan
• der Grundriss • 平面図
• 平面图

map • le plan • der Stadtplan
• 地図 • 地图

timetable • l'horaire
• der Fahrplan • 時刻表
• 时刻表

tourist information
• l'information touristique
• die Touristeninformation • 観
光案内所 • 旅游问询处

outdoor activities • les activités de plein air • die Aktivitäten im Freien • 野外活動 • 户外活动

footpath
le sentier
der Fußweg
小道
小道

sundial
le cadran solaire
die Sonnenuhr
日時計
日晷

café
le café
das Café
カフェ
咖啡馆

park • le parc • der Park • 公園 • 公园

grass
la pelouse
das Gras
芝
草坪

bench
le banc
die Bank
ベンチ
长椅

formal gardens
les jardins à la française
die Gartenanlagen
幾何学式庭園
法式花园

roller coaster
les montagnes russes
die Berg-und-Talbahn
ジェットコースター
过山车

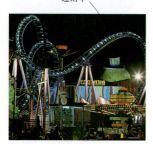

fairground • la foire
• der Jahrmarkt • 遊園地
• 游乐园

theme park • le parc
d'attractions • der
Vergnügungspark • テーマパーク
• 主题公园

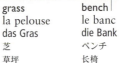

safari park • la réserve
• der Safaripark • サファリパーク
• 野生动物园

zoo • le zoo • der Zoo
• 動物園 • 动物园

activites • les activités • die Aktivitäten • 活動 • 活动

cycling • le vélo • das Radfahren • サイクリング • 骑自行车

jogging • le jogging • das Jogging • ジョギング • 慢跑

skateboarding • la planche à roulette • das Skateboardfahren • スケートボード • 滑板

rollerblading • le roller • das Inlinerfahren • ローラーブレード • 滚轴溜冰

bridle path • la piste cavalière • der Reitweg • 乗馬道 • 骑马专用道

hamper • le panier à pique-nique • der Picknickkorb • バスケット • 食物篮

bird watching • l'observation des oiseaux • das Vogelbeobachten • バードウォッチング • 观鸟

horse riding • l'équitation • das Reiten • 乗馬 • 骑马

hiking • la randonnée • das Wandern • 山歩き • 远足

picnic • le pique-nique • das Picknick • ピクニック • 野餐

playground • le terrain de jeux • der Spielplatz • 遊び場 • 游乐场

sandpit • le bac à sable • der Sandkasten • 砂場 • 沙箱

paddling pool • la pataugeoire • das Planschbecken • 小児用プール • 儿童戏水池

swings • la balançoire • die Schaukel • ぶらんこ • 秋千

seesaw • la bascule • die Wippe • シーソー • 跷跷板

slide • le toboggan • die Rutsche • 滑り台 • 滑梯

climbing frame • la cage à poules • das Klettergerüst • ジャングルジム • 攀登架

beach • la plage • der Strand • ビーチ • 海滩

hotel
l'hôtel
das Hotel
ホテル
旅馆

beach umbrella
le parasol
der Sonnenschirm
ビーチパラソル
遮阳伞

beach hut
la cabine de plage
das Strandhäuschen
ビーチハット
海滩小屋

sand
le sable
der Sand
砂
沙

wave
la vague
die Welle
波
海浪

sea
la mer
das Meer
海
海

beach bag
le sac de plage
die Strandtasche
ビーチバッグ
海滨游泳袋

bikini
le bikini
der Bikini
ビキニ
比基尼泳装

sunbathe (v) • prendre un bain de soleil • sonnenbaden • 日光浴をする • 晒日光浴

lifeguard
le maître nageur
der Rettungsschwimmer
ライフセーバー
救生员

lifeguard tower • la tour
de surveillance • der
Rettungsturm • 監視台 • 救生瞭
望塔

windbreak • le pare-vent
• der Windschutz • 風よけ
• 防风屏

promenade • la promenade
• die Promenade • 遊歩道路
• 海滨步道

deck chair • le transat
• der Liegestuhl • デッキチェア
• 轻便折叠躺椅

sunglasses • les lunettes de
soleil • die Sonnenbrille • サン
グラス • 太阳镜

sunhat • le chapeau de plage
• der Sonnenhut • 日よけ帽
• 遮阳帽

suntan lotion • la lotion
solaire • die Sonnenmilch
• サンローション • 防晒油

sunblock • l'écran total
• der Sonnenblock • サンブロック
• 防晒液

beach ball • le ballon de
plage • der Wasserball • ビーチ
ボール • 浮水气球

rubber ring • la bouée
• der Schwimmreifen
• 浮き輪 • 游泳圈

beach towel • la serviette
de plage • das Strandtuch
• ビーチタオル
• 海滩浴巾

swimsuit
le maillot de bain
der Badeanzug
水着
游泳衣

spade
la pelle
der Spaten
シャベル
铲子

bucket
le seau
der Eimer
バケツ
桶

sandcastle
le château de sable
die Sandburg
砂の城
沙堡

shell
le coquillage
die Muschel
貝殻
贝壳

camping • le camping • das Camping • キャンプ • 露営

toilets
les toilettes
die Toiletten
トイレ
卫生间

waste disposal
les poubelles
die Mülleimer
ゴミ箱
垃圾箱

shower block
les douches
die Duschen
シャワー室
浴室

electric hook-up
le branchement électrique
der Stromanschluss
電気コンセント
接电装置

flysheet
le double toit
das Überdach
フライシート
防雨罩

tent peg
le piquet
der Hering
ペグ
地钉

guy rope
la corde
die Zeltspannleine
支え綱
防风绳

caravan
la caravane
der Wohnwagen
トレーラーハウス
旅行拖车

campsite • le terrain de camping • der Campingplatz • キャンプ場 • 露営地

camp (v)
camper
zelten
キャンプする
露营

pitch
l'emplacement
der Zeltplatz
テントスペース
宿营地

picnic bench
le banc à pique-nique
die Picknickbank
ピクニックベンチ
野餐长椅

charcoal
le charbon de bois
die Holzkohle
炭
木炭

site manager's office
le bureau du chef
die Campingplatzverwaltung
管理事務所
营地管理处

pitch a tent (v)
monter une tente
ein Zelt aufschlagen
テントを張る
支帐篷

hammock
le hamac
die Hängematte
ハンモック
吊床

firelighter
l'allume-feu
der Feueranzünder
たきつけ
引火物

pitches available
les emplacements de libre
Zeltplätze frei
スペース有り
可用宿营地

tent pole le mât
die Zeltstange
テントポール
帐篷杆

camper van
le camping-car
das Wohnmobil
キャンピングカー
野营车

light a fire (v)
allumer un feu
ein Feuer machen
火をおこす
点火

full
complet
voll
満杯
满

camp bed
le lit de camp
das Faltbett
キャンプベッド
行军床

trailer
la remorque
der Anhänger
トレーラー
拖车

campfire
le feu de camp
das Lagerfeuer
キャンプファイヤー
营火

frame
le cadre
das Gestänge
フレーム
支架

ground sheet
le tapis de sol
der Zeltboden
グラウンドシート
铺地防潮布

backpack
le sac à dos
der Rucksack
バックパック
背包

vacuum flask
le thermos
die Thermosflasche
魔法瓶
保温瓶

water bottle
la bouteille d'eau
die Wasserflasche
水筒
水瓶

tent • la tente • das Zelt • テント • 帐篷

mosquito net
la moustiquaire
das Moskitonetz
蚊帳
蚊帐

insect repellent • le spray contre les insectes • der Insektenspray • 虫よけ • 驱虫剂

torch • la lampe torche • die Taschenlampe • 懐中電灯 • 营地灯

thermals
les sous-vêtements thermiques
die Thermowäsche
防寒用下着
保暖内衣

walking boots • les chaussures de marche • die Wanderschuhe • ハイキングシューズ • 徒步靴

waterproofs • l'imperméable • die Regenhaut • 防水レインコート • 雨衣

sleeping bag • le sac de couchage • der Schlafsack • 寝袋 • 睡袋

sleeping mat
le tapis de sol
die Schlafmatte
キャンプマット
睡垫

camping stove • le réchaud • der Gasbrenner • キャンプ用コンロ • 野营炉

barbecue • le barbecue • der Grill • バーベキューセット • 烧烤架

air mattress • le matelat pneumatique • die Luftmatratze • エアマット • 充气床垫

home entertainment • les distractions à la maison • die Privatunterhaltung • ホームエンターテインメント • 家庭娱乐

DVD disk • le DVD • die DVD-Platte • DVD • DVD光盘

personal CD player • le baladeur CD • der Discman • ポータブルCDプレイヤー • 便携式CD播放机

mini disk recorder l'enregistreur minidisk der Minidiskrekorder ポータブルMDプレイヤー MD录放机

MP3 player • le baladeur MP3 • der MP3-Spieler • MP3プレイヤー • MP3播放机

DVD player • le lecteur DVD • der DVD-Spieler • DVDプレイヤー • DVD播放机

record player le tourne-disque der Plattenspieler レコードプレイヤー 电唱机

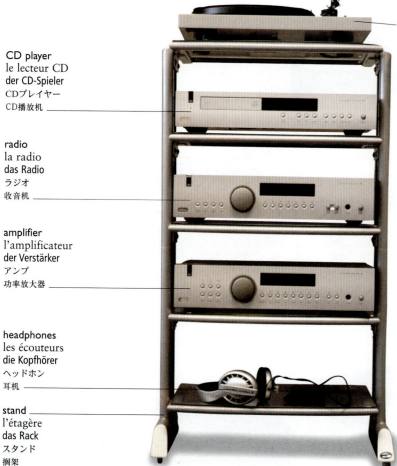

CD player le lecteur CD der CD-Spieler CDプレイヤー CD播放机

radio la radio das Radio ラジオ 收音机

amplifier l'amplificateur der Verstärker アンプ 功率放大器

headphones les écouteurs die Kopfhörer ヘッドホン 耳机

stand l'étagère das Rack スタンド 搁架

hi-fi system • la chaîne hi-fi • die Hi-Fi-Anlage • ハイファイシステム • 高保真音响系统

(loud) speaker le baffle die Box スピーカー 音箱

speaker stand le support der Ständer スピーカースタンド 音箱架

video tape
la vidéocassette
die Videokassette
ビデオテープ
录像带

screen
l'écran
der Bildschirm
スクリーン
显示屏

eyecup
l'œilleton
die Okularmuschel
アイカップ
接目杯

video recorder • le magnétoscope
• der Videorekorder • ビデオデッキ • 录像机

camcorder • le caméscope
• der Camcorder • ビデオカメラ • 便携
式摄像机

satellite dish • l'antenne parabolique
• die Satellitenschüssel • パラボラアンテナ
• 卫星电视天线

widescreen television • la télévision
16/9ème • der Breitbildfernseher
• ワイドテレビ • 宽屏电视

console
la console
das Pult
コンソール
控制台

fast forward • l'avance
rapide • der Vorlauf
早送り • 快进

pause
la pause
die Pause
一時停止
暂停

record
l'enregistrement
die Aufnahme
録画
录制

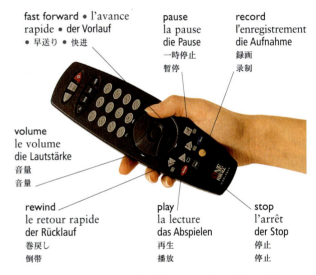

volume
le volume
die Lautstärke
音量
音量

controller
la commande
der Steuerhebel
コントローラー
操纵手柄

rewind
le retour rapide
der Rücklauf
巻戻し
倒带

play
la lecture
das Abspielen
再生
播放

stop
l'arrêt
der Stop
停止
停止

video game • le jeu vidéo • das Videospiel • テレビゲーム • 视频游戏

remote control • la télécommande • die Fernbedienung
• リモコン • 遥控器

compact disc le CD die CD-Platte C D 激光唱盘	feature film le film der Spielfilm 長編映画 故事片	cable television la télévision par câble das Kabelfernsehen ケーブルテレビ 有线电视	pay per view channel la chaîne à péage der Pay-Kanal ペイパービューチャンネル 收费频道	turn the television off (v) éteindre la télévision den Fernseher abschalten テレビを消す 关电视
cassette tape la cassette die Kassette カセット 盒式录音带	advertisement la publicité die Werbung 広告 广告	programme le programme das Programm 番組 节目	turn the television on (v) allumer la télévision den Fernseher einschalten テレビをつける 开电视	tune the radio (v) régler la radio das Radio einstellen ラジオをかける 调收音机
cassette player le lecteur cassettes der Kassettenrekorder カセットプレイヤー 盒式磁带录音机	digital numérique digital デジタル 数字式	change channel (v) changer de chaîne den Kanal wechseln チャンネルを変える 换频道	watch television (v) regarder la télévision fernsehen テレビを見る 看电视	stereo stéréo stereo ステレオ 立体声

photography • la photographie • die Fotografie • 写真 • 摄影

frame counter
le compteur de vues
der Zähler
枚数計
曝光记数器

flash
le flash
der Blitz
フラッシュ
闪光灯

aperture dial
le réglage de l'ouverture
der Blendenregler
絞り調整ダイヤル
光圈调节环

MINOLTA
404si
DYNAX
AF ZOOM 35-80mm 1:4 (22)-5.6
AF/M

filter • le filtre • der Filter
● フィルター ● 滤镜

shutter release
le déclencheur
der Auslöser
シャッターボタン
快门键

lens cap • le bouchon
d'objectif • die Schutzkappe
● レンズキャップ ● 镜头盖

shutter-speed dial
le réglage du temps de pose
die Zeiteinstellscheibe
シャッタースピード目盛
快门速度调节钮

lens
l'objectif
die Linse
レンズ
镜头

SLR camera • l'appareil réflex mono-objectif • die
Spiegelreflexkamera ● 一眼レフカメラ ● 单镜头反光照相机

flash gun • le flash compact
● der Elektronenblitz
● フラッシュガン ● 闪光枪

lightmeter • le posemètre
● der Belichtungsmesser
● 露出計 ● 曝光表

zoom lens • le zoom
● das Zoom ● ズームレンズ
● 变焦镜头

tripod • le trépied • das Stativ
● 三脚 ● 三脚架

types of camera • les types d'appareils photo • die Fotoapparattypen • カメラの種類 ● 相机种类

digital camera • l'appareil
numérique • die Digitalkamera
● デジタルカメラ ● 数码相机

APS camera • l'appareil
photo APS • die Kamera für
APS-Film ● APSカメラ ● 一次成
像全自动相机

instant camera • l'appareil
instantané • die Sofortbildkamera
● インスタントカメラ
● 立拍立现相机

disposable camera • l'appareil
jetable • die Einwegkamera
● 使いきりカメラ ● 一次性相机

photograph (v) • photographier • fotografieren • 写真を撮る • 照相

film spool
le rouleau de pellicule
die Filmspule
フィルムスプール
胶卷

film • la pellicule • der Film
• フィルム • 胶片

focus (v) • mettre au point
• einstellen • ピントを合わせる
• 调焦

develop (v) • développer
• entwickeln • 現像する
• 冲洗

negative • le négatif
• das Negativ • ネガ • 底片

landscape • paysage
• quer • ランドスケープ
• 全景照

portrait • portrait
• hoch • ポートレート • 人像照

photograph • la photo • das Foto • 写真 • 相片

photo album • l'album de photos
• das Fotoalbum • アルバム • 相册

photo frame • le cadre de
photo • der Fotorahmen
• 写真立て • 相框

problems • les problèmes • die Probleme
• トラブル • 问题

underexposed • sous-exposé
• unterbelichtet • 露出不足
• 曝光不足

overexposed • surexposé
• überbelichtet • 露出過度
• 曝光过度

out of focus • flou • unscharf
• ピンぼけ • 失焦

red eye • la tache rouge • die
Rotfärbung der Augen
• レッドアイ • 红眼

viewfinder le viseur der Bildsucher ファインダー 取景器	print l'épreuve der Abzug プリント 样片
camera case le sac d'appareil photo die Kameratasche カメラケース 相机盒	mat mat matt つや消しの 无光泽
exposure la pose die Belichtung 露出 曝光	gloss brilliant Hochglanz- 光沢ある 有光泽
darkroom la chambre noire die Dunkelkammer 暗室 暗室	enlargement l'agrandissement die Vergrößerung 引き伸ばし 放大

I'd like this film processed.
Pourriez-vous faire développer cette pellicule?
Könnten Sie diesen Film entwickeln lassen?
このフィルムを現像してください。
请冲洗这个胶卷。

games • les jeux • die Spiele • ゲーム • 游戏

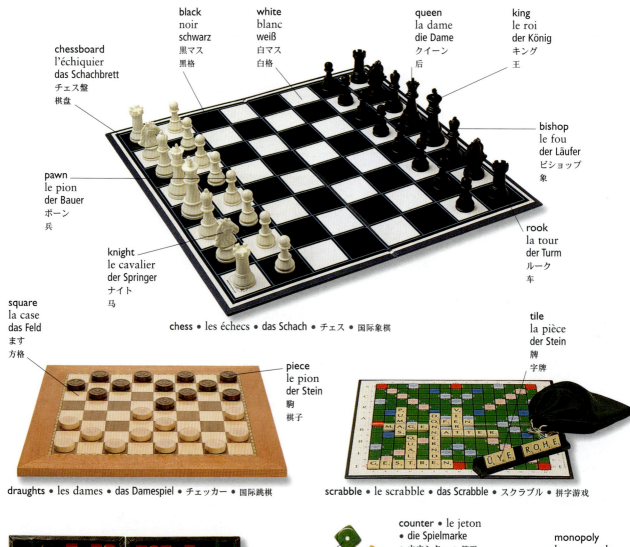

black
noir
schwarz
黒マス
黒格

white
blanc
weiß
白マス
白格

queen
la dame
die Dame
クイーン
后

king
le roi
der König
キング
王

chessboard
l'échiquier
das Schachbrett
チェス盤
棋盘

bishop
le fou
der Läufer
ビショップ
象

pawn
le pion
der Bauer
ポーン
兵

knight
le cavalier
der Springer
ナイト
马

rook
la tour
der Turm
ルーク
车

chess • les échecs • das Schach • チェス • 国际象棋

square
la case
das Feld
ます
方格

tile
la pièce
der Stein
牌
字牌

piece
le pion
der Stein
駒
棋子

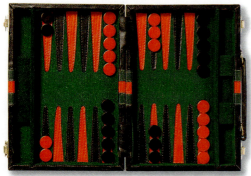

draughts • les dames • das Damespiel • チェッカー • 国际跳棋

scrabble • le scrabble • das Scrabble • スクラブル • 拼字游戏

counter • le jeton
• die Spielmarke
• カウンター • 筹码

monopoly
le monopoly
das Monopoly
モノポリー
强手棋

dice
le dé
der Würfel
さいころ
骰子

backgammon • le trictrac • das Backgammon
• バックギャモン • 西洋双陆棋

board games • les jeux de société • die Brettspiele • ボードゲーム
• 棋盘游戏

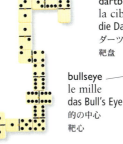

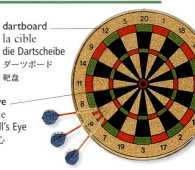

dartboard
la cible
die Dartscheibe
ダーツボード
靶盘

bullseye
le mille
das Bull's Eye
的の中心
靶心

stamp collecting • la philatélie
• das Briefmarkensammeln
• 切手収集 • 集邮

jigsaw puzzle • le puzzle
• das Puzzle • ジグソーパズル
• 拼图

dominoes • les dominos
• das Domino • ドミノ
• 多米诺骨牌

darts • les fléchettes
• das Darts • ダーツ
• 飞镖

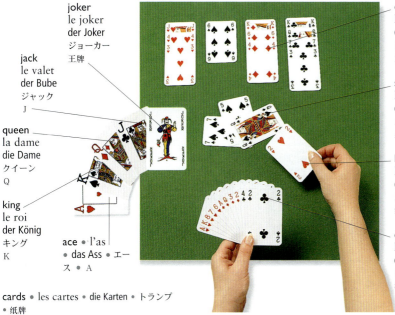

joker
le joker
der Joker
ジョーカー
王牌

jack
le valet
der Bube
ジャック
J

queen
la dame
die Dame
クイーン
Q

king
le roi
der König
キング
K

ace • l'as
• das Ass • エー
ス • A

cards • les cartes • die Karten • トランプ
• 纸牌

diamond
le carreau
das Karo
ダイヤ
方块

spade
le pique
das Pik
スペード
黑桃

heart
le cœur
das Herz
ハート
红桃

club
le trèfle
das Kreuz
クラブ
梅花

shuffle (v) • battre • mischen
• カードを切る • 洗牌

deal (v) • donner • geben
• カードを配る • 发牌

move le coup der Zug 番 走棋	win (v) gagner gewinnen 勝つ 赢	loser le perdant der Verlierer ルーザー 输家	point le point der Punkt 得点 点	bridge le bridge das Bridge ブリッジ 桥牌	Whose turn is it? C'est à qui de jouer? Wer ist dran? 誰の番ですか? 该谁了?
play (v) jouer spielen ゲームをする 玩	winner le gagnant der Gewinner ウイナー 赢家	game le jeu das Spiel ゲーム 游戏	score la marque das Spielergebnis スコア 得分	pack of cards le jeu de cartes das Kartenspiel トランプ一組 一副牌	It's your move. C'est à toi de jouer. Du bist dran. 君の番ですよ。 该你了。
player le joueur der Spieler プレイヤー 玩家	lose (v) perdre verlieren 負ける 输	bet le pari die Wette 賭け 赌注	poker le poker das Poker ポーカー 扑克牌	suit la couleur die Farbe スーツ 同花	Roll the dice. Jette le dé. Würfle. さいころを振ってください。 掷骰子。

arts and crafts 1 • les arts et métiers 1 • das Kunsthandwerk 1 • 美術工芸1• 工艺美术 1

artist
l'artiste peintre
die Künstlerin
画家
画家

painting
le tableau
das Gemälde
絵
画

easel
le chevalet
die Staffelei
画架
画架

canvas
la toile
die Leinwand
キャンバス
画布

brush
le pinceau
der Pinsel
絵筆
画笔

palette
la palette
die Palette
パレット
调色板

painting • la peinture • die Malerei • 絵画 • （用颜料等)绘画

colours • les couleurs • die Farben • 色 • 颜色

red • rouge • rot
● 赤 ● 红色

blue • bleu • blau
● 青 ● 蓝色

yellow • jaune • gelb
● 黄色 ● 黄色

green • vert • grün
● 緑 ● 绿色

orange • orange • orange
● オレンジ ● 橘色

purple • violet • lila
● 紫 ● 紫色

white • blanc • weiß
● 白 ● 白色

black • noir
● schwarz ● 黒 ● 黑色

grey • gris • grau
● 灰色 ● 灰色

pink • rose • rosa
● ピンク ● 粉红色

brown • marron
● braun ● 茶色 ● 褐色

indigo • indigo
● indigoblau ● 藍色
● 靛青色

paints • les couleurs • die Farben • 絵の具 • 颜料

oil paints • les couleurs à l'huile • die Ölfarben • 油絵の具 • 油画颜料

watercolour paint • la couleur à l'eau • die Aquarellfarbe • 水彩絵の具 • 水彩画颜料

pastels • les pastels • die Pastellstifte • パステル • 彩色蜡笔

acrylic paint • l'acrylique • die Acrylfarbe • アクリル絵の具 • 丙烯颜料

poster paint • la gouache • die Plakatfarbe • ポスターカラー • 广告颜料

other crafts • les autres arts • andere Kunstfertigkeiten • 他の工芸 • 其他工艺

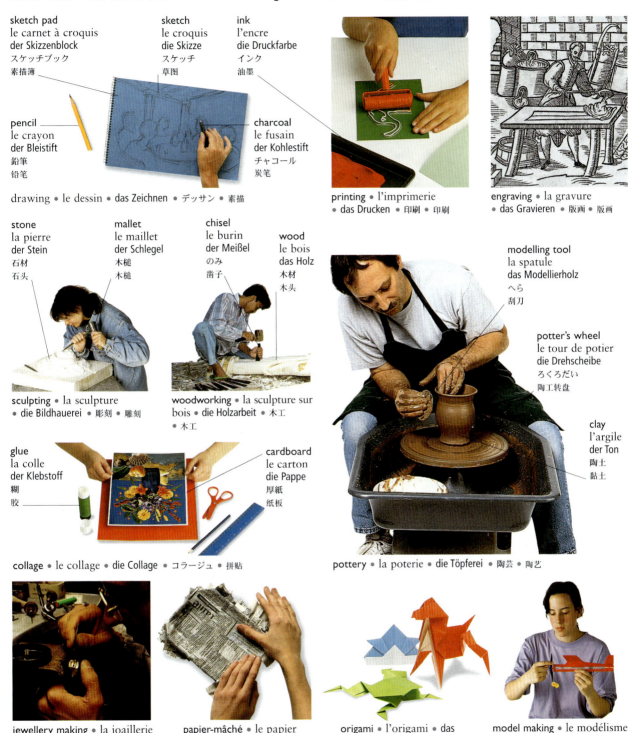

sketch pad
le carnet à croquis
der Skizzenblock
スケッチブック
素描簿

sketch
le croquis
die Skizze
スケッチ
草图

ink
l'encre
die Druckfarbe
インク
油墨

pencil
le crayon
der Bleistift
鉛筆
铅笔

charcoal
le fusain
der Kohlestift
チャコール
炭笔

drawing • le dessin • das Zeichnen • デッサン • 素描

printing • l'imprimerie • das Drucken • 印刷 • 印刷

engraving • la gravure • das Gravieren • 版画 • 版画

stone
la pierre
der Stein
石材
石头

mallet
le maillet
der Schlegel
木槌
木槌

chisel
le burin
der Meißel
のみ
凿子

wood
le bois
das Holz
木材
木头

modelling tool
la spatule
das Modellierholz
へら
刮刀

potter's wheel
le tour de potier
die Drehscheibe
ろくろだい
陶工转盘

clay
l'argile
der Ton
陶土
黏土

sculpting • la sculpture • die Bildhauerei • 彫刻 • 雕刻

woodworking • la sculpture sur bois • die Holzarbeit • 木工 • 木工

glue
la colle
der Klebstoff
糊
胶

cardboard
le carton
die Pappe
厚紙
纸板

collage • le collage • die Collage • コラージュ • 拼贴

pottery • la poterie • die Töpferei • 陶芸 • 陶艺

jewellery making • la joaillerie • die Juwelierarbeit • 宝石研磨 • 珠宝制作

papier-mâché • le papier mâché • das Papiermaché • 紙型 • 纸板制型

origami • l'origami • das Origami • 折り紙 • 折纸

model making • le modélisme • der Modellbau • 模型づくり • 模型制作

arts and crafts 2 • les arts et métiers 2 • das Kunsthandwerk 2 • 美術工芸2 • 工艺美术 2

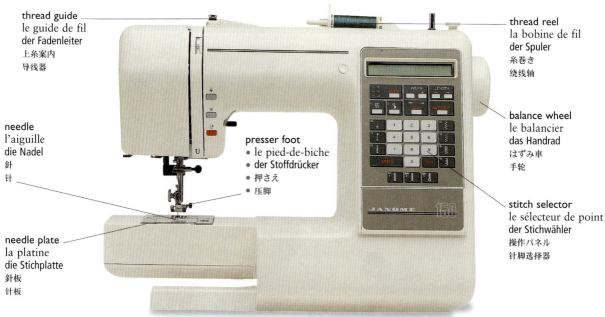

thread guide
le guide de fil
der Fadenleiter
上糸案内
导线器

thread reel
la bobine de fil
der Spuler
糸巻き
绕线轴

balance wheel
le balancier
das Handrad
はずみ車
手轮

needle
l'aiguille
die Nadel
針
针

presser foot
• le pied-de-biche
• der Stoffdrücker
• 押さえ
• 压脚

stitch selector
le sélecteur de point
der Stichwähler
操作パネル
针脚选择器

needle plate
la platine
die Stichplatte
針板
针板

sewing machine • la machine à coudre • die Nähmaschine • ミシン • 缝纫机

scissors • les ciseaux • die Schere • はさみ • 剪刀

pattern • le patron • das Schnittmuster • 型紙 • 纸样

pincushion
la pelote à épingles
das Nadelkissen
針山
针垫

tape measure • le centimètre • das Zentimetermaß • メジャー • 卷尺

material • le tissu • der Stoff • 生地 • 布料

pin
l'épingle
die Stecknadel
針
大头针

thread
le fil
das Garn
糸
线

eye
l'œillet
die Öse
受け
领钩环

sewing basket • la corbeille à couture • der Nähkorb • 裁縫道具入れ • 针线筐

bobbin • la bobine • die Spule • ボビン • 线轴

hook • l'agrafe • der Haken • ホック • 领钩

thimble • le dé à coudre • der Fingerhut • 指ぬき • 顶针

tailor's chalk • la craie de tailleur • die Schneiderkreide • チャコ • 划粉

tailor's dummy • le mannequin • die Schneiderpuppe • 人台 • 人体模型

thread (*v*) • enfiler
• einfädeln • 糸を通す
• 穿针

stitch
le point
der Stich
縫い目
针脚

sew (*v*) • coudre
• nähen • 縫う • 缝

darn (*v*) • repriser
• stopfen • 繕う
• 织补

tack (*v*) • bâtir • heften
• 仮縫いする • 粗缝

cut (*v*) • couper
• schneiden • 裁断する
• 剪裁

needlepoint
• la tapisserie • die
Tapisserie • ニードルポイ
ント • 绒绣

embroidery • la
broderie • die Stickerei
• 刺繍 • 刺绣

crochet hook
le crochet
der Häkelhaken
クロシェット
钩针

crochet • le crochet
• das Häkeln • クロシェ
ット • 钩织

macramé • le macramé
• das Makramee • マクラ
メ編み • 流苏花边

patchwork
le patchwork
das Patchwork
パッチワーク
拼缝

lace bobbin • **le fuseau**
• **der Klöppel** • ボビン
• 线轴

loom • **le métier à**
tisser • **der Webstuhl**
• 織機 • 织布机

quilting • le ouatage
• das Wattieren • キルテ
ィング • 衍缝

lace-making • la dentelle
• die Spitzenklöppelei • レ
ース編み • 织边

weaving • le tissage
• die Weberei • 機織り
• 纺织

unpick (*v*)	nylon
défaire	le nylon
auftrennen	das Nylon
ほどく	ナイロン
拆开	尼龙
fabric	silk
le tissu	la soie
der Stoff	die Seide
生地	絹
布匹	丝绸
cotton	designer
le coton	le styliste
die Baumwolle	der Modedesigner
綿	デザイナー
棉布	设计师
linen	fashion
le lin	la mode
das Leinen	die Mode
リンネル	ファッション
亚麻布	时尚
polyester	zip
le polyester	la fermeture éclair
das Polyester	der Reißverschluss
ポリエステル	ファスナー
聚酯	拉链

knitting needle
l'aiguille à tricoter
die Stricknadel
編み棒
编织针

wool
la laine
die Wolle
ウール
毛线

knitting • le tricot • das Stricken
• 編み物 • 编织

skein • l'écheveau • der Strang
• かせ • 线束

environment
l'environnement
die Umwelt
環境
环境

space • l'espace • der Weltraum • 宇宙空間 • 宇宙空间

Mercury
la Mercure
der Merkur
水星
水星

Earth
la Terre
die Erde
地球
地球

Mars
la Mars
der Mars
火星
火星

Jupiter
la Jupiter
der Jupiter
木星
木星

Uranus
l'Uranus
der Uranus
天王星
天王星

Neptune
la Neptune
der Neptun
海王星
海王星

Venus
la Vénus
die Venus
金星
金星

Moon
la lune
der Mond
月
月球

Sun
le soleil
die Sonne
太陽
太阳

Saturn
la Saturne
der Saturn
土星
土星

tail
la queue
der Schweif
尾
彗尾

star
l'étoile
der Stern
星
星

solar system • le sytème solaire • das Sonnensystem • 太陽系 • 太阳系

galaxy • la galaxie • die Galaxie • ガラクシー • 星系

nebula • la nébuleuse • der Nebelfleck • 星雲 • 星云

asteroid • l'astéroïde • der Asteroid • 小惑星 • 小行星

comet • la comète • der Komet • 彗星 • 彗星

universe
l'univers
das Universum
宇宙
宇宙

black hole
le trou noir
das schwarze Loch
ブラックホール
黑洞

full moon
la pleine lune
der Vollmond
満月
满月

orbit
l'orbite
die Umlaufbahn
軌道
轨道

planet
la planète
der Planet
惑星
行星

new moon
la nouvelle lune
der Neumond
新月
新月

gravity
la pesanteur
die Schwerkraft
引力
重力

meteor
le météore
der Meteor
流星
流星

crescent moon
le croissant de lune
die Mondsichel
三日月
弦月

eclipse • l'éclipse • die Finsternis • 食 • (日、月)食

space exploration • l'exploration spatiale • die Raumforschung • 宇宙探検 • 太空探索

radar
le radar
der Radar
レーダー
雷达

space shuttle
la navette spatiale
die Raumfähre
スペースシャトル
航天飞机

space suit
le scaphandre spatial
der Raumanzug
宇宙服
太空服

thruster
la fusée d'orientation
die Steuerrakete
スラスター
助推器

crew hatch • le
sas d'équipage
• die Besatzungs-
luke • 搭乗ハッチ
• 舱门

booster
l'accélérateur
der Booster
ブースター
推进器

astronaut • l'astronaute
• der Astronaut • アストロノ
ート • 宇航员

lunar module • le module lunaire • die Mondfähre • 月着陸船
• 登月舱

launch pad • la rampe
de lancement
• die Abschussrampe
• 発射台
• 发射架

satellite • le satellite • der
Satellit • 人工衛星 • 人造卫星

launch • le lancement • der
Abschuss • 発射 • 发射

space station • la station spatiale • die Raumstation • 宇宙ステーシ
ョン • 空间站

astronomy • l'astronomie • die Astronomie • 天文学 • 天文学

constellation • la
constellation • das Sternbild
• 星座 • 星座

binoculars • les jumelles
• das Fernglas • 双眼鏡
• 双筒望远镜

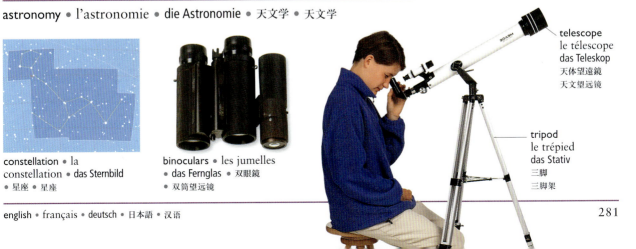

telescope
le télescope
das Teleskop
天体望遠鏡
天文望远镜

tripod
le trépied
das Stativ
三脚
三脚架

Earth · la terre · die Erde · 地球 · 地球

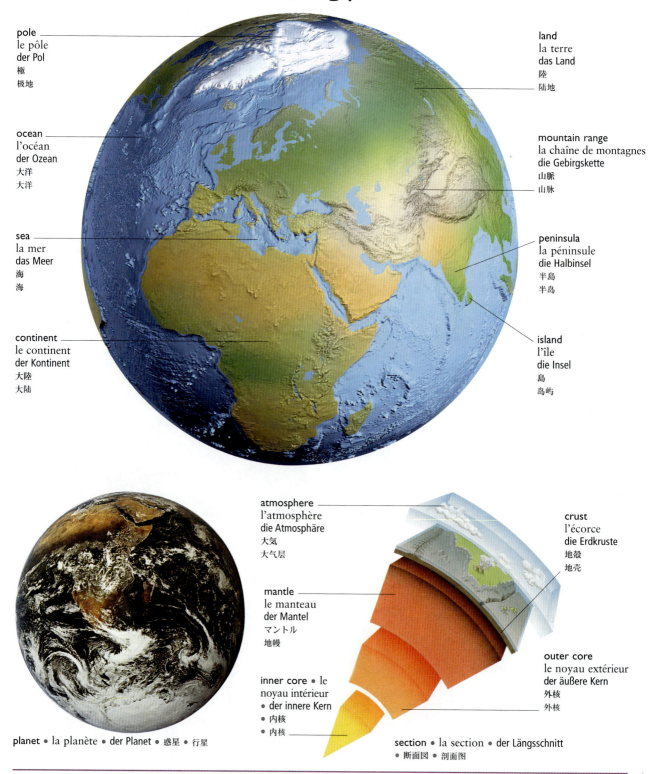

pole
le pôle
der Pol
極
极地

ocean
l'océan
der Ozean
大洋
大洋

sea
la mer
das Meer
海
海

continent
le continent
der Kontinent
大陸
大陆

land
la terre
das Land
陸
陆地

mountain range
la chaîne de montagnes
die Gebirgskette
山脈
山脉

peninsula
la péninsule
die Halbinsel
半島
半岛

island
l'île
die Insel
島
岛屿

atmosphere
l'atmosphère
die Atmosphäre
大気
大气层

crust
l'écorce
die Erdkruste
地殼
地壳

mantle
le manteau
der Mantel
マントル
地幔

outer core
le noyau extérieur
der äußere Kern
外核
外核

inner core · le
noyau intérieur
· der innere Kern
· 内核
· 内核

planet · la planète · der Planet · 惑星 · 行星

section · la section · der Längsschnitt
· 断面図 · 剖面图

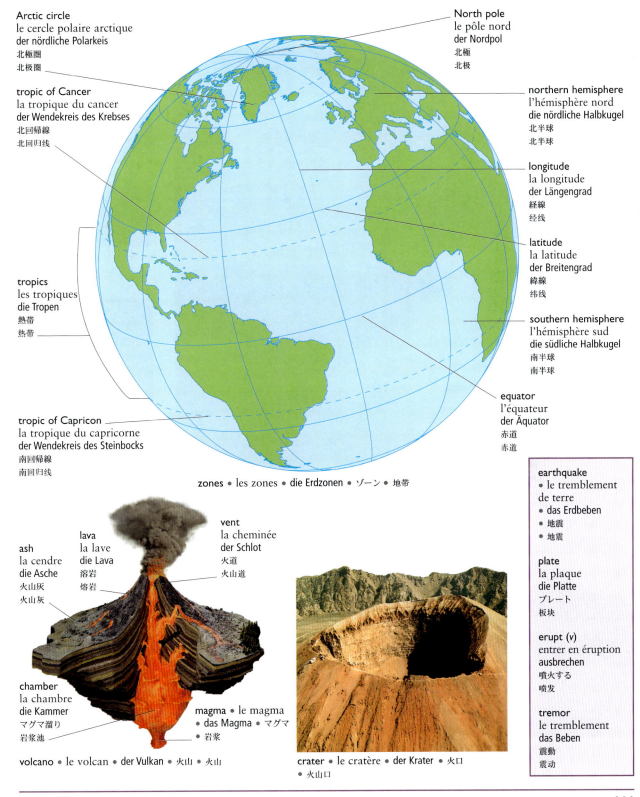

Arctic circle
le cercle polaire arctique
der nördliche Polarkeis
北極圏
北极圈

North pole
le pôle nord
der Nordpol
北極
北极

tropic of Cancer
la tropique du cancer
der Wendekreis des Krebses
北回帰線
北回归线

northern hemisphere
l'hémisphère nord
die nördliche Halbkugel
北半球
北半球

longitude
la longitude
der Längengrad
経線
经线

latitude
la latitude
der Breitengrad
緯線
纬线

tropics
les tropiques
die Tropen
熱帯
热带

southern hemisphere
l'hémisphère sud
die südliche Halbkugel
南半球
南半球

equator
l'équateur
der Äquator
赤道
赤道

tropic of Capricon
la tropique du capricorne
der Wendekreis des Steinbocks
南回帰線
南回归线

zones • les zones • die Erdzonen • ゾーン • 地帯

ash
la cendre
die Asche
火山灰
火山灰

lava
la lave
die Lava
溶岩
熔岩

vent
la cheminée
der Schlot
火道
火山道

chamber
la chambre
die Kammer
マグマ溜り
岩浆池

magma • le magma
• das Magma • マグマ
• 岩浆

volcano • le volcan • der Vulkan • 火山 • 火山

crater • le cratère • der Krater • 火口
• 火山口

earthquake
• le tremblement
de terre
• das Erdbeben
• 地震
• 地震

plate
la plaque
die Platte
プレート
板块

erupt (v)
entrer en éruption
ausbrechen
噴火する
喷发

tremor
le tremblement
das Beben
震動
震动

landscape • le paysage • die Landschaft • 地形 • 地貌

mountain
la montagne
der Berg
山
山

slope
la pente
der Hang
坂
山坡

bank
la rive
das Ufer
岸
河岸

river
la rivière
der Fluss
川
河流

rapids
les rapides
die Stromschnellen
早瀬
急流

rocks
les rochers
die Felsen
岩
岩石

glacier • le glacier
• der Gletscher • 氷河 • 冰河

valley • la vallée • das Tal
• 谷 • 山谷

hill • la colline • der Hügel
• 丘 • 丘陵

plateau • le plateau
• das Plateau • 高原 • 高原

gorge • la gorge • die Schlucht
• 峡谷 • 峡谷

cave • la caverne • die Höhle
• 洞窟 • 岩洞

plain • la plaine • die Ebene
• 平野 • 平原

desert • le désert • die Wüste
• 砂漠 • 沙漠

forest • la forêt • der Wald
• 森 • 森林

wood • le bois • der Wald
• 林 • 树林

rainforest • la forêt tropicale
• der Regenwald • 多雨林 • 雨林

swamp • le marais • der
Sumpf • 湿地 • 沼泽

meadow • le pré • die Wiese
label • 牧草地 • 草场

grassland • la prairie
• das Grasland • 草原 • 草原

waterfall • la cascade
• der Wasserfall • 滝 • 瀑布

stream • le ruisseau
• der Bach • 小川 • 溪流

lake • le lac • der See
• 湖 • 湖

geyser • le geyser • der Geysir
• 間欠泉 • 间歇喷泉

coast • la côte • die Küste
• 海岸 • 海岸

cliff • la falaise • die Klippe
• 断崖 • 悬崖

coral reef • le récif de corail
• das Korallenriff • サンゴ礁
• 珊瑚礁

estuary • l'estuaire • die
Flussmündung • 河口 • 河口

weather • le temps • das Wetter • 天気 • 天气

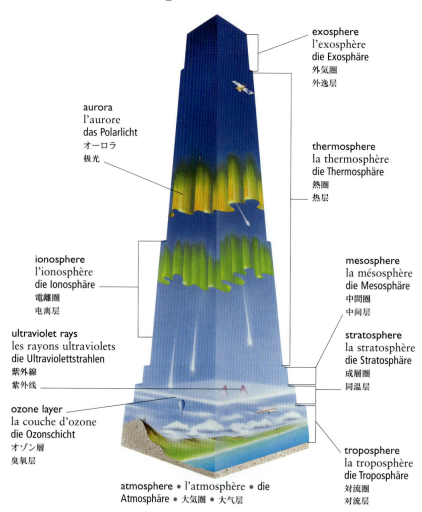

exosphere
l'exosphère
die Exosphäre
外気圏
外逸层

aurora
l'aurore
das Polarlicht
オーロラ
极光

thermosphere
la thermosphère
die Thermosphäre
熱圏
热层

ionosphere
l'ionosphère
die Ionosphäre
電離圏
电离层

mesosphere
la mésosphère
die Mesosphäre
中間圏
中间层

ultraviolet rays
les rayons ultraviolets
die Ultraviolettstrahlen
紫外線
紫外线

stratosphere
la stratosphère
die Stratosphäre
成層圏
同温层

ozone layer
la couche d'ozone
die Ozonschicht
オゾン層
臭氧层

troposphere
la troposphère
die Troposphäre
対流圏
对流层

atmosphere • l'atmosphère • die
Atmosphäre • 大気圏 • 大气层

sunshine • le soleil • der Sonnenschein
• 日光 • 阳光

wind • le vent • der Wind
• 風 • 风

sleet	shower	hot	dry	windy	I'm hot/cold.
la neige fondue	l'averse	(très) chaud	sec	venteux	J'ai chaud/froid.
der Schneeregen	der Schauer	heiß	trocken	windig	Mir ist heiß/kalt.
凍雨	にわか雨	暑い	乾燥した	風の強い	暑い／寒い。
雨夹雪	阵雨	热	干燥	多风	我热／冷。
hail	sunny	cold	wet	gale	It's raining.
la grêle	ensoleillé	froid	humide	la tempête	Il pleut.
der Hagel	sonnig	kalt	nass	der Sturm	Es regnet.
ヘール	晴れた	寒い	湿った	強風	雨が降っている。
冰雹	阳光明媚	冷	潮湿	狂风	正在下雨。
thunder	cloudy	warm	humid	temperature	It's ... degrees.
le tonnerre	nuageux	chaud	humide	la température	Il fait ... degrés.
der Donner	bewölkt	warm	feucht	die Temperatur	Es sind ... Grad.
雷	曇った	暖かい	湿気の多い	気温	…度である。
雷	多云	温暖	湿润	温度	…度。

cloud • le nuage • die Wolke • 雲 • 云

rain • la pluie • der Regen • 雨 • 雨

lightning • l'éclair • der Blitz
• 稲妻 • 闪电

storm • l'orage • das Gewitter
• 嵐 • 暴风雨

mist • la brume • der feine Nebel
• もや • 靄

fog • le brouillard • der dichte Nebel
• 霧 • 雾

rainbow • l'arc-en-ciel • der Regenbogen
• 虹 • 彩虹

icicle • le glaçon • der
Eiszapfen • つらら
• 冰柱

snow • la neige • der Schnee
• 雪 • 雪

frost • le givre • der Raureif
• 霜 • 霜

ice • la glace • das Eis
• 氷 • 冰

freeze • le gel • der Frost
• 凍結 • 结冰

hurricane • l'ouragan
• der Hurrikan • ハリケーン
• 飓风

tornado • la tornade
• der Tornado • トルネード
• 龙卷风

monsoon • la mousson
• der Monsun • モンスーン
• 季风

flood • l'inondation
• die Überschwemmung • 洪水
• 洪水

rocks • les roches • das Gestein • 岩 • 岩石

igneous • igné • eruptiv • 火成岩 • 火成岩

granite • le granit • der Granit • 花崗岩 • 花岗岩

obsidian • l'obsidienne • der Obsidian • 黑曜岩 • 黑曜岩

basalt • le basalte • der Basalt • 玄武岩 • 玄武岩

pumice • la pierre ponce • der Bimsstein • 軽石 • 浮石

sedimentary • sédimentaire • sedimentär • 堆積岩 • 沉积岩

sandstone • le grès • der Sandstein • 砂岩 • 砂岩

limestone • le calcaire • der Kalkstein • 石灰岩 • 石灰岩

chalk • la craie • die Kreide • チョーク • 白垩

flint • le silex • der Feuerstein • 燧石 • 燧石

conglomerate • le conglomérat • das Konglomerat • 礫岩 • 砾岩

coal • le charbon • die Kohle • 石炭 • 煤

metamorphic • métamorphique • metamorph • 変成岩 • 变质岩

slate • l'ardoise • der Schiefer • 粘板岩 • 板岩

schist • le schiste • der Schiefer • 片岩 • 页岩

gneiss • le gneiss • der Gneis • 片麻岩 • 片麻岩

marble • le marbre • der Marmor • 大理石 • 大理石

gems • les gemmes • die Schmucksteine • 宝石 • 宝石

ruby
le rubis
der Rubin
ルビー
红宝石

amethyst
l'améthyste
der Amethyst
アメシスト
紫水晶

jet
le jais
der Jett
黒玉
黒玉

opal
l'opale
der Opal
オパール
蛋白石

moonstone
la pierre de lune
der Mondstein
ムーンストーン
月长石

diamond
le diamant
der Diamant
ダイヤモンド
钻石

garnet
le grenat
der Granat
ガーネット
石榴石

topaz
le topaze
der Topas
トパーズ
黄玉

aquamarine
l'aigue-marine
der Aquamarin
アクアマリン
海蓝宝石

jade
le jade
der Jade
翡翠
玉石

emerald
l'émeraude
der Smaragd
エメラルド
绿宝石

sapphire
le saphir
der Saphir
サファイア
蓝宝石

tourmaline
la toumaline
der Turmalin
トルマリン
电气石

minerals • les minéraux • die Mineralien • 鉱物 • 矿物

quartz • le quartz
• der Quarz • 石英
• 石英

mica • le mica
• der Glimmer
• 雲母 • 云母

sulphur • le soufre
• der Schwefel
• 硫黄 • 硫磺

hematite • l'hématite
• der Hämatit • ヘマタイ
ト • 赤铁矿

calcite • la calcite
• der Kalzit • 方解石
• 方解石

malachite
• la malachite
• der Malachit
• クジャク石 • 孔雀石

turquoise • la
turquoise • der Türkis
• トルコ石 • 绿松石

onyx • l'onyx
• der Onyx • オニックス
• 缟玛瑙

agate • l'agate
• der Achat • 瑪瑙 • 玛瑙

graphite • le graphite
• der Graphit
• グラファイト • 石墨

metals • les métaux • die Metalle • 金属 • 金属

gold • l'or • das Gold
• 金 • 金

silver • l'argent
• das Silber • 銀 • 银

platinum • le platine
• das Platin • 白金 • 铂

nickel • le nickel
• das Nickel • ニッケル
• 镍

iron • le fer • das Eisen
• 鉄 • 铁

copper • le cuivre
• das Kupfer • 銅 • 铜

tin • l'étain • das
Zinn • スズ • 锡

aluminium
• l'aluminium • das
Aluminium • アルミニウム
• 铝

mercury • le mercure
• das Quecksilber • 水銀
• 汞

zinc • le zinc
• das Zink • 亜鉛
• 锌

animals 1 • les animaux 1 • die Tiere 1 • 動物 1 • 动物 1

mammals • les mammifères • die Säugetiere • 哺乳動物 • 哺乳动物

rabbit • le lapin
• das Kaninchen
• ウサギ • 兔子

hamster • le hamster
• der Hamster • ハムスター
• 仓鼠

whiskers
les poils
die Schnurrhaare
ひげ
腮須

mouse • la souris
• die Maus • ハツカネズ
ミ • 小家鼠

tail
la queue
der Schwanz
しっぽ
尾

rat • le rat • die Ratte
• ネズミ • 老鼠

hedgehog
• le hérisson • der Igel
• ハリネズミ • 刺猬

squirrel • l'écureuil
• das Eichhörnchen
• リス • 松鼠

bat • la chauve-souris
• die Fledermaus • コウモ
リ • 蝙蝠

raccoon • le raton laveur
• der Waschbär
• アライグマ • 浣熊

fox • le renard
• der Fuchs • キツネ
• 狐狸

wolf • le loup
• der Wolf • オオカミ • 狼

puppy
le chiot
der Welpe
子犬
小狗

dog • le chien • der Hund
• 犬 • 狗

kitten
le chaton
das Kätzchen
子猫
小猫

cat • le chat • die Katze
• 猫 • 猫

otter • la loutre • der Otter
• カワウソ • 水獺

pup
le bébé-phoque
das Junge
アザラシの子
小海豹

seal • le phoque • die Robbe
• アザラシ • 海豹

flipper
la nageoire
die Flosse
ひれ足
鳍状肢

blowhole
l'évent
das Atemloch
噴水孔
喷水孔

dolphin
• le dauphin
• der Delphin • イルカ
• 海豚

sea lion • l'otarie
• der Seelöwe • アシカ
• 海狮

walrus • le morse
• das Walross • セイウチ
• 海象

whale • la baleine • der Wal
• クジラ • 鲸

antler
la ramure
das Geweih
枝角
鹿角

deer • le cerf • der Hirsch
● シカ ● 鹿

mane
la crinière
die Mähne
たてがみ
鬃毛

zebra • le zèbre
● das Zebra ● シマウマ
● 斑马

hoof
le sabot
der Huf
ひづめ
蹄

giraffe • la girafe
● die Giraffe ● キリン
● 长颈鹿

hump • la bosse
● der Höcker ● こぶ
● 驼峰

camel • le chameau
● das Kamel ● ラクダ
● 骆驼

trunk • la trompe • der Rüssel
● 鼻 ● 象鼻

tusk
la défense
der Stoßzahn
牙
长牙

hippopotamus • le
hippopotame • das Nilpferd
● カバ ● 河马

elephant • l'éléphant
● der Elefant ● ゾウ ● 象

horn • la corne
● das Horn ● 角 ● 角

rhinoceros • le rhinocéros
● das Nashorn ● サイ ● 犀牛

tiger • le tigre • der Tiger
● トラ ● 虎

mane
la crinière
die Mähne
たてがみ
鬃毛

lion • le lion • der Löwe
● ライオン ● 狮子

monkey • le singe
● der Affe ● サル ● 猴子

gorilla • le gorille
● der Gorilla ● ゴリラ
● 大猩猩

koala • le koala • der Koalabär
● コアラ ● 树袋熊

pouch
la poche
der Beutel
育児袋
育儿袋

kangaroo • le kangourou
● das Känguru ● カンガルー
● 袋鼠

claw
la griffe
die Klaue
鉤爪
爪

bear • l'ours
● der Bär ● クマ
● 熊

polar bear • l'ours blanc
● der Eisbär ● シロクマ
● 北极熊

panda • le panda
● der Pandabär
● パンダ
● 熊猫

animals 2 • les animaux 2 • die Tiere 2 • 動物 2 • 动物 2

birds • les oiseaux • die Vögel • 鳥 • 鸟

tail
la queue
der Schwanz
尾
尾

canary • le canari • der Kanarienvogel • カナリア • 金丝雀

sparrow • le moineau • der Spatz • スズメ • 麻雀

hummingbird • le colibri • der Kolibri • ハチドリ • 蜂鸟

swallow • l'hirondelle • die Schwalbe • ツバメ • 燕子

crow • le corbeau • die Krähe • カラス • 乌鸦

pigeon • le pigeon • die Taube • ハト • 鸽子

woodpecker • le pic • der Specht • キツツキ • 啄木鸟

falcon • le faucon • der Falke • ハヤブサ • 隼

owl • la chouette • die Eule • フクロウ • 猫头鹰

gull • la mouette • die Möwe • カモメ • 海鸥

eagle • l'aigle • der Adler • タカ • 鹰

pelican • le pélican • der Pelikan • ペリカン • 鹈鹕

flamingo • le flamant • der Flamingo • フラミンゴ • 火烈鸟

stork • la cigogne • der Storch • コウノトリ • 鹳

crane • la grue • der Kranich • ツル • 鹤

penguin • le pingouin • der Pinguin • ペンギン • 企鹅

ostrich • l'autruche • der Strauß • ダチョウ • 鸵鸟

goose • l'oie • die Gans
● ガチョウ ● 鹅

swan • le cygne • der Schwan
● ハクチョウ ● 天鹅

peacock • le paon • der Pfau
● クジャク ● 孔雀

pheasant • le faisan
● der Fasan • キジ
● 雉

bill
le bec
der Schnabel
くちばし
喙

feather
la plume
die Feder
羽
羽毛

wing
l'aile
der Flügel
翼
翅膀

turkey • le dindon
● der Truthahn • シチメンチョウ
● 火鸡

claw
la griffe
die Kralle
鉤爪
爪

cockatoo
le cacatoès
der Kakadu
バタンインコ
美冠鹦鹉

parrot • le perroquet
● der Papagei • オウム
● 鹦鹉

reptiles • les reptiles • die Reptilien • 爬虫類 • 爬行动物

scales • les écailles
● die Schuppen • うろ
こ ● 鳞

alligator • l'alligator • der Alligator • アリゲーター
● 短吻鳄

lizard • le lézard • die Eidechse
● トカゲ ● 蜥蜴

iguana • l'iguane
● der Leguan • イグアナ
● 鬣蜥

shell
la carapace
der Panzer
甲羅
龟壳

turtle • la tortue marine
● die Wasserschildkröte • ウミガ
メ ● 海龟

tortoise • la tortue
● die Schildkröte • カメ
● 龟

snake • le serpent
● die Schlange
● ヘビ
● 蛇

snout
le museau
die Schnauze
鼻面
吻

crocodile • le crocodile
● das Krokodil • クロコダ
イル ● 鳄鱼

animals 3 • les animaux 3 • die Tiere 3 • 動物 3 • 动物 3

amphibians • les amphibiens • die Amphibien • 両生動物 • 两栖动物

frog • la grenouille • der Frosch • カエル • 蛙

toad • le crapaud • die Kröte • ヒキガエル • 蟾蜍

tadpole • le têtard • die Kaulquappe • オタマジャクシ • 蝌蚪

salamander • la salamandre • der Salamander • サラマンダー • 蝾螈

fish • les poissons • die Fische • 魚 • 鱼类

eel • l'anguille • der Aal • ウナギ • 鳗鱼

shark • le requin • der Haifisch • サメ • 鲨鱼

sea horse • l'hippocampe • das Seepferd • タツノオトシゴ • 海马

skate • la raie • der Glattrochen • ガンギエイ • 鳎鱼

ray • la raie • der Rochen • エイ • 虹鱼

goldfish • le poisson rouge • der Goldfisch • キンギョ • 金鱼

tail
la queue
der Schwanz
尾びれ
尾

dorsal fin
la nageoire dorsale
die Rückenflosse
背びれ
背鳍

pectoral fin
la nageoire pectorale
die Brustflosse
胸びれ
胸鳍

scale
l'écaille
die Schuppe
うろこ
鳞

gill
l'ouïe
die Kieme
鰓
鰓

swordfish • l'espadon • der Schwertfisch • メカジキ • 剑鱼

koi carp • la carpe koi • der Koikarpfen • コイ • 鲤鱼

english • français • deutsch • 日本語 • 汉语

invertebrates • les invertébrés • die Wirbellosen • 無脊椎動物 • 无脊椎动物

ant • la fourmi • die Ameise • アリ • 蚂蚁

termite • la termite • die Termite • シロアリ • 白蚁

bee • l'abeille • die Biene • ミツバチ • 蜜蜂

wasp • la guêpe • die Wespe • スズメバチ • 黄蜂

beetle • le scarabée • der Käfer • コガネムシ • 甲壳虫

cockroach • le cafard • der Kakerlak • ゴキブリ • 蟑螂

moth • le papillon • die Motte • ガ • 蛾

antenna
l'antenne
der Fühler
触角
触角

butterfly • le papillon • der Schmetterling • チョウ • 蝴蝶

cocoon • le cocon • der Kokon • 繭 • 茧

caterpillar • la chenille • die Raupe • イモムシ • 毛虫

cricket • le grillon • die Grille • コオロギ • 蟋蟀

grasshopper • la sauterelle • die Heuschrecke • バッタ • 蚱蜢

praying mantis • la mante religieuse • die Gottesanbeterin • カマキリ • 螳螂

sting
le dard
der Stachel
毒針
蜇针

scorpion • le scorpion • der Skorpion • サソリ • 蝎子

centipede • le mille-pattes • der Tausendfüßer • ムカデ • 蜈蚣

dragonfly • la libellule • die Libelle • トンボ • 蜻蜓

fly • la mouche • die Fliege • ハエ • 苍蝇

mosquito • le moustique • die Stechmücke • カ • 蚊子

ladybird • la coccinelle • der Marienkäfer • テントウムシ • 瓢虫

spider • l'araignée • die Spinne • クモ • 蜘蛛

slug • la limace • die Wegschnecke • ナメクジ • 蛞蝓

snail • l'escargot • die Schnecke • カタツムリ • 蜗牛

worm • le ver • der Wurm • ミミズ • 蚯蚓

starfish • l'étoile de mer • der Seestern • ヒトデ • 海星

mussel • la moule • die Muschel • イガイ • 贻贝

crab • le crabe • der Krebs • カニ • 螃蟹

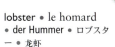

lobster • le homard • der Hummer • ロブスター • 龙虾

octopus • la pieuvre • der Seepolyp • タコ • 章鱼

squid • le calmar • der Tintenfisch • イカ • 鱿鱼

jellyfish • la méduse • die Qualle • クラゲ • 水母

plants • les plantes • die Pflanzen • 植物 • 植物

tree • l'arbre • der Baum • 木 • 树

branch
la branche
der Ast
枝
树枝

bark
l'écorce
die Rinde
樹皮
树皮

root
la racine
die Wurzel
根
根

trunk
le tronc
der Stamm
幹
树干

oak • le chêne • die Eiche • オーク • 橡树

leaf
la feuille
das Blatt
葉
叶

twig
la brindille
der Zweig
小枝
细枝

willow • le saule • die Weide • ヤナギ • 柳树

poplar • le peuplier • die Pappel • ポプラ • 白杨

eucalyptus • l'eucalyptus • der Eukalyptus • ユーカリ • 桉树

larch • le mélèze • die Lärche • カラマツ • 落叶松

beech • le hêtre • die Buche • ブナ • 山毛榉

birch • le bouleau • die Birke • カバノキ • 桦树

pine • le pin • die Kiefer • マツ • 松树

cedar • le cèdre • die Zeder • ヒマラヤスギ • 雪松

maple • l'érable • der Ahorn • カエデ • 枫树

elm • l'orme • die Ulme • ニレ • 榆树

lime • le tilleul • die Linde • シナノキ • 椴树

berry
la baie
die Beere
液果
浆果

holly • le houx • die Stechpalme • セイヨウヒイラギ • 冬青树

palm • le palmier • die Palme • ヤシ • 棕榈树

flowering plant • la plante à fleurs • die blühende Pflanze
• 顕花植物 • 显花植物

flower
la fleur
die Blüte
花
花

stamen
l'étamine
das Staubgefäß
雄しべ
雄蕊

petal
le pétale
das Blütenblatt
花弁
花瓣

calyx
le calice
der Kelch
萼
花萼

stalk
la tige
der Stängel
柄
叶梗

bud
le bouton
die Knospe
つぼみ
花蕾

stem
la tige
der Stiel
茎
主茎

buttercup • la renoncule
• der Hahnenfuß
• キンポウゲ • 毛茛

daisy • la pâquerette
• das Gänseblümchen
• ヒナギク • 雏菊

thistle • le chardon
• die Distel • アザミ
• 蓟

dandelion • le pissenlit
• der Löwenzahn • タン
ポポ • 蒲公英

heather • la bruyère
• das Heidekraut • ヒー
ス • 石南花

poppy • le coquelicot
• der Klatschmohn
• ケシ • 罂粟

foxglove • la digitale
• der Fingerhut
• ジギタリス • 毛地黄

honeysuckle • le
chèvrefeuille • das
Geißblatt • スイカズラ
• 忍冬

sunflower
• le tournesol
• die Sonnenblume
• ヒマワリ • 向日葵

clover • le trèfle
• der Klee • クローバー
• 苜蓿

bluebells • les jacinthes
des bois • die Stern-
hyazinthen • ブルーベル
• 野风信子

primrose • la
primevère • die
Schlüsselblume • サクラ
ソウ • 櫻草

lupins • les lupins
• die Lupinen • ルピナス
• 羽扇豆

nettle • l'ortie
• die Nessel • イラクサ
• 荨麻

town • la ville • die Stadt • 町 • 城镇

street
la rue
die Straße
通り
街道

kerb
le bord du trottoir
die Bordkante
縁
路沿

street corner
le coin de la rue
die Straßenecke
街角
街角

shop
le magasin
der Laden
店
商店

intersection
le carrefour
die Kreuzung
交差点
十字路口

one-way system
• la voie à sens
unique • die
Einbahnstraße
• 一方通行路
• 单行道

pavement
le trottoir
der Bürgersteig
歩道
人行道

office block
• l'immeuble de
bureaux • das
Bürogebäude
• オフィスビル
• 办公楼

apartment block
l'immeuble
der Wohnblock
アパート
公寓楼

alley
la ruelle
die Gasse
路地
小巷

car park
le parking
der Parkplatz
駐車場
停车场

street sign
le panneau de signalisation
das Straßenschild
道路標識
路标

bollard
la borne
der Poller
車よけ
安全岛护栏

street light
le lampadaire
die Straßenlaterne
街灯
路灯

buildings • les bâtiments • die Gebäude • 建築物 • 建筑物

town hall • la mairie • das Rathaus • 市庁 • 市政厅

library • la bibliothèque • die Bibliothek • 図書館 • 图书馆

cinema • le cinéma • das Kino • 映画館 • 电影院

theatre • le théâtre • das Theater • 劇場 • 剧院

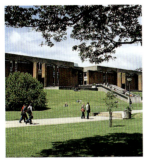

university • l'université • die Universität • 大学 • 大学

skyscraper • le gratte-ciel • der Wolkenkratzer • スカイスクレーパー • 摩天大楼

school • l'école • die Schule • 学校 • 学校

areas • les environs • die Wohngegend • 地域 • 区域

industrial estate • la zone industrielle • das Industriegebiet • 工業地区 • 工业区

city • la ville • die Stadt • 市街地 • 市区

suburb • la banlieue • der Vorort • 郊外 • 郊区

village • le village • das Dorf • 村 • 村庄

pedestrian zone la zone piétonnière die Fußgängerzone 歩行者専用区域 步行区	side street la rue transversale die Seitenstraße 横町 小街	manhole la bouche d'égout der Kanalschacht マンホール 检修井	gutter le caniveau der Rinnstein 排水溝 排水沟	church l'église die Kirche 教会 教堂
avenue l'avenue die Allee 大通り 林阴道	square la place der Platz 広場 广场	bus stop l'arrêt de bus die Bushaltestelle バス停 公共汽车站	factory l'usine die Fabrik 工場 工厂	drain l'égout der Kanal 下水溝 下水道

architecture • l'architecture • die Architektur • 建築 • 建筑

buildings and structures • les bâtiments et structures • die Gebäude und Strukturen • 建物とその構造 • 建筑与结构

skyscraper • le gratte-ciel • der Wolkenkratzer • スカイスクレーパー • 摩天大楼

turret
la tourelle
der Mauerturm
タレット
角楼

moat
la douve
der Burggraben
堀
壕沟

castle • le château • die Burg • 城 • 城堡

spire
la flèche
die Turmspitze
尖塔
尖顶

finial
le fleuron
die Kreuzblume
フィニアル（頂華）
尖顶饰

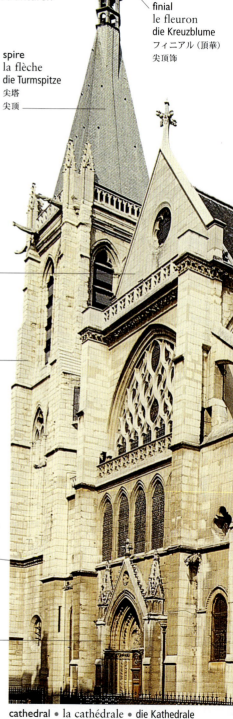

church • l'église • die Kirche • 教会 • 教堂

dome
le dôme
die Kuppel
ドーム
圓頂

mosque • la mosquée • die Moschee • モスク • 清真寺

gable
le pignon
der Giebel
切妻
三角墙

tower
la tour
der Turm
塔
塔

vault
la voûte
das Gewölbe
ボールト
拱型圆顶

cornice
la corniche
das Gesims
コーニス
檐口

temple • le temple • der Tempel • 寺 • 寺庙

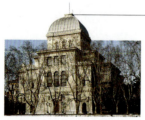

synagogue • la synagogue • die Synagoge • シナゴーグ • 犹太教会堂

pillar
la colonne
die Säule
柱
柱

dam • le barrage • der Staudamm • ダム • 水坝

bridge • le pont • die Brücke • 橋 • 桥梁

cathedral • la cathédrale • die Kathedrale • 大聖堂 • 大教堂

styles • les styles • die Baustile • 様式 • 建筑风格

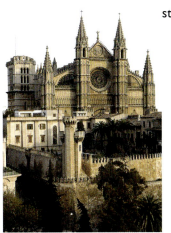

gothic • gothique • gotisch • ゴシック • 哥特式

architrave
l'architrave
der Architrav
アーキトレーブ
柱顶楣梁

Renaissance • Renaissance • Renaissance- • ルネサンス • 文艺复兴时期风格

baroque • baroque • barock • バロック • 巴洛克式

arch
l'arc
der Bogen
アーチ
拱

frieze
la frise
der Fries
フリーズ
檐壁

choir
le chœur
der Chor
内陣
圣坛

rococo • rococo • Rokoko- • ロココ • 洛可可式

pediment
le fronton
das Giebeldreieck
ペディメント
三角楣

buttress
le contrefort
der Strebepfeiler
バトレス
扶墙

neoclassical • néoclassique • klassizistisch • 新古典主義 • 新古典主义风格

art nouveau • art nouveau • der Jugendstil • アールヌーボー • 新艺术风格

art deco • art déco • Art-déco- • アールデコ • 装饰艺术风格

reference
l'information
die Information
日用便览
日常便览

time • l'heure • die Uhrzeit • 時間 • 时间

minute hand
la grande aiguille
der Minutenzeiger
長針
分针

hour hand
la petite aiguille
der Stundenzeiger
短針
时针

second la seconde die Sekunde 秒 秒	now maintenant jetzt 今 现在	a quarter of an hour un quart d'heure eine Viertelstunde 15分 一刻钟
minute la minute die Minute 分 分钟	later plus tard später 後に 以后	twenty minutes vingt minutes zwanzig Minuten 20分 二十分钟
hour l'heure die Stunde 時 小时	half an hour une demi-heure eine halbe Stunde 30分 半小时	forty minutes quarante minutes vierzig Minuten 40分 四十分钟

What time is it?
Quelle heure est-il?
Wie spät ist es?
何時ですか？
几点了？

It's three o'clock.
Il est trois heures.
Es ist drei Uhr.
3時です。
三点了。

clock • l'horloge • die Uhr • 時計 • 钟表

five past one • une heure cinq
• fünf nach eins • 1時5分
• 一点五分

ten past one • une heure dix
• zehn nach eins • 1時10分
• 一点十分

quarter past one • une heure
et quart • Viertel nach eins
• 1時15分 • 一点十五分

twenty past one • une heure
vingt • zwanzig nach eins
• 1時20分 • 一点二十分

second hand
• la trotteuse
• der
Sekundenzeiger
• 秒針
• 秒针

twenty five past one • une
heure vingt-cinq • fünf vor halb
zwei • 1時25分
• 一点二十五分

one thirty • une heure trente
• ein Uhr dreißig • 1時30分
• 一点半

twenty five to two • deux
heures moins vingt-cinq • fünf
nach halb zwei • 1時35分
• 一点三十五分

twenty to two • deux heures
moins vingt • zwanzig vor
zwei • 1時40分 • 一点四十分

quarter to two • deux heures
moins le quart
• Viertel vor zwei • 1時45分
• 一点四十五分

ten to two • deux heures
moins dix • zehn vor zwei
• 1時50分 • 一点五十分

five to two • deux heures
moins cinq • fünf vor zwei
• 1時55分 • 一点五十五分

two o'clock • deux heures
• zwei Uhr • 2時 • 两点钟

night and day • la nuit et le jour • die Nacht und der Tag • 夜と昼 • 昼夜

midnight • le minuit • die Mitternacht • 真夜中 • 午夜

sunrise • le lever du soleil • der Sonnenaufgang • 日の出 • 日出

dawn • l'aube • die Morgendämmerung • 夜明け • 拂晓

morning • le matin • der Morgen • 朝 • 早晨

sunset • le coucher du soleil • der Sonnenuntergang • 日の入 • 日落

midday • (le) midi • der Mittag • 正午 • 正午

dusk • le crépuscule • die Abenddämmerung • 夕暮れ • 黄昏

evening • le soir • der Abend • 夕方 • 傍晚

afternoon • l'après-midi • der Nachmittag • 午後 • 下午

early	You're early.	Please be on time.	What time does it finish?
tôt	Tu es en avance.	Sois à l'heure, s'il te plaît.	Ça finit à quelle heure?
früh	Du bist früh.	Sei bitte pünktlich.	Wann ist es zu Ende?
早い	早く着きましたね。	時間を守ってください。	何時に終わりますか？
早	你来早了。	请准时些。	几点结束?
on time	You're late.	I'll see you later.	How long will it last?
à l'heure	Tu es en retard.	À tout à l'heure.	Ça dure combien de temps?
pünktlich	Du hast dich verspätet.	Bis später.	Wie lange dauert es?
定刻に	遅刻ですよ。	では後ほど。	どれぐらい続きますか？
准时	你迟到了。	待会儿见。	会持续多久?
late	I'll be there soon.	What time does it start?	It's getting late.
tard	J'y arriverai bientôt.	Ça commence à quelle heure?	Il se fait tard.
spät	Ich werde bald dort sein.	Wann fängt es an?	Es ist schon spät.
遅い	すぐに行きます。	何時に始まりますか？	もう遅くなりました。
迟	我马上就到。	几点开始?	天晚了。

calendar • le calendrier • der Kalender • カレンダー • 日历

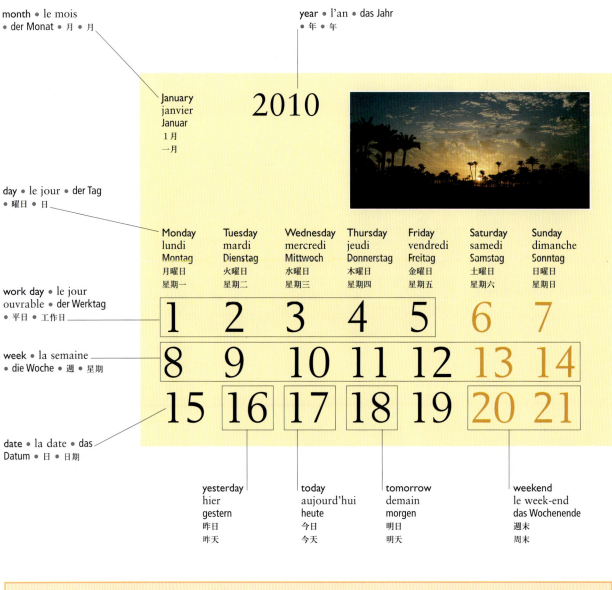

month • le mois
• der Monat • 月 • 月

year • l'an • das Jahr
• 年 • 年

January
janvier
Januar
1月
一月

2010

day • le jour • der Tag
• 曜日 • 日

Monday	Tuesday	Wednesday	Thursday	Friday	Saturday	Sunday
lundi	mardi	mercredi	jeudi	vendredi	samedi	dimanche
Montag	Dienstag	Mittwoch	Donnerstag	Freitag	Samstag	Sonntag
月曜日	火曜日	水曜日	木曜日	金曜日	土曜日	日曜日
星期一	星期二	星期三	星期四	星期五	星期六	星期日
1	2	3	4	5	6	7
8	9	10	11	12	13	14
15	16	17	18	19	20	21

work day • le jour
ouvrable • der Werktag
• 平日 • 工作日

week • la semaine
• die Woche • 週 • 星期

date • la date • das
Datum • 日 • 日期

yesterday
hier
gestern
昨日
昨天

today
aujourd'hui
heute
今日
今天

tomorrow
demain
morgen
明日
明天

weekend
le week-end
das Wochenende
週末
周末

January	March	May	July	September	November
janvier	mars	mai	juillet	septembre	novembre
Januar	März	Mai	Juli	September	November
1月	3月	5月	7月	9月	11月
一月	三月	五月	七月	九月	十一月
February	April	June	August	October	December
février	avril	juin	août	octobre	décembre
Februar	April	Juni	August	Oktober	Dezember
2月	4月	6月	8月	10月	12月
二月	四月	六月	八月	十月	十二月

years • les ans • die Jahre • 年数 • 年

1900   nineteen hundred • mille neuf cents • neunzehnhundert • 千九百年 • 一九〇〇年

1901   nineteen hundred and one • mille neuf cent un • neunzehnhunderteins • 千九百一年 • 一九〇一年

1910   nineteen ten • mille neuf cent dix • neunzehnhundertzehn • 千九百十年 • 一九一〇年

2000   two thousand • deux mille • zweitausend • 二千年 • 二〇〇〇年

2001   two thousand and one • deux mille un • zweitausendeins • 二千一年 • 二〇〇一年

seasons • les saisons • die Jahreszeiten • 季節 • 季节

spring • le printemps • der Frühling • 春 • 春天

summer • l'été • der Sommer • 夏 • 夏天

autumn • l'automne • der Herbst • 秋 • 秋天

winter • l'hiver • der Winter • 冬 • 冬天

---

century • le siècle • das Jahrhundert • 世紀 • 世纪

decade • la décennie • das Jahrzehnt • 十年間 • 十年

millennium • le millénaire • das Jahrtausend • 千年間 • 千年

fortnight • quinze jours • vierzehn Tage • 2週間 • 两周

this week • cette semaine • diese Woche • 今週 • 本周

last week • la semaine dernière • letzte Woche • 先週 • 上周

next week • la semaine prochaine • nächste Woche • 来週 • 下周

the day before yesterday • avant-hier • vorgestern • おととい • 前天

the day after tomorrow • après-demain • übermorgen • あさって • 后天

weekly • hebdomadaire • wöchentlich • 毎週の • 每周

monthly • mensuel • monatlich • 毎月の • 每月

annual • annuel • jährlich • 毎年の • 每年

What's the date today?
Quelle est la date aujourd'hui?
Welches Datum haben wir heute?
今日は何日ですか？
今天几号？

It's February seventh, two thousand and two.
C'est le sept février deux mille deux.
Heute ist der siebte Februar zweitausendzwei.
２００２年の２月７日です。
今天是二〇〇二年二月七日。

---

numbers • les nombres • die Zahlen • 数 • 数字

0   zero • zéro • null • 零 • 零

1   one • un • eins • 一 • 一

2   two • deux • zwei • 二 • 二

3   three • trois • drei • 三 • 三

4   four • quatre • vier • 四 • 四

5   five • cinq • fünf • 五 • 五

6   six • six • sechs • 六 • 六

7   seven • sept • sieben • 七 • 七

8   eight • huit • acht • 八 • 八

9   nine • neuf • neun • 九 • 九

10   ten • dix • zehn • 十 • 十

11   eleven • onze • elf • 十一 • 十一

12   twelve • douze • zwölf • 十二 • 十二

13   thirteen • treize • dreizehn • 十三 • 十三

14   fourteen • quatorze • vierzehn • 十四 • 十四

15   fifteen • quinze • fünfzehn • 十五 • 十五

16   sixteen • seize • sechzehn • 十六 • 十六

17   seventeen • dix-sept • siebzehn • 十七 • 十七

18   eighteen • dix-huit • achtzehn • 十八 • 十八

19   nineteen • dix-neuf • neunzehn • 十九 • 十九

20   twenty • vingt • zwanzig • 二十 • 二十

21   twenty-one • vingt et un • einundzwanzig • 二十一 • 二十一

22   twenty-two • vingt-deux • zweiundzwanzig • 二十二 • 二十二

30   thirty • trente • dreißig • 三十 • 三十

40   forty • quarante • vierzig • 四十 • 四十

50   fifty • cinquante • fünfzig • 五十 • 五十

60   sixty • soixante • sechzig • 六十 • 六十

70   seventy • soixante-dix • siebzig • 七十 • 七十

80   eighty • quatre-vingts • achtzig • 八十 • 八十

90   ninety • quatre-vingt-dix • neunzig • 九十 • 九十

100   one hundred • cent • hundert • 百 • 一百

110   one hundred and ten • cent dix • hundertzehn • 百十 • 一百一十

200   two hundred • deux cents • zweihundert • 二百 • 二百

300   three hundred • trois cents • dreihundert • 三百 • 三百

400   four hundred • quatre cents • vierhundert • 四百 • 四百

500   five hundred • cinq cents • fünfhundert • 五百 • 五百

600   six hundred • six cents • sechshundert • 六百 • 六百

700   seven hundred • sept cents • siebenhundert • 七百 • 七百

800   eight hundred • huit cents • achthundert • 八百 • 八百

900   nine hundred • neuf cents • neunhundert • 九百 • 九百

1000 one thousand • mille • tausend • 一千 • 一千

10,000 ten thousand • dix mille • zehntausend • 一万 • 一万

20,000 twenty thousand • vingt mille • zwanzigtausend • 二万 • 两万

50,000 fifty thousand • cinquante mille • fünfzigtausend • 五万 • 五万

55,500 fifty-five thousand five hundred • cinqante-cinq mille cinq cents • fünfundfünfzigtausend-fünfhundert • 五万五千五百 • 五万五千五百

100,000 one hundred thousand • cent mille • hunderttausend • 十万 • 十万

1,000,000 one million • un million • eine Million • 百万 • 一百万

1,000,000,000 one billion • un milliard • eine Milliarde • 十億 • 十亿

first
premier
erster
第一
第一

second
deuxième
zweiter
第二
第二

third
troisième
dritter
第三
第三

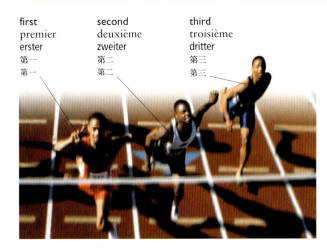

fourth • quatrième • vierter • 第四 • 第四

fifth • cinquième • fünfter • 第五 • 第五

sixth • sixième • sechster • 第六 • 第六

seventh • septième • siebter • 第七 • 第七

eighth • huitième • achter • 第八 • 第八

ninth • neuvième • neunter • 第九 • 第九

tenth • dixième • zehnter • 第十 • 第十

eleventh • onzième • elfter • 第十一 • 第十一

twelfth • douzième • zwölfter • 第十二 • 第十二

thirteenth • treizième • dreizehnter • 第十三 • 第十三

fourteenth • quatorzième • vierzehnter • 第十四 • 第十四

fifteenth • quinzième • fünfzehnter • 第十五 • 第十五

sixteenth • seizième • sechzehnter • 第十六 • 第十六

seventeenth • dix-septième • siebzehnter • 第十七 • 第十七

eighteenth • dix-huitième • achtzehnter • 第十八 • 第十八

nineteenth • dix-neuvième • neunzehnter • 第十九 • 第十九

twentieth • vingtième • zwanzigster • 第二十 • 第二十

twenty-first • vingt et unième • einundzwanzigster • 第二十一 • 第二十一

twenty-second • vingt-deuxième • zweiundzwanzigster • 第二十二 • 第二十二

twenty-third • vingt-troisième • dreiundzwanzigster • 第二十三 • 第二十三

thirtieth • trentième • dreißigster • 第三十 • 第三十

fortieth • quarantième • vierzigster • 第四十 • 第四十

fiftieth • cinquantième • fünfzigster • 第五十 • 第五十

sixtieth • soixantième • sechzigster • 第六十 • 第六十

seventieth • soixante-dixième • siebzigster • 第七十 • 第七十

eightieth • quatre-vingtième • achtzigster • 第八十 • 第八十

ninetieth • quatre-vingt-dixième • neunzigster • 第九十 • 第九十

one hundredth • centième • hundertster • 第百 • 第一百

weights and measures • les poids et mesures • die Maße und Gewichte • 度量衡 • 度量衡

area • la superficie • die Fläche • 面積 • 面积

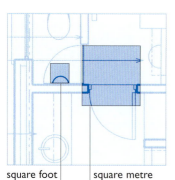

square foot
le pied carré
der Quadratfuß
平方フィート
平方英尺

square metre
le mètre carré
der Quadratmeter
平方メートル
平方米

distance • la distance • die Entfernung • 距離 • 距离

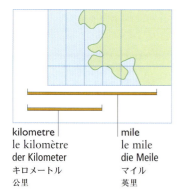

kilometre
le kilomètre
der Kilometer
キロメートル
公里

mile
le mile
die Meile
マイル
英里

pan • le plateau • die Waagschale • 皿 • 秤盘

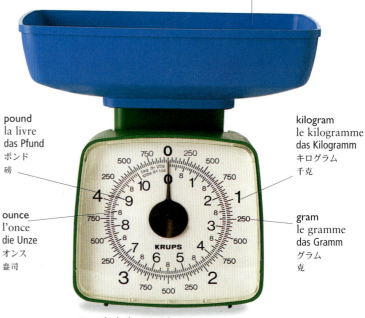

pound
la livre
das Pfund
ポンド
磅

ounce
l'once
die Unze
オンス
盎司

kilogram
le kilogramme
das Kilogramm
キログラム
千克

gram
le gramme
das Gramm
グラム
克

scales • la balance • die Waage • はかり • 磅秤

yard	tonne	measure (v)
le yard	la tonne	mesurer
das Yard	die Tonne	messen
ヤード	トン	測定する
码	吨	测量
metre	milligram	weigh (v)
le mètre	le milligramme	peser
der Meter	das Milligramm	wiegen
メートル	ミリグラム	重さを量る
米	毫克	称重量

length • la longueur • die Länge • 長さ • 长度

foot • le pied • der Fuß • フィート • 英尺

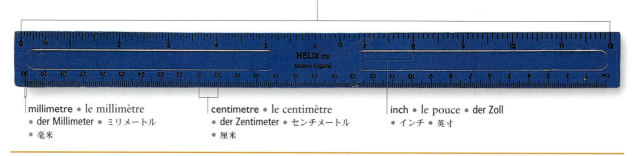

millimetre • le millimètre • der Millimeter • ミリメートル • 毫米

centimetre • le centimètre • der Zentimeter • センチメートル • 厘米

inch • le pouce • der Zoll • インチ • 英寸

english • français • deutsch • 日本語 • 汉语

capacity • la capacité • das Fassungsvermögen • 容量 • 容量

half-litre • le demi-litre • der halbe Liter • 半リットル • 半升

pint • la pinte • das Pint • パイント • 品脱

volume • le volume • das Volumen • 容積 • 容积

millilitre • le millilitre • der Milliliter • ミリリットル • 毫升

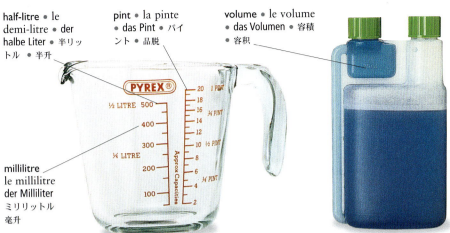

measuring jug • le pot gradué • der Messbecher • 計量カップ • 量壺

liquid measure • la mesure pour les liquides • das Flüssigkeitsmaß • 液量 • 液体量器

gallon
le gallon
die Gallone
ガロン
加仑

quart
deux pintes
das Quart
クォート
夸脱

litre
le litre
der Liter
リットル
升

container • le récipient • der Behälter • 容器 • 容器

carton • le carton • die Tüte • カートン • 硬纸盒

packet • le paquet • das Päckchen • 包み • 包

bottle • la bouteille • die Flasche • 瓶 • 瓶

bag • le sac • der Beutel • 袋 • 袋

tub • le pot • die Dose • 鉢 • 盒(存放食品)

jar • le pot • das Glas • 広口瓶 • 广口瓶

can • la boîte • die Dose • 缶 • 罐

tin • la boîte • die Dose • 缶詰め • 罐头盒

liquid dispenser • le pulvérisateur • die Spritze • スプレー • 喷水器

bar
le pain
das Stück
塊
块

tube • le tube • die Tube • チューブ • 软管

roll • le rouleau • die Rolle • 巻き • 卷

pack • le paquet • das Päckchen • 紙箱 • 包装盒

spray can • la bombe • die Sprühdose • スプレー缶 • 喷雾罐

world map • la carte du monde • die Weltkarte • 世界地図 • 世界地图

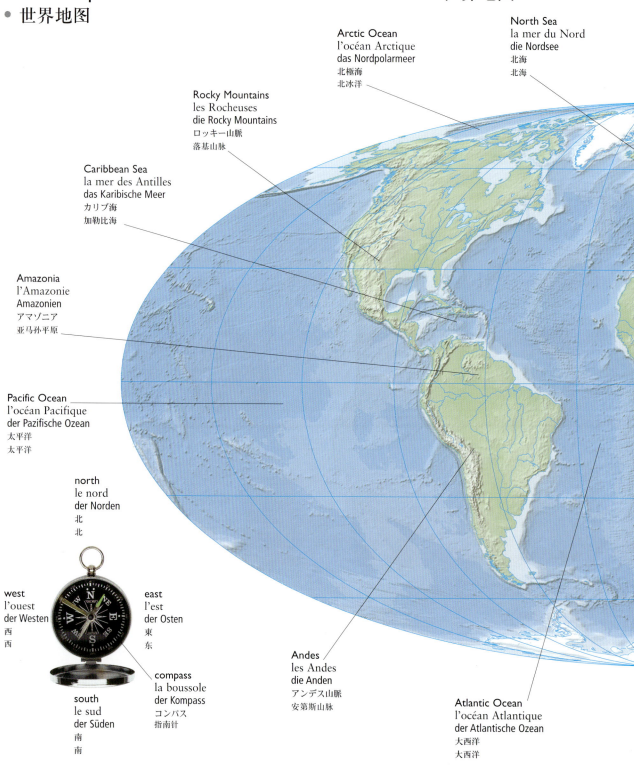

Arctic Ocean
l'océan Arctique
das Nordpolarmeer
北極海
北冰洋

North Sea
la mer du Nord
die Nordsee
北海
北海

Rocky Mountains
les Rocheuses
die Rocky Mountains
ロッキー山脈
落基山脉

Caribbean Sea
la mer des Antilles
das Karibische Meer
カリブ海
加勒比海

Amazonia
l'Amazonie
Amazonien
アマゾニア
亚马孙平原

Pacific Ocean
l'océan Pacifique
der Pazifische Ozean
太平洋
太平洋

north
le nord
der Norden
北
北

west
l'ouest
der Westen
西
西

east
l'est
der Osten
東
东

south
le sud
der Süden
南
南

compass
la boussole
der Kompass
コンパス
指南针

Andes
les Andes
die Anden
アンデス山脈
安第斯山脉

Atlantic Ocean
l'océan Atlantique
der Atlantische Ozean
大西洋
大西洋

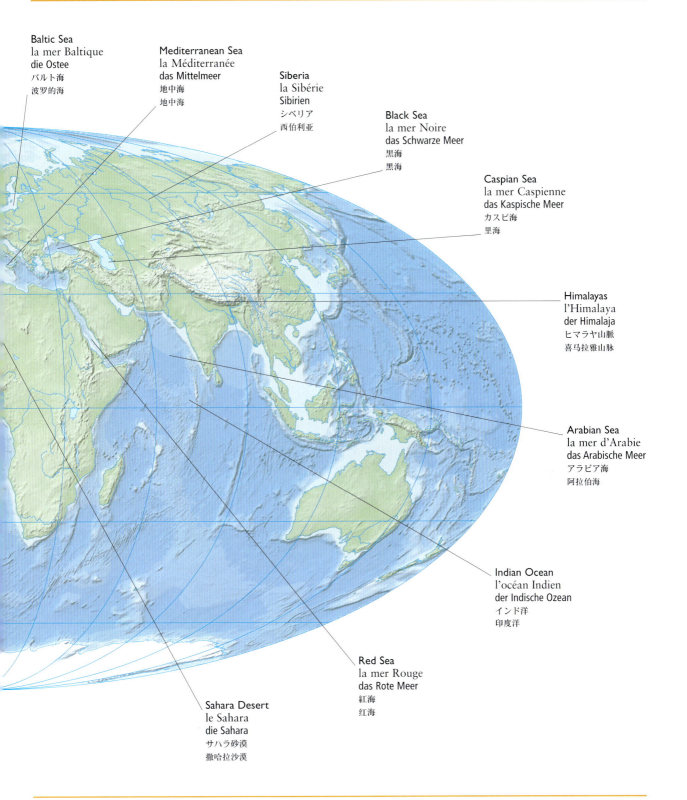

Baltic Sea
la mer Baltique
die Ostee
バルト海
波罗的海

Mediterranean Sea
la Méditerranée
das Mittelmeer
地中海
地中海

Siberia
la Sibérie
Sibirien
シベリア
西伯利亚

Black Sea
la mer Noire
das Schwarze Meer
黒海
黑海

Caspian Sea
la mer Caspienne
das Kaspische Meer
カスピ海
里海

Himalayas
l'Himalaya
der Himalaja
ヒマラヤ山脈
喜马拉雅山脉

Arabian Sea
la mer d'Arabie
das Arabische Meer
アラビア海
阿拉伯海

Indian Ocean
l'océan Indien
der Indische Ozean
インド洋
印度洋

Red Sea
la mer Rouge
das Rote Meer
紅海
红海

Sahara Desert
le Sahara
die Sahara
サハラ砂漠
撒哈拉沙漠

North America • l'Amérique du Nord • Nordamerika • 北アメリカ • 北美洲

Hawaii • Hawaii • Hawaii • ハワイ • 夏威夷

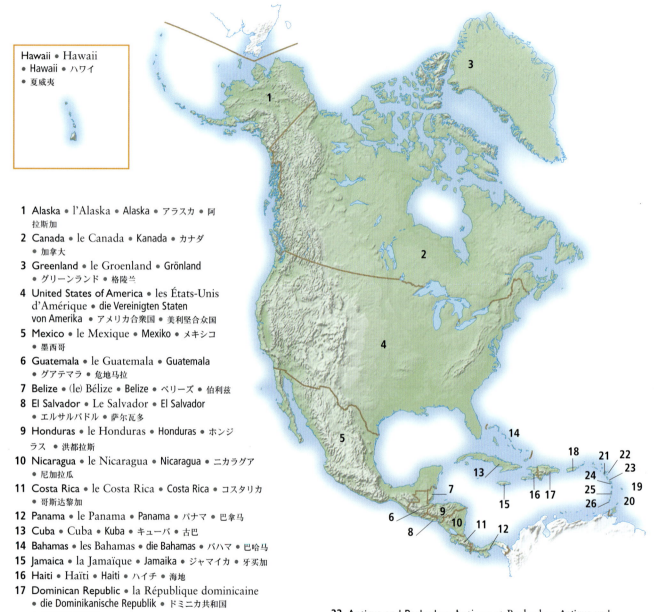

1 Alaska • l'Alaska • Alaska • アラスカ • 阿拉斯加

2 Canada • le Canada • Kanada • カナダ • 加拿大

3 Greenland • le Groenland • Grönland • グリーンランド • 格陵兰

4 United States of America • les États-Unis d'Amérique • die Vereinigten Staten von Amerika • アメリカ合衆国 • 美利坚合众国

5 Mexico • le Mexique • Mexiko • メキシコ • 墨西哥

6 Guatemala • le Guatemala • Guatemala • グアテマラ • 危地马拉

7 Belize • (le) Bélize • Belize • ベリーズ • 伯利兹

8 El Salvador • Le Salvador • El Salvador • エルサルバドル • 萨尔瓦多

9 Honduras • le Honduras • Honduras • ホンジラス • 洪都拉斯

10 Nicaragua • le Nicaragua • Nicaragua • ニカラグア • 尼加拉瓜

11 Costa Rica • le Costa Rica • Costa Rica • コスタリカ • 哥斯达黎加

12 Panama • le Panama • Panama • パナマ • 巴拿马

13 Cuba • Cuba • Kuba • キューバ • 古巴

14 Bahamas • les Bahamas • die Bahamas • バハマ • 巴哈马

15 Jamaica • la Jamaïque • Jamaika • ジャマイカ • 牙买加

16 Haiti • Haïti • Haiti • ハイチ • 海地

17 Dominican Republic • la République dominicaine • die Dominikanische Republik • ドミニカ共和国 • 多米尼加共和国

18 Puerto Rico • la Porto Rico • Puerto Rico • プエルトリコ • 波多黎各

19 Barbados • la Barbade • Barbados • バルバドス • 巴巴多斯

20 Trinidad and Tobago • la Trinité-et-Tobago • Trinidad und Tobago • トリニダードトバゴ • 特立尼达和多巴哥

21 St. Kitts and Nevis • Saint-Kitts-et-Nevis • Saint Kitts und Nevis • セントクリストファー・ネイビス • 圣基茨和尼维斯

22 Antigua and Barbuda • Antigua-et-Barbuda • Antigua und Barbuda • アンティグア・バーブーダ • 安提瓜和巴布达

23 Dominica • la Dominique • Dominica • ドミニカ • 多米尼克

24 St Lucia • Sainte-Lucie • Saint Lucia • セントルシア • 圣卢西亚

25 St Vincent and Grenadines • Saint-Vincent-et-les-Grenadines • Saint Vinzent und die Grenadinen • セントビンセント・グレナディーン • 圣文森特和格林纳丁斯

26 Grenada • la Grenade • Grenada • グレナダ • 格林纳达

South America • l'Amérique du Sud • Südamerika • 南アメリカ • 南美洲

1 Venezuela • le Venezuela • Venezuela • ベネズエラ • 委内瑞拉

2 Colombia • la Colombie • Kolumbien • コロンビア • 哥伦比亚

3 Ecuador • l'Équateur • Ecuador • エクアドル • 厄瓜多尔

4 Peru • le Pérou • Peru • ペルー • 秘鲁

5 Galapagos Islands • les îles Galapagos • die Galapagosinseln • ガラパゴス諸島 • 加拉帕戈斯群岛

6 Guyana • la Guyane • Guyana • ガイアナ • 圭亚那

7 Suriname • le Surinam • Suriname • スリナム • 苏里南

8 French Guiana • la Guyane française • Französisch-Guayana • 仏領ギアナ • 法属圭亚那

9 Brazil • le Brésil • Brasilien • ブラジル • 巴西

10 Bolivia • la Bolivie • Bolivien • ボリビア • 玻利维亚

11 Chile • le Chili • Chile • チリ • 智利

12 Argentina • l'Argentine • Argentinien • アルゼンチン • 阿根廷

13 Paraguay • le Paraguay • Paraguay • パラグアイ • 巴拉圭

14 Uruguay • l'Uruguay • Uruguay • ウルグアイ • 乌拉圭

15 Falkland Islands • les îles Malouines • die Falklandinseln • フォークランド諸島 • 马尔维纳斯群岛（福克兰群岛）（阿根廷、英国有争议）

continent	province	zone
le continent	la province	la zone
der Kontinent	die Provinz	die Zone
大陸	州	地帯
大陆	省	地域
country	territory	district
le pays	le territoire	le district
das Land	das Territorium	der Bezirk
国	準州, 領土	ディストリクト
国家	領土	行政区
nation	principality	region
la nation	la principauté	la région
die Nation	das Fürstentum	die Region
民族	公国	地域
民族	公国	地区
state	colony	capital
l'État	la colonie	la capitale
der Staat	die Kolonie	die Hauptstadt
主権国家	植民地	首都
主权国家	殖民地	首都

Europe • l'Europe • Europa • ヨーロッパ • 欧洲

1 Iceland • l'Islande • Island
• アイスランド • 冰岛

2 Ireland • l'Irlande • Irland
• アイルランド • 爱尔兰

3 United Kingdom • le Royaume-Uni
• das Vereinigte Königreich
• イギリス • 英国

4 Portugal • le Portugal • Portugal
• ポルトガル • 葡萄牙

5 Spain • l'Espagne • Spanien • スペイン
• 西班牙

6 Balearic Islands • les Baléares
• die Balearen • バレアレス諸島
• 巴利阿里群岛(西)

7 Andorra • l'Andorre • Andorra
• アンドラ • 安道尔

8 France • la France • Frankreich
• フランス • 法国

9 Belgium • la Belgique • Belgien
• ベルギー • 比利时

10 Netherlands • les Pays-Bas
• die Niederlande • オランダ • 荷兰

11 Luxembourg • le Luxembourg
• Luxemburg • ルクセンブルク • 卢森堡

12 Germany • l'Allemagne • Deutschland
• ドイツ • 德国

13 Denmark • le Danemark • Dänemark
• デンマーク • 丹麦

14 Norway • la Norvège • Norwegen
• ノルウェー • 挪威

15 Sweden • la Suède • Schweden
• スウェーデン • 瑞典

16 Finland • la Finlande • Finnland
• フィンランド • 芬兰

17 Estonia • l'Estonie • Estland
• エストニア • 爱沙尼亚

18 Latvia • la Lettonie • Lettland
• ラトビア • 拉脱维亚

19 Lithuania • la Lituanie • Litauen
• リトアニア • 立陶宛

20 Kaliningrad • Kaliningrad
• Kaliningrad • カリーニングラード
• 加里宁格勒(俄)

21 Poland • la Pologne
• Polen • ポーランド • 波兰

22 Czech Republic
• la République tchèque
• die Tschechische Republik
• チェコ • 捷克共和国

23 Austria • l'Autriche
• Österreich • オーストリア • 奥地利

24 Liechtenstein • le Liechtenstein
• Liechtenstein • リヒテンシュタイン
• 列支敦士登

25 Switzerland • la Suisse • die Schweiz
• スイス • 瑞士

26 Italy • l'Italie • Italien • イタリア
• 意大利

27 Monaco • Monaco • Monaco
• モナコ • 摩纳哥

28 Corsica • la Corse • Korsika
• コルシカ • 科西嘉岛(法)

29 Sardinia • la Sardaigne • Sardinien
• サルディニア • 撒丁岛(意)

30 San Marino • le Saint-Marin • San
Marino • サンマリノ • 圣马力诺

31 Vatican City • la Cité du Vatican
• die Vatikanstadt • バチカン • 梵蒂冈

32 Sicily • la Sicile • Sizilien • シチリア
• 西西里岛(意)

33 Malta • Malte • Malta • マルタ • 马耳他

34 Slovenia • la Slovénie
• Slowenien • スロベニア • 斯洛文尼亚

35 Croatia • la Croatie
• Kroatien • クロアチア • 克罗地亚

36 Hungary • la Hongrie • Ungarn
• ハンガリー • 匈牙利

37 Slovakia • la Slovaquie • die Slowakei
• スロバキア • 斯洛伐克

38 Ukraine • l'Ukraine • die Ukraine
• ウクライナ • 乌克兰

39 Belarus • la Bélarus • Weißrussland
• ベラルーシ • 白俄罗斯

40 Moldova • la Moldavie • Moldawien
• モルドバ • 摩尔多瓦

41 Romania • la Roumanie • Rumänien
• ルーマニア • 罗马尼亚

42 Serbia • La Serbie • Serbien
• セルビア • 塞尔维亚

43 Montenegro • le Monténégro • Montenegro
• モンテネグロ • 黑山

44 Bosnia and Herzegovina • la Bosnie-
Herzégovine • Bosnien und Herzegowina
• ボスニア・ヘルツェゴビナ
• 波斯尼亚和黑塞哥维那(波黑)

45 Albania • l'Albanie
• Albanien • アルバニア • 阿尔巴尼亚

46 Macedonia • la Macédonie
• Mazedonien • マケドニア • 马其顿

47 Bulgaria • la Bulgarie
• Bulgarien • ブルガリア • 保加利亚

48 Greece • la Grèce
• Griechenland • ギリシャ • 希腊

49 Russian Federation
• la Fédération de Russie • die Russische
Föderation • ロシア連邦 • 俄罗斯联邦

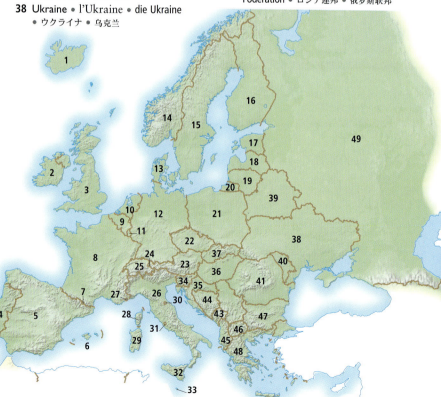

Africa • l'Afrique • Afrika • アフリカ • 非洲

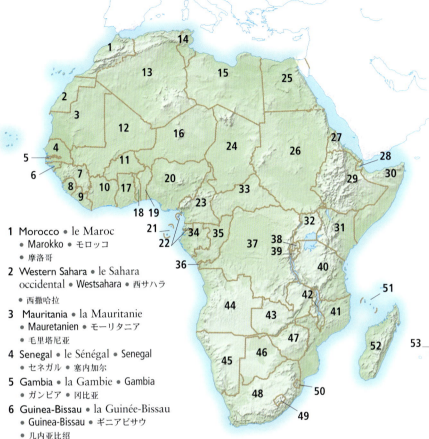

29 Ethiopia • l'Éthiopie • Äthiopien
• エチオピア • 埃塞俄比亚

30 Somalia • la Somalie • Somalia
• ソマリア • 索马里

31 Kenya • le Kenya • Kenia • ケニア
• 肯尼亚

32 Uganda • l'Ouganda • Uganda
• ウガンダ • 乌干达

33 Central African Republic
• la République
centrafricaine • die Zentralafrikanische
Republik • 中央アフリカ共和国 • 中非共和国

34 Gabon • le Gabon • Gabun • ガボン
• 加蓬

35 Congo • le Congo • Kongo • コンゴ
• 刚果

36 Cabinda • Cabinda • Kabinda
• カビンダ • 卡奔达(安哥拉)

37 Democratic Republic of the Congo • la
République démocratique du Congo
• die Demokratische Republik Kongo
• コンゴ民主共和国 • 刚果民主共和国

38 Rwanda • le Rwanda • Ruanda
• ルワンダ • 卢旺达

39 Burundi • le Burundi • Burundi
• ブルンジ • 布隆迪

40 Tanzania • la Tanzanie • Tansania
• タンザニア • 坦桑尼亚

41 Mozambique • le Mozambique
• Mosambik • モザンビーク • 莫桑比克

42 Malawi • le Malawi • Malawi • マラウイ
• 马拉维

43 Zambia • la Zambie • Sambia
• ザンビア • 赞比亚

44 Angola • l'Angola • Angola • アンゴラ
• 安哥拉

45 Namibia • la Namibie • Namibia
• ナミビア • 纳米比亚

46 Botswana • le Botswana • Botsuana
• ボツワナ • 博茨瓦纳

47 Zimbabwe • le Zimbabwe • Simbabwe
• ジンバブエ • 津巴布韦

48 South Africa • l'Afrique du Sud
• Südafrika • 南アフリカ • 南非

49 Lesotho • le Lesotho • Lesotho
• レソト • 莱索托

50 Swaziland • le Swaziland • Swasiland
• スワジランド • 斯威士兰

51 Comoros • les Comores • die Komoren
• コモロ • 科摩罗群岛

52 Madagascar • Madagascar • Madagaskar
• マダガスカル • 马达加斯加

53 Mauritius • l'île Maurice • Mauritius
• モーリシャス • 毛里求斯

1 Morocco • le Maroc
• Marokko • モロッコ
• 摩洛哥

2 Western Sahara • le Sahara
occidental • Westsahara • 西サハラ
• 西撒哈拉

3 Mauritania • la Mauritanie
• Mauretanien • モーリタニア
• 毛里塔尼亚

4 Senegal • le Sénégal • Senegal
• セネガル • 塞内加尔

5 Gambia • la Gambie • Gambia
• ガンビア • 冈比亚

6 Guinea-Bissau • la Guinée-Bissau
• Guinea-Bissau • ギニアビサウ
• 几内亚比绍

7 Guinea • la Guinée • Guinea • ギニア
• 几内亚

8 Sierra Leone • la Sierra Leone
• Sierra Leone • シエラレオネ • 塞拉利昂

9 Liberia • le Libéria • Liberia
• リベリア • 利比里亚

10 Côte d'Ivoire • la Côte d'Ivoire
• Elfenbeinküste • コートジボワール • 科特迪瓦

11 Burkina Faso • le Burkina
• Burkina Faso • ブルキナファソ • 布基纳法索

12 Mali • le Mali • Mali • マリ • 马里

13 Algeria • l'Algérie • Algerien
• アルジェリア • 阿尔及利亚

14 Tunisia • la Tunisie • Tunesien
• チュニジア • 突尼斯

15 Libya • la Libye • Libyen • リビア
• 利比亚

16 Niger • le Niger • Niger • ニジェール
• 尼日尔

17 Ghana • le Ghana • Ghana • ガーナ
• 加纳

18 Togo • le Togo • Togo • トーゴ • 多哥

19 Benin • le Bénin • Benin • ベニン
• 贝宁

20 Nigeria • le Nigéria • Nigeria
• ナイジェリア • 尼日利亚

21 São Tomé and Principe
• Sao Tomé-et-Principe
• São Tomé und Príncipe • サントメプリン
シペ • 圣多美和普林西比

22 Equatorial Guinea • la Guinée
equatoriale • Äquatorialguinea
• 赤道ギニア • 赤道几内亚

23 Cameroon • le Cameroun • Kamerun
• カメルーン • 喀麦隆

24 Chad • le Tchad • Tschad • チャド • 乍得

25 Egypt • l'Égypte • Ägypten • エジプト
• 埃及

26 Sudan • le Soudan • der Sudan • スーダ
ン • 苏丹

27 Eritrea • l'Érythrée • Eritrea • エリトリア
• 厄立特里亚

28 Djibouti • Djibouti • Dschibuti
• ジブチ • 吉布提

Asia • l'Asie • Asien • アジア • 亚洲

1 Georgia • la Géorgie • Georgien • グルジア • 格鲁吉亚

2 Armenia • l'Arménie • Armenien • アルメニア • 亚美尼亚

3 Azerbaijan • l'Azerbaïdjan • Aserbaidschan • アゼルバイジャン • 阿塞拜疆

4 Iran • l'Iran • der Iran • イラン • 伊朗

5 Iraq • l'Irak • der Irak • イラク • 伊拉克

6 Syria • la Syrie • Syrien • シリア • 叙利亚

7 Lebanon • le Liban • der Libanon • レバノン • 黎巴嫩

8 Palestine • la Palestine • Palästina • パレスチナ • 巴勒斯坦

9 Israel • Israël • Israel • イスラエル • 以色列

10 Jordan • la Jordanie • Jordanien • ヨルダン • 约旦

11 Saudi Arabia • l'Arabie Saoudite • Saudi-Arabien • サウジアラビア • 沙特阿拉伯

12 Kuwait • le Koweït • Kuwait • クウェート • 科威特

13 Qatar • le Qatar • Katar • カタール • 卡塔尔

14 United Arab Emirates • les Émirats arabes unis • Vereinigte Arabische Emirate • アラブ首長国連邦 • 阿拉伯联合酋长国

15 Oman • L'Oman • Oman • オマーン • 阿曼

16 Yemen • le Yémen • der Jemen • イエメン • 也门

17 Kazakhstan • le Kasakhastan • Kasachstan • カザフスタン • 哈萨克斯坦

18 Uzbekistan • l'Ouzbékistan • Usbekistan • ウズベキスタン • 乌兹别克斯坦

19 Turkmenistan • le Turkmenistan • Turkmenistan • トルクメニスタン • 土库曼斯坦

20 Afghanistan • l'Afghanistan • Afghanistan • アフガニスタン • 阿富汗

21 Tajikistan • le Tadjikistan • Tadschikistan • タジキスタン • 塔吉克斯坦

22 Kyrgyzstan • le Kirghizistan • Kirgisistan • キルギス • 吉尔吉斯斯坦

23 Pakistan • le Pakistan • Pakistan • パキスタン • 巴基斯坦

24 Kashmir • le Cachemire • Kashmir • カシミール • 克什米尔

25 India • l'Inde • Indien • インド • 印度

26 Maldives • les Maldives • die Malediven • モルディブ • 马尔代夫

27 Sri Lanka • Sri Lanka • Sri Lanka • スリランカ • 斯里兰卡

28 China • la Chine • China • 中国 • 中国

29 Mongolia • la Mongolie • die Mongolei • モンゴル • 蒙古

30 North Korea • la Corée du Nord • Nordkorea • 朝鮮 • 朝鲜

31 South Korea • la Corée du Sud • Südkorea • 韓国 • 韩国

32 Japan • le Japon • Japan • 日本 • 日本

33 Nepal • le Népal • Nepal • ネパール • 尼泊尔

34 Bhutan • le Bhoutan • Bhutan • ブータン • 不丹

35 Bangladesh • le Bangladesh • Bangladecsh • バングラデシュ • 孟加拉国

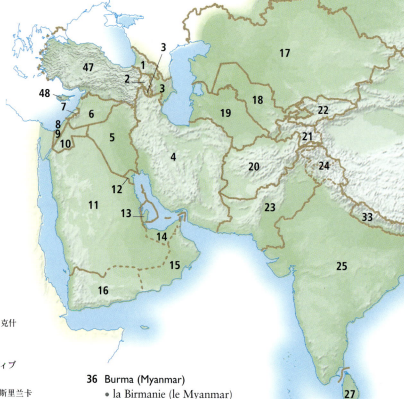

36 Burma (Myanmar) • la Birmanie (le Myanmar) • Birma (Myanmar) • ビルマ（ミャンマー） • 缅甸

37 Thailand • la Thaïlande • Thailand • タイ • 泰国

38 Laos • le Laos • Laos • ラオス • 老挝

39 Viet Nam • le Vietnam • Vietnam • ベトナム • 越南

40 Cambodia • le Cambodge • Kambodscha • カンボジア • 柬埔寨

41 Malaysia • la Malaisie • Malaysia • マレーシア • 马来西亚

Australasia (Oceania) • l'Australasie • Australien und Ozeanien • オーストラレーシア • 大洋洲

1 Australia • l'Australie
• Australien • オーストラリア
• 澳大利亚

2 Tasmania • la Tasmanie • Tasmanien
• タスマニア • 塔斯马尼亚(岛)

3 New Zealand • la Nouvelle-Zélande
• Neuseeland • ニュージーランド • 新西兰

4 Papua New Guinea • la Papouasie-Nouvelle-Guinée
• Papua-Neuguinea • パプアニューギニア • 巴布亚新几内亚

5 Solomon Islands • les îles Salomon • die Salomonen
• ソロモン諸島 • 所罗门群岛

6 Vanuatu • Vanuatu • Vanuatu • バヌアツ • 瓦努阿图

7 Fiji • Fidji • Fidschi • フィジー • 斐济

---

42 Singapore • Singapour • Singapur • シンガポール • 新加坡

43 Indonesia • l'Indonésie • Indonesien • インドネシア • 印度尼西亚

44 Brunei • le Brunei • Brunei • ブルネイ • 文莱

45 Philippines • les Philippines • die Philippinen • フィリピン
• 菲律宾

46 East Timor • le Timor oriental • Ost-Timor • 東ティモール
• 东帝汶

47 Turkey • la Turquie • die Türkei • トルコ • 土耳其

48 Cyprus • Chypre • Zypern • キプロス • 塞浦路斯

本书中地图不包括所有国家和地区。

particles and antonyms • particules et antonymes • Partikeln und Antonyme • 不変化詞と反意語 • 小品词与反义词

to
à
zu, nach
…へ
到…去

from
de
von, aus
…から
从…来

through
à travers
durch
…を通って
穿越

around
autour de
um
…を回って
在…周围

over
au-dessus de
über
…の上に
在…上方

under
sous
unter
…の下に
在…下方

on top of
sur
auf
…の上に
在…之上

beside
à côté de
neben
…のそばに
在…旁边

in front of
devant
vor
…の前に
在…前面

behind
derrière
hinter
…の後ろに
在…后面

between
entre
zwischen
…の間に
在…之间

opposite
en face de
gegenüber
…の向かい側に
在…对面

onto
sur
auf
…の上へ
在…上

into
dans
in
…の下へ
到…里

near
près de
nahe
近くに
在…附近

far
loin de
weit
遠くに
离…远

in
dans
in
…の中に
在…里

out
dehors
aus
…の外に
在…外

with
avec
mit
…と共に
连同

without
sans
ohne
…なしで
没有…

above
au-dessus de
über
…の上に
在…上面

below
au-dessous de
unter
…の下に
在…下面

before
avant
vor
…の前に
在…之前

after
après
nach
…の後に
在…之后

inside
à l'intérieur de
innerhalb
…の内部に
在…里面

outside
à l'extérieur de
außerhalb
…の外部に
在…外面

by
avant
bis
…までに
不迟于…

until
jusqu'à
bis
…まで
直到…

up
en haut
hinauf
上方へ
向上

down
en bas
hinunter
下方へ
向下

for
pour
für
…のために
为…

towards
vers
zu
…に向かって
向…方向

at
à
an, bei
…に
在

beyond
au-delà de
jenseits
…の向こうに
超出

along
le long de
entlang
…に沿って
沿着…

across
à travers
über
…を横切って
越过

large
grand
groß
大きい
大

small
petit
klein
小さい
小

hot
chaud
heiß
暑い
热

cold
froid
kalt
寒い
冷

wide
large
breit
広い
寛

narrow
étroit
schmal
狭い
窄

open
ouvert
offen
開いている
开

closed
fermé
geschlossen
閉っている
关

tall
grand
groß
背の高い
高大

short
court
kurz
背の低い
矮小

full
plein
voll
いっぱいの
満

empty
vide
leer
空の
空

high
haut
hoch
高い
高

low
bas
niedrig
低い
低

new
neuf
neu
新しい
新

old
vieux
alt
古い
旧

thick
épais
dick
厚い
厚

thin
mince
dünn
薄い
薄

light
clair
hell
明るい
明亮

dark
foncé
dunkel
暗い
黒暗

light
léger
leicht
軽い
軽

heavy
lourd
schwer
重い
重

easy
facile
leicht
やさしい
容易

difficult
difficile
schwer
難しい
困难

hard
dur
hart
固い
硬

soft
mou
weich
柔らかい
软

free
libre
frei
空いている
空闲

occupied
occupé
besetzt
ふさがっている
忙碌

wet
humide
nass
ぬれた
潮湿

dry
sec
trocken
乾いた
干燥

beginning
le début
der Anfang
初め
开始

end
la fin
das Ende
終わり
结束

good
bon
gut
良い
好

bad
mauvais
schlecht
悪い
坏

strong
fort
stark
強い
强壮

weak
faible
schwach
弱い
虚弱

fast
rapide
schnell
速い
快

slow
lent
langsam
遅い
慢

fat
gros
dick
太った
胖

thin
mince
dünn
やせた
瘦

useful phrases • phrases utiles • praktische Redewendungen • 役に立つ表現 • 常用语

essential phrases
phrases essentielles
wesentliche
Redewendungen
基本表現
基本用语

Yes
Oui
Ja
はい
是

No
Non
Nein
いいえ
不

Maybe
Peut-être
Vielleicht
たぶん
也许

Please
S'il vous plaît
Bitte
どうぞ，お願いします
请

Thank you
Merci
Danke
ありがとう
谢谢

You're welcome
De rien
Bitte sehr
どういたしまして
不用谢

Excuse me
Pardon
Entschuldigung
すみません
抱歉；打扰一下

I'm sorry
Je suis désolé
Es tut mir Leid
申し訳ありません
对不起

Don't
Ne... pas
Nicht
いけません
不要

OK
D'accord
Okay
オーケー
好

That's fine
Très bien
In Ordnung
それで結構です
很好

That's correct
C'est juste
Das ist richtig
正しいです
正确

That's wrong
C'est faux
Das ist falsch
間違っています
不对

greetings • salutations
• Begrüßungen
• あいさつ • 问候

Hello
Bonjour
Guten Tag
やあ
你好

Goodbye
Au revoir
Auf Wiedersehen
さよなら
再见

Good morning
Bonjour
Guten Morgen
おはよう
早上好

Good afternoon
Bonjour
Guten Tag
こんにちは
下午好

Good evening
Bonsoir
Guten Abend
こんばんは
晚上好

Good night
Bonne nuit
Gute Nacht
おやすみ
晚安

How are you?
Comment allez-vous?
Wie geht es Ihnen?
ご機嫌いかがですか？
你好吗？

My name is...
Je m'appelle...
Ich heiße...
私の名前は…です
我叫…

What is your name?
Vous vous appelez comment?
Wie heißen Sie?
あなたのお名前は何といいますか？
您怎么称呼？

Whis is his/her name?
Il/Elle s'appelle comment?
Wie heißt er/sie?
彼（彼女）の名前は何といいますか？
他/她叫什么名字？

May I introduce...
Je vous présente...
Darf ich... vorstellen
…を紹介します
我介绍一下…

This is...
C'est...
Das ist...
こちらは…です
这是…

Pleased to meet you
Enchanté
Angenehm
はじめまして
很高兴见到你

See you later
À tout à l'heure
Bis später
それじゃまた
待会儿见

signs • panneaux
• Schilder • 掲示
• 标志

Tourist information
Office de tourisme
Touristen-Information
観光案内所
游客问询处

Entrance
Entrée
Eingang
入口
入口

Exit
Sortie
Ausgang
出口
出口

Emergency exit
Sortie de secours
Notausgang
非常口
紧急出口

Push
Poussez
Drücken
押す
推

Danger
Danger
Lebensgefahr
危険
危险

No smoking
Défense de fumer
Rauchen verboten
禁煙
禁止吸烟

Out of order
En panne
Außer Betrieb
故障中
故障

Opening times
Heures d'ouverture
Öffnungszeiten
営業時間, 開館時間
开放时间

Free admission
Entrée gratuite
Eintritt frei
入場無料
免费入场

Knock before entering
Frappez avant d'entrer
Bitte anklopfen
入室時にはノックすること
进前敲门

Keep off the grass
Défense de marcher sur la pelouse
Betreten des Rasens verboten
芝に入るな
禁止践踏草坪

help • assistance • Hilfe • 助力 • 求助

Can you help me?
Pouvez-vous m'aider?
Können Sie mir helfen?
助けてもらえますか?
你能帮帮我吗?

I don't understand
Je ne comprends pas
Ich verstehe nicht
わかりません
我不懂

I don't know
Je ne sais pas
Ich weiß nicht
知りません
我不知道

Do you speak English, French…?
Vous parlez anglais, français…?
Sprechen Sie Englisch, Französisch…?
英語［フランス語］を話せますか?
你会说英语/法语…吗?

I speak English, Spanish…
Je parle anglais, espagnol…
Ich spreche Englisch, Spanisch…
英語［スペイン語］は話せます
我会说英语/西班牙语…

Please speak more slowly
Parlez moins vite, s'il vous plaît
Sprechen Sie bitte langsamer
もっとゆっくり話してください
请说得再慢些

Please write it down for me
Écrivez-le pour moi, s'il vous plaît
Schreiben Sie es bitte für mich auf
それを書いてください
请帮我写下来

I have lost…
J'ai perdu…
Ich habe… verloren
…をなくしてしまいました
我丢了…

directions • directions • Richtungsangaben • 方角 • 方向

I am lost
Je me suis perdu
Ich habe mich verlaufen
道に迷いました
我迷路了

Where is the…?
Où est le/la…?
Wo ist der/die/das…?
…はどこにありますか?
…在哪里?

Where is the nearest…?
Où est le/la…le/la plus proche?
Wo ist der/die/das nächste…?
一番近い…はどこにありますか?
最近的…在哪里?

Where are the toilets?
Où sont les toilettes?
Wo sind die Toiletten?
トイレはどこにありますか?
洗手间在哪儿?

How do I get to…?
Pour aller à…?
Wie komme ich nach…?
…へはどういきますか?
我怎么去…?

To the right
À droite
Nach rechts
右に
右转

To the left
À gauche
Nach links
左に
左转

Straight ahead
Tout droit
Geradeaus
まっすぐに
向前直行

How far is…?
C'est loin…?
Wie weit ist…?
…まではどのくらいありますか?
到…有多远?

accommodation • logement • Unterkunft • 宿泊 • 住宿

I have a reservation
J'ai réservé une chambre
Ich habe ein Zimmer reserviert
予約してあります
我订了房间

What time is breakfast?
Le petit déjeuner est à quelle heure?
Wann gibt es Frühstück?
朝食は何時ですか?
几点吃早餐?

Where is the dining room?
Où est la salle à manger?
Wo ist der Speisesaal?
食堂はどこにありますか?
餐厅在哪儿?

eating and drinking • nourriture et boissons • Essen und Trinken • 飲食 • 饮食

Cheers!
À la vôtre!
Zum Wohl!
乾杯！
干杯!

It's delicious/awful
C'est délicieux/terrible
Es ist köstlich/scheußlich
おいしい［まずい］です
好吃极了/难吃死了

I don't drink/smoke
Je ne bois/fume pas
Ich trinke/rauche nicht
お酒は飲みません、たばこは吸いません
我不喝酒/不抽烟

I don't eat meat
Je ne mange pas de viande
Ich esse kein Fleisch
肉は食べません
我不吃肉

No more for me, thank you
Je n'en veux plus, merci
Nichts mehr, danke
ありがとう、もう結構です
够了，谢谢

May I have some more?
Encore un peu, s'il vous plaît.
Könnte ich noch etwas mehr haben?
もう少しください。
请再来点。

May we have the bill?
L'addition, s'il vous plaît.
Wir möchten bitte zahlen.
お勘定してください。
我们要结账。

Can I have a receipt?
Je voudrais un reçu.
Ich hätte gerne eine Quittung.
領収書をください。
请开张收据。

No-smoking area
Partie non-fumeurs
Nichtraucherbereich
禁煙エリア
禁烟区

English index • index anglais • englisches Register • 英語索引 • 英语索引

english

english

duster 77
dustsheet 83
duty-free shop 213
duvet 71
DVD disk 269
DVD player 268
dyed 39
dynamo 207

E

eagle 292
ear 14
early
earring 36
Earth 280, 282
earthenware dish 69
earthing 60
earthquake 283
easel 174, 274
east 312
East Timor 319
Easter 27
easy 321
easy cook 130
eat v 64
eat-in 154
eating 75
eau de toilette 41
eaves 58
éclair 140
eclipse 280
economics 169
economy class 211
Ecuador 315
eczema 44
Edam 142
edge 246
editor 191
eel 294
egg 20
egg cup 65, 137
egg white 137
eggs 137
Egypt 317
eight 308
eight hundred 308
eighteen 308
eighteenth 309
eighth 309
eightieth 309
eighty 308
ejaculatory duct 21
El Salvador 314
elbow 13
electric blanket 71
electric drill 78
electric guitar 258
electric razor 73
electric shock 46
electric train 208
electrical goods 105, 107
electrician 188
electricity 60
electricity meter 60
elephant 291
eleven 308
eleventh 309
elm 296
email 98, 177
email account 177
email address 177
embarrassed 25
embossed paper 83
embroidery 277
embryo 52
emerald 288

emergency 46
emergency exit 210
emergency lever 209
emergency phone 195
emergency room 48
emergency services 94
emigrate v 26
emotions 25
employee 24
employer 24
empty 321
emulsion 83
enamel 50
encore 255
encyclopedia 163
end 321
end zone 220
endive 123
endline 226
endocrine 19
endocrinology 49
engaged/busy 99
engaged couple 24
engine 202, 204, 208, 210
engine room 214
engineering 169
English breakfast 157
english mustard 135
engraving 275
enlarge v 172
enlargement 271
enquiries 168
ENT 49
entrance 59
entrance fee 260
envelope 98, 173
environment 280
epidural 52
epiglottis 19
epilepsy 44
episiotomy 52
equals 165
equation 165
equator 283
equipment 233, 238
equipment 165
Equitorial Guinea 317
equity 97
Eritrea 317
erupt v 283
escalator 104
espresso 148
essay 163
essential oils 55
estate 199
estate agent 189
estate agent's 115
Estonia 316
estuary 285
Ethiopia 317
eucalyptus 296
Europe 316
evening 305
evening dress 34
evening menu 152
events 243, 247
evergreen 86
evidence 181
examination 163
excess baggage 212
exchange rate 97
excited 25
excuse me 322
executive 174
exercise bike 250
exercises 251

exfoliate v 41
exhaust pipe 203, 204
exhibit v 261
exhibition 261
exit 210
exit ramp 194
exosphere 286
expectant 52
experiment 166
expiry date 109
exposure 271
extend v 251
extension 58
extension lead 78
exterior 198
extra time 223
extraction 50
extractor 66
eye 14, 51, 244, 276
eye shadow 40
eye test 51
eyebrow 14, 51
eyebrow brush 40
eyebrow pencil 40
eyecup 269
eyelash 14, 51
eyelet 37
eyelid 51
eyeliner 40
eyepiece 167

F

fabric 277
fabric conditioner 76
face 14
face cream 73
face mask 225
face pack 41
face powder 40
face-off circle 224
facial 41
factory 299
faint v 25, 44
fair 41
fairground 262
fairway 232
falcon 292
Falkland Islands 315
fall 237
fall in love v 26
Fallopian tube 20
family 22
famous ruin 261
fan 60, 202
fan belt 203
fans 258
far 320
fare 197, 209
farm 182, 183, 184
farmer 182, 189
farmhouse 182
farmland 182
farmyard 182
fashion 277
fast 321
fast food 154
fast forward 269
fastening 37
fat 119, 321
fat free 137
father 22
father-in-law 23
fault 230
fax 98, 172
fax machine 172
feather 293

feature film 269
February 306
feed v 183
feijoa 128
female 12, 20
feminine hygene 108
femur 17
fence 85, 182, 243
fencing 249
feng shui 55
fennel 122, 133
fennel seeds 133
fenugreek 132
fern 86
ferry 215, 216
ferry terminal 216
fertilization 20
fertilize v 91
fertilizer 91
festivals 27
fever 44
fiancé 24
fiancée 24
fibre 127
fibula 17
field 182, 222, 228, 234
field v 225, 229
field hockey 224
fifteen 308
fifteenth 309
fifth 309
fiftieth 309
fifty 308
fifty five thousand five hundred 309
fifty thousand 309
fig 129
fighter plane 211
figure skating 247
Fiji 319
filament 60
file 81, 172, 177
filing cabinet 172
fill v 82
filler 83
fillet 119, 121
filleted 121
filling 50, 140, 155
film 260, 271
film chamber 270
film set 179
film spool 271
filo pastry 140
filter 270
filter coffee 148
filter paper 167
fin 210
finance 97
financial advisor 97
fingerprint 94
finial 300
finishing line 234
Finland 316
fire 95
fire alarm 95
fire brigade 95
fire engine 95
fire escape 95
fire extinguisher 95
fire fighters 95
fire station 95
firelighter 266
fireman 189
fireplace 63
firm 124
first 309

first aid 47
first aid box 47
first floor 104
first night 254
fish 107, 120, 294
fish and chips 155
fish farm 183
fish slice 68
fisherman 189
fishhook 244
fishing 244, 245
fishing boat 217
fishing permit 245
fishing port 217
fishing rod 244
fishmonger 188
fishmonger's 114, 120
fist 15, 237
fitness 250
five 308
five hundred 308
flag 221, 232
flageolet beans 131
flakes 132
flamingo 292
flan 142
flan dish 69
flare 240
flash 270
flash gun 270
flask 166
flat 59, 256
flatbread 139
flat race 243
flat wood bit 80
flavoured oil 134
flax 184
fleece 74
flesh 124, 127, 129
flex v 251
flight attendant 210
flight number 213
flint 288
flipchart 174
flip-flop 37
flipper 239, 290
float 238, 244
float ball 61
flock 183
flood 287
floor 58, 62, 71
floor exercises 235
floor plan 261
florentine 141
floret 122
florist 110, 188
floss v 50
flours 138
flower 297
flowerbed 85, 90
flowering plant 297
flowering shrub 87
flowers 110
flu 44
flute 139, 257
fly 244, 295
fly v 211
fly fishing 245
flyover 194
flysheet 266
foal 185
focus v 271
focusing knob 167
foetus 52
fog 287
foil 249

english

english

english

english

english

prison guard 181
private bathroom 100
private jet 211
private room 48
probe 50
problems 271
processed grains 130
procession 27
processor 176
producer 254
program 176
programme 254, 269
programming 178
projector 174
promenade 265
propagate v 91
propeller 211, 214
proposal 174
prosciutto 143
prosecution 180
prostate 21
protractor 165
proud 25
prove v 139
province 315
prow 215
prune 129
prune v 91
psychiatry 49
psychotherapy 55
public address system 209
puck 224
pudding rice 130
Puerto Rico 314
puff pastry 140
pull up v 251
pulp 127
pulse 47
pulses 130
pumice 288
pumice stone 73
pump 207
pumpkin 125
pumpkin seed 131
punch 237
punch bag 237
puncture 203, 207
pup 290
pupil 51, 162
puppy 290
purple 274
purse 37
pushchair 75
putt v 233
putter 233
pyjamas 33
pyramid 164

Q

Qatar 318
quadriceps 16
quail 119
quail egg 137
quart 311
quarter of an hour 304
quarterdeck 214
quartz 289
quay 216
queen 272, 273
question 163
question v 163
quilt 71
quilting 277
quince 128
quinoa 130
quiver 249

R

rabbit 118, 290
raccoon 290
race 234
racecourse 243
racehorse 243
racing bike 205, 206
racing dive 239
racing driver 249
rack 166
racquet 230
racquet games 231
racquetball 231
radar 214, 281
radiator 60, 202
radicchio 123
radio 179, 268
radio antenna 214
radio station 179
radiology 49
radish 124
radius 17, 164
rafter 186
rafting 241
rail 208
rail network 209
rain 287
rainbow 287
rainbow trout 120
raincoat 31, 32
rainforest 285
raisin 129
rake 88
rake v 90
rally 230
rally driving 249
RAM 176
Ramadan 26
ramekin 69
rap 259
rapeseed 184
rapeseed oil 135
rapids 240, 284
rash 44
rasher 119
raspberry 127
raspberry jam 134
rat 290
rattle 74
raw 124, 129
ray 294
razor blade 73
razor-shell 121
read v 162
reading light 210
reading list 168
reading room 168
reamer 80
rear light 207
rear wheel 197
rearview mirror 198
receipt 152
receive v 177
receiver 99
reception 100
receptionist 100, 190
rechargeable drill 78
record 234, 269
record player 268
record shop 115
recording studio 179
rectangle 164
rectum 21
recycling bin 61
red 145, 274

red card 223
red eye 271
red kidney beans 131
red lentils 131
red meat 118
red mullet 120
Red Sea 313
reduce v 172
reel 244
reel in v 245
refectory 168
referee 222, 226
referral 49
reflector 50, 204, 207
reflector strap 205
reflexology 54
refrigerator 67
reggae 259
region 315
register 100
registered post 98
regulator 239
re-heat v 154
reiki 55
reins 242
relationships 24
relatives 23
relaxation 55
relay race 235
release v 245
remote control 269
Renaissance 301
renew v 168
rent 58
rent v 58
repair kit 207
report 174
reporter 179
reproduction 20
reproductive 19
reproductive organs 20
reptiles 293
research 169
reserve v 168
respiratory 19
rest 256
restaurant 101, 152
result 49
resurfacing 187
resuscitation 47
retina 51
retire v 26
return 231
return address 98
return date 168
rev counter 201
reverse v 195
reverse charge call 99
rewind 269
rhinoceros 291
rhombus 164
rhubarb 127
rhythmic gymnastics 235
rib 17, 119
rib cage 17
ribbon 27
ribbon 39, 111, 141, 235
ribs 155
rice 130, 158, 184
rice pudding 140
rider 242
riding boot 242
riding crop 242
riding hat 242
rigging 215, 240
right 260

right field 229
right-hand drive 201
rim 206
rind 119, 127, 136, 142
ring 36
ring finger 15
ring ties 89
rings 235
rinse v 38, 76
ripe 129
rise v 139
river 284
road bike 206
road markings 194
road signs 195
roads 194
roadworks 187, 195
roast 158
roast v 67
roasted 129
roasting tin 69
robe 38, 169
rock climbing 248
rock concert 258
rock garden 84
rocket 123
rocks 284, 288
Rocky Mountains 312
rococo 301
rodeo 243
roll 139, 311
roll v 67
roller 83, 187
roller blind 63
roller coaster 262
roller skating 249
rollerblading 263
rollerskate 249
rolling pin 69
romance 255
Romania 316
romper suit 30
roof 58, 203
roof garden 84
roof tile 187
roofrack 198
rook 272
room 58
room key 100
room number 100
room service 101
rooms 100
root 50, 124, 296
roots 39
rope 248
rose 89, 110, 145
rosé 145
rosemary 133
rotor blade 211
rotten 127
rough 232
round 237
round neck 33
roundabout 195
route number 196
router 78
row 210, 254
row v 241
rower 241
rowing boat 214
rowing machine 250
rubber 163
rubber band 173
rubber boots 89
rubber ring 265
rubber stamp 173

rubbish bin 61, 67
ruby 288
ruck 221
rudder 210, 241
rug 63
rugby 221
rugby pitch 221
rugby strip 221
ruler 163, 165
rum 145
rum and coke 151
rump steak 119
run 228
run v 228
runner bean 122
runway 212
rush 86
rush hour 209
Russian Federation 316
Rwanda 317
rye bread 138

S

sad 25
saddle 206, 242
safari park 262
safe 228
safety 75, 240
safety barrier 246
safety goggles 81, 167
safety pin 47
saffron 132
sage 133
Sahara Desert 313
sail 241
sailboat 215
sailing 240
sailor 189
salad 149
salamander 294
salami 142
salary 175
sales assistant 104
sales department 175
salmon 120
saloon 199
salt 64, 152
salted 121, 129, 137, 143
San Marino 316
sand 85, 264
sand v 82
sandal 37
sandals 31
sandcastle 265
sander 78
sandpaper 81, 83
sandpit 263
sandstone 288
sandwich 155
sandwich counter 143
sanitary towel 108
São Tomé and Príncipe 317
sapphire 288
sardine 120
Sardinia 316
satellite 281
satellite dish 269
satellite navigation 201
satsuma 126
Saturday 306
Saturn 280
sauce 134, 143, 155
saucepan 69
Saudi Arabia 318
sauna 250
sausage 155, 157

english

english

337

French index • index français • französisches Register • フランス語索引 • 法语索引

français

français

français

français

français

français

français

français

français

français

français

German index • index allemand • deutsches Register • ドイツ語索引 • 德语索引

deutsch

deutsch

deutsch

deutsch

deutsch

deutsch

deutsch

deutsch

deutsch

deutsch

Theaterstück n 254
Theke f 142, 150
Therapeutin f 55
Thermometer m 45, 167
Thermosflasche f 267
Thermosphäre f 286
Thermostat m 61
Thermounterwäsche f 35
Thermowäsche f 267
Thriller m 255
Thymian m 133
Tiefe f 165
tiefe Ende n 239
tiefgefroren 121, 124
Tiegel m 166
Tierärztin f 189
Tiere n 292, 294
Tierfutter n 107
Tierhandlung f 115
Tiger m 291
Tintenfisch m 121, 295
Tisch m 64, 148, 167
Tischdecke f 64
Tischtennis n 231
Tischtennisschläger m 231
Titel m 168
Toast m 157
Toaster m 66
Tochter f 22
Toffee n 113
Togo 317
Toilette f 72
Toiletten f 104, 266
Toilettenartikel m 41, 107
Toilettenbürste f 72
Toilettensitz m 61, 72
Tomate f 125, 157
Tomatenketchup m 154
Tomatensaft m 144, 149
Ton m 275
Tonabnehmer m 258
Tonhöhe f 256
Tonicwater n 144
Tonleiter f 256
Tonmeister m 179
Tonne f 310
Tonspur f 255
Tonstudio n 179
Topas m 288
Töpfchen n 74
Töpferei f 275
Topfhandschuh m 69
Topfpflanze f 87, 110
Topinambur m 125
Tor n 85, 182, 221, 223, 224, 247
Torlinie f 220, 223, 224
Tornado m 287
Tornetz n 222
Torpfosten m 220, 222
Torraum m 221, 223
Törtchenform f 69
Torwächter m 225
Torwart m 222, 224
Touchdown m 220
Tourenfahrrad n 206
Tourer m 205
Tourist m 260
Touristenattraktion f 260
Touristenbus m 197
Touristeninformation f 261
Trab m 243
Trabrennen n 243
Tragbahre f 94
Tragbettchen n 75
Träger m 35, 186
trägerlos 34

Tragfläche f 210
Tragflügelboot n 215
trainieren 251
Trainingsanzug m 31, 32
Trainingshose f 33
Trainingsrad n 250
Trainingsschuhe m 251
Traktor m 182
Tranchiergabel f 68
Träne f 51
Transfer m 223
Transformator m 60
Transmission f 202
Trapez n 164
Traubenkernöl n 134
Traubensaft m 144
traurig 25
Trekking n 243
Treppe f 59
Treppenabsatz m 59
Treppengeländer n 59
Treppengitter n 75
treten 207
Trethebel m 61
Tretmaschine f 250
Triangel m 257
Trichter m 166
Triebwerk n 210
Trifle n 141
Trimester n 52
Trinidad und Tobago 314
Trittleiter f 82
Trizeps m 16
trocken 39, 41, 130, 145, 286, 321
Trockenblumen f 111
Trockendock n 217
trocknen 76
Trockner m 76
Trog m 183
Trommel f 258
Trompete f 257
Tropen f 283
Tropfen m 109
Tropfer m 109, 167
Tropfinfusion f 53
Troposphäre f 286
Trüffel m 113, 125
Truthahn m 185, 293
Tschad 317
Tschechische Republik 316
T-Shirt n 30, 33
Tuba f 257
Tube f 311
Tülle f 80
Tulpe f 111
Tunesien 317
Tunfisch m 120
Tür f 196, 209
Turbolader m 203
Türgriff m 200
Türkei f 319
Türkette f 59
Türkis m 289
Türklingel f 59
Türklopfer m 59
Turkmenistan 318
Türknauf m 59
Turm m 272, 300
Turmalin m 288
Turmspitze f 300
Turmsprung m 239
Turnen n 235
Turnerin f 235
Turnierplatz m 243
Türriegel m 59

Türverriegelung f 200
Tüte f 311
Typen m 205

U

U-Bahn m 209
U-Bahnplan m 209
Übelkeit f 44
Über 320
Überbelichtet 271
Überdach n 266
Überführung f 194
Übergepäck n 212
Überholen 195
Überholspur f 194
Überlauf m 61
übermorgen 307
Übernachtung mit Frühstück f 101
Überpar 233
Überrascht 25
Überschallflugzeug n 211
Überschwemmung f 287
Überweisung f 49
U-Boot n 215
Übungen f 251
Übungsschwung m 233
Ufer n 284
Uganda 317
Uhr f 36, 62
Ukraine f 316
Ulme f 296
Ultraleichtflugzeug n 211
Ultraschall m 52
Ultraschallaufnahme f 52
Ultraviolettstrahlen m 286
um 320
Umfang m 164
Umhängetasche f 37
Umlaufbahn f 280
Umleitung f 195
umpflanzen 91
Umschlag m 98
umsteigen 209
Umwelt f 280
Umzug m 27
Unentschieden n 223
Unfall m 46
Ungarn 316
ungesalzen 137
ungültige Schlag m 228
Uniform f 94, 189
Universität f 299
Universum n 280
Unkraut n 86
Unkrautvernichter m 91
unpasteurisiert 137
unscharf 271
unschuldig 181
unsichere Fangen des Balls n 220
unter 320
Unterarm m 12
unterbelichtet 271
unterbrochen 99
untere Kuchenteil m 141
Unterführung f 194
Untergrund m 91
Unterhemd n 33, 35
Unterpar 233
Unterrock m 35
Unterschrift f 96, 98
Untersetzer m 150
Untersuchung f 45, 49
Unterwäsche f 32, 35
Unze f 310

Uranus m 280
Urlaub m 212
Urlaubsprospekt m 212
Urologie f 49
Urteil n 181
Uruguay 315
Usbekistan 318

V

Vanille f 132
Vanillepudding m 140
Vanuatu 319
Vase f 63
Vater m 22
Vatikanstadt f 316
V-Ausschnitt m 33
vegetarische Hamburger m 155
Vene f 19
Venezuela 315
Ventil n 207
Ventilator m 60, 202
Venus f 280
Venusmuschel f 121
Verankerung f 217
Veranstaltungen f 243
verarbeiteten Getreidearten f 130
verärgert 25
Verband m 47
verbinden 177
verbleit 199
Verbrechen n 94
Verdächtige m 94, 181
Verdauungssystem n 19
Verdeck n 75
Verdünnungsmittel n 83
Vereinigte Arabische Emirate 318
Vereinigte Königreich n 316
Vereinigten Staaten von Amerika 314
Verfallsdatum n 109
Verfügung f 180
Vergiftung f 46
Vergnügungspark m 262
vergrößern f 172
Vergrößerung f 271
Verkäufer m 104
Verkäuferin f 188
Verkaufsabteilung f 175
Verkehr m 194
Verkehrsampel f 194
Verkehrsflugzeug n 210, 212
Verkehrsinsel f 194
Verkehrspolizist m 195
Verkehrsschilder n 195
Verkehrsstau m 195
verkleinern f 172
Verletzung f 46
verlieren 273
Verlierer m 273
Verlobte m 24
Verlobte f 24
Verlobten m, f 24
vermehren 91
Vermieter m 58
Vermittlung f 99
Verordnung f 109
verputzen 82
verrühren 67, 138

Verschluss 36
Versicherung f 203
Versiegelungsmittel n 83
Versorgungsfahrzeug n 212
Verspätung f 209
Verstärker m 268
Verstauchung f 46
verstellbare Schraubenschlüssel m 80
Versuch m 166, 221
Verteidiger m 223
Verteidigung f 181, 220
Verteidigungszone f 224
Verteiler m 203
Verwandten m 23
verwirrt 25
Vibraphon n 257
Videokassette f 269
Videorekorder m 269
Videospiel n 269
Vieh n 183, 185
vier 308
vierhundert 308
vierter 309
viertürig 200
vierzehn 308
vierzehn Tage 307
vierzehnter 309
vierzig 308
vierzig Minuten 304
vierzigster 309
Vietnam 318
Violinschlüssel m 256
Virus m 44
Visier n 205
Visum n 213
Vitamintabletten f 108
Vögel n 292
Vögelbeobachten n 263
Vogelscheuche f 184
Volant m 71
voll 266, 321
Voll tanken, bitte 199
Volley n 231
Volleyball n 227
Vollkorn- 131
Vollkornbrot n 139
Vollkornmehl n 138
Vollmilch f 136
Vollmond m 280
Vollpension f 101
Volumen n 165, 311
vom Abschlag spielen 233
von Bord gehen 217
von, aus 320
vor 320
vorbestellen 168
Vordach n 58
vordere Backenzahn m 50
Vorderrad n 196
Vorderzwiesel m 242
Vorfeld n 212
vorgeburtlich 52
vorgestern 307
Vorhand f 231
Vorhang m 63, 254
Vorhaut f 21
vorher aufgezeichnet 178
Vorkriegsmodell n 199
Vorladung f 180
Vorlauf m 269
Vorort m 299
Vorschlaghammer m 187
Vorspeise f 153
Vorteil m 230
vorzeitig 52

deutsch

Japanese index • index japonais • Japanische Register • 日本語索引 • 日语索引

日本語

日本語

日本語

日本語

日本語

日本語

日本語

日本語

日本語

日本語

Chinese index • index chinois • chinesisches Register • 中国語索引 • 汉语索引（按音序排列）

打印 172
打印机 172, 176
大 321
大比目鱼片 120
大肠 18
大出血 46
大锤 187
大豆 131
大对虾 121
大号 257
大黄 127
大回转 247
大趾 15
大教堂 300
大理石 288
大料 133
大梁 186
大陆 282, 315
大陆板块 283
大麦 130, 184
大门 182
大气层 282, 286
大蒜 125, 132
大提琴 256
大厅 100
大头针 276
大腿 12, 119
大西洋 312
大猩猩 291
大型高级轿车 199
大学 299
大学生 169
大洋 282
大洋洲 319
带柄水壶 65
带球 222
带纸夹的笔记板 173
贷款 96
待产的 52
袋 311
袋鼠 291
逮捕 94
逮捕令 180
丹麦 316
单板滑雪 247
单打 231
单份 150
单杠 235
单轨列车 208
单簧管 257
单人病房 48
单镜头反光照相机 270
单片三明治 155
单人床 71
单人间 100
单人牢房 94, 181
单行 194
单行道 298
担架 94
淡水垂钓 245
淡香水 41
蛋 137
蛋白 137
蛋白石 288
蛋白甜饼 140
蛋杯 65, 137
蛋糕 140
蛋糕裱花袋 69
蛋糕烤模 69
蛋糕制作 69
蛋黄 137, 157
蛋黄酱 135
蛋壳 137
蛋奶糕 140
蛋奶酥 158
挡 237

挡风玻璃清洗剂容器 202
挡火板 63
挡泥板 205
刀叉餐具 64
刀片 66
导弹 211
导管 53
导线器 276
导演 254
导游 260
岛屿 282
捣成糊状 159
捣泥器 68
倒车 195
倒带 269
倒钩 244
道路 194
道路交叉处的环行路 195
道路施工 187, 195
稻草人 184
得分 228, 273
得分区 221
德国 316
灯 62
灯具 105
灯笼裤 128
灯泡 60
灯泡接口 60
灯丝 60
灯塔 217
灯心草 86
登机门号 213
登机牌 213
登机通道 212
登记簿 100
登录 177
登月舱 281
蹬踏 207
蹬腿 251
等式 165
等于 165
低 321
低变应原的 41
低音单簧管 257
低音吉他 258
低音吉他手 258
低音谱号 256
低音提琴 256
低于标准杆数 233
滴管 109, 167
滴剂 109
滴镀 164
底 164
底层 141
底盘 203
底片 271
底漆 83
底土 91
底线 226, 230
抵达 213
抵押贷款 96
地板 62, 70
地被植物 87
地带 283
地钉 266
地窖 183
地理 162
地漏 72
地幔 282
地貌 284
地壳 71
地球 280, 282
地区 315
地毯 63, 71
地铁 208
地铁线路图 209
地图 195, 261

地下室 58
地域 315
地震 283
地址 98
地中海 313
递送 98
第八 309
第八十 309
第二 309
第二十 309
第二十二 309
第二十三 309
第二十一 309
第九 309
第九十 309
第六 309
第六十 309
第七 309
第七十 309
第三 309
第三十 309
第十 309
第十八 309
第十二 309
第十九 309
第十六 309
第十七 309
第十三 309
第十四 309
第十五 309
第十一 309
第四 309
第四十 309
第五 309
第五十 309
第一 309
癫痫 44
点 273
点菜 153
点火 200, 266
点火定时 203
电 60
电报 98
电表 60
电唱机 268
电池 167, 202, 260
电池盒 71
电动机车 208
电动剃须刀 73
电话 99, 172
电话号码查询台 99
电话亭 99
电击 46
电吉他 258
电缆 79
电力 60
电暖器 60
电气石 288
电热毯 71
电视连续剧 178
电视演播室 178
电水壶 66
电梯 59, 100, 104
电线 60
电压 60
电影布景 179
电影放映厅 255
电影院 255, 299
电源箱延长线 78
电子产品 105
电子琴 258
电子邮件 177
电子邮件地址 177

电子邮件账户 177
电钻 78
店内用餐 154
垫肩 35
垫球 227
垫圈 61, 80
垫子 54, 235
靛青色 274
雕刻 79, 275
雕塑家 191
鲷鱼 120
吊床 266
吊高球 231
吊钩 187
吊袜带 235
吊篮 84, 95
吊肉钩 118
吊袜带 35
钓具 245
钓具箱 244
钓鱼 244
钓鱼许可证 245
钓鱼者 244
调查 94
蝶泳 239
丁香 133
丁字镐 187
盯人 227
钉 79, 90
钉子 80
钉子头 80
顶层 141
顶点 164
顶球 222
顶针 276
订机票 212
订书钉 173
订书机 173
定型 38
定型水 38
定音鼓 257
东 312
东帝汶 319
冬季两项 247
冬季运动 247
冬南瓜 125
冬青树 296
冬天 31, 307
动画片 178, 255
动力滑翔机 211
动脉 19
动物 290, 292, 294
动物学 169
动物园 262
动作 227, 229, 233, 237
冻酸奶 137
豆瓣菜 123
豆荚 122
豆类 131
豆芽 122
读 162
独栋住宅 58
独立式 58
独轮手推车 88
独木舟 214, 241
赌场 273
赌注 273
杜松子酒 145
肚带 242
肚脐 12
度量 165
度量衡 310
渡船 216
渡船码头 216
渡轮 215
端口 176

短 32
短波 179
短笛 257
短发 39
短裤 30, 33
短拍壁球 231
短跑选手 234
短途小车 232
短吻鳄 293
短信 99
断线 99
缎带 27, 111, 141
椴树 296
锻炼 251
堆肥 88
对不起 322
对方付费电话 99
对讲器 59
对角线 164
对流层 286
对流式电暖器 60
对手 236
兑现 97
吨 310
蹲起 251
炖菜 158
炖锅 69
多风 286
多哥 317
多米尼加共和国 314
多米尼克 314
多米诺骨牌 273
多年生（植物） 86
多香果 132
多云 286
多汁 127
多种维生素制剂 109
舵 241
舵柄 240

E

俄罗斯联邦 316
鹅 119, 293
鹅蛋 137
蛾 295
额肌 16
恶心 44
厄瓜多尔 315
厄立特里亚 317
饿 64
鳄梨 128
鳄鱼 293
鳄鱼夹 167
摁扣 30
儿科 49
儿童安全锁 75
儿童病房 48
儿童防雪装 30
儿童睡衣 31
儿童套餐 153
儿童戏水池 263
儿童用品部 104
儿童座椅 198, 207
儿童座位 207
儿媳 22
儿子 22
耳鼻喉科 49
耳朵 14
耳环 36
耳机 268
饵 244
二 308
二百 308
二层 104
二〇〇〇年 307
二〇〇一年 307

汉语

汉语

脸颊 14
练习挥杆 233
炼乳 136
恋爱 26
链环 36
链扣 36
链盘 206
凉鞋 31, 37
梁 186
两点钟 304
两栖动物 294
两万 309
两厢车 199
两周 307
晾干 76
晾衣绳 76
量杯 150
量匙 109
量壶 69, 311
量角器 165
量油计 202
列车 208
列车时刻表 209
列车种类 208
列支敦士登 316
蠡蜥 293
邻居 24
林阴道 299
淋巴系统 19
淋浴 72
淋浴隔帘 72
淋浴隔门 72
淋浴喷头 72
鳞 293
鳞片 121
灵气疗法 55
铃 197
铃鼓 257
菱形 164
零 308
零分 230
零食 113
零线 60
领带 32
领带夹 36
领钩 276
领钩环 276
领奖台 235
领结 36
领口 34
领取行李处 213
领土 315
溜冰 247
浏览 177
浏览器 177
流产 52
流感 44
流苏花边 277
流星 280
流行音乐 259
流行音乐节目主持人 179
留言 100
硫磺 289
柳树 296
六 308
六百 308
六边形 164
六十 308
六月 306
六座厢式车 199
龙骨 214
龙蒿 133
龙卷风 287
龙舌兰酒 145
龙虾 121, 295
笼头 243

楼层 58
楼梯 59
楼梯栏杆 59
楼梯门栏 75
楼梯平台 59
楼座 254
漏斗 166
漏接 220
漏勺 68
镂花锯 78
镂花皮鞋 37
颅骨 17
露背装 35
卢森堡 316
卢旺达 317
炉盘 67
炉体 61
卤制 143
陆地 282
录播 178
录像带 269
录像机 269
录音吊杆 179
录音师 179
录音室 179
录制 175
鹿 291
鹿角 291
路边咖啡座 148
路标 298
路灯 298
路面标志 194
路沿 298
露天咖啡座 148
露营 266
露营地 266
驴 185
旅馆 100, 264
旅馆房间内的小冰箱 101
旅客 208
旅行车 206
旅行代理 190
旅行袋 37
旅行路线 260
旅行摩托 205
旅行社 114
旅行拖车 266
旅行支票 97
旅行指南 260
旅游问询处 261
铝 289
律师 180, 190
律师事务所 180
绿宝石 288
绿萝带 85
绿茶 149
绿豆 131
绿橄榄 143
绿色 79
绿色食品店 115
绿松石 289
滤锅 68
滤镜 270
滤网 68
滤纸 167
卵巢 20
卵泡 20
卵子 20
轮毂 206
轮毂盖 202
轮机舱 214
轮圈 206
轮胎 198, 205, 206
轮胎充气机 199
轮胎撬杆 207
轮椅 48

轮椅通道 197
轮轴 205
轮轴皮带 203
论文 169
罗甘莓 127
罗勒 133
罗马尼亚 316
萝卜 124
锣 257
螺母 80
螺丝刀 80
螺丝刀头 80
螺丝钉 80
螺旋桨 211, 214
洛可可式 301
骆驼 291
落基山脉 312
落球区 225
落叶(植物) 86
落叶松 296

M

MD录放机 268
MP3播放机 268
抹布 77
麻花辫 39
麻雀 292
麻疹 44
麻醉师 48
马 185, 242, 272
马鞍 242
马鞭 242
马槟榔 143
马达 88
马达加斯加 317
马镫 242
马尔代夫 318
马尔维纳斯群岛 315
马耳他 316
马夫 243
马厩 185, 243
马甲 33
马嚼子 242
马驹 185
马克杯 65
马裤 242
马拉松 234
马拉维 317
马来西亚 319
马勒 242
马里 317
马铃薯 124
马其顿 316
马球 243
马上运动 242
马提尼酒 151
马蹄 242
马蹄铁 242
马桶刷 72
马桶座 61, 72
马尾辫 39
马靴 242
玛瑙 289
码 310
码头 216
蚂蚁 295
麦麸 130
麦克风 258
麦片粥 157
麦芽醋 135
麦芽饮料 144
脉搏 47
鳗鱼 294
满 266, 321
满天星 110
满月 280
慢 321

慢步 243
慢跑 243, 251, 263
蔓越橘 127
芒果 128
忙碌 321
猫 290
猫头鹰 292
毛虫 295
毛地黄 297
毛巾 73
毛巾架 72
毛孔 15
毛莨 297
毛里求斯 317
毛里塔尼亚 317
毛线 277
锚 214, 240
冒险片 255
帽子 36
没有… 320
玫瑰 110
玫瑰红(葡萄酒) 145
眉笔 40
眉夹 40
眉毛 14, 51
眉刷 40
梅干 129
梅花 273
媒体 178
煤 288
每年 307
每月 307
每周 307
美发师 38, 188
美发厅 115
美发用品 38
美黑霜 41
美冠鹦鹉 293
美利坚合众国 314
美容 40
美容护理 41
美式橄榄球 220
美式橄榄球球场 220
美式台球 249
美术学院 169
美洲山核桃 129
镁 109
门 85, 209
门垫 59
门环 59
门廊 58
门廊灯 58
门链 59
门铃 59
门闩 59
门锁 200
门厅 59
门牙 50
门诊病人 48
门柱 220, 222
蒙古 318
蒙切格勒干酪 142
孟加拉国 318
迷迭香 133
猕猴桃 128
米 130, 310
米饭 158
米饭布丁 140
泌尿科 49
泌尿系统 19
密封剂 83
密封瓶 135
密集草球 221
密码 96
密生西葫芦 125
蜜蜂 295

蜜饯 129
蜜饯布丁 141
蜜脾 134
蜜月 26
绵羊 185
绵羊奶 137
棉被 71
棉布 277
棉豆 131
棉花 184, 277
棉花软糖 113
棉球 41
免税商店 213
缅甸 318
面 164
面包 157
面包刀 68
面包店 114, 138
面包果 124
面包和面粉 138
面包块 139
面包皮 139
面包师 139
面包屑 139
面部 14
面部护理 41
面粉刷 69
面积 165, 310
面具 249
面膜 41
面霜 73
面条 158
面团 140
秒 304
秒表 234
秒针 304
灭火器 95
民间音乐 259
民族 315
敏感性的 41
名胜 261
明亮 321
明天 306
明信片 112
冥王星 280
冥想 54
模特 169
模型 190
模型制作 275
摩尔多瓦 316
摩洛哥 317
摩纳哥 316
摩天大楼 299, 300
摩托车 204
摩托车赛 249
摩托车越野赛 249
磨刀器 118
磨刀石 81
磨碎的 132
蘑菇 125
抹 82
抹刀 187
莫桑比克 317
莫泽雷勒干酪 142
墨西哥 314
母牛 185
母亲 22
牡丹 111
牡蛎 121
拇指 15
拇趾球 15
木材 187
木材胶 78
木材染色剂 79
木槌 275
木杆 233

汉语

汉语

汉语

acknowledgments • remerciements • Dank • 謝辞 • 鸣谢

DORLING KINDERSLEY would like to thank Tracey Miles and Christine Lacey for design assistance, Georgina Garner for editorial and administrative help, Sonia Gavira, Polly Boyd, and Cathy Meeus for editorial help, and Claire Bowers for compiling the DK picture credits.

The publisher would like to thank the following for their kind permission to reproduce their photographs:
Abbreviations key:
t = top, b = bottom, r = right, l = left, c = centre

Abode: 62; **Action Plus:** 224bc; **alamy.com:** 154t; A.T. Willett 287bcl; Michael Foyle 184bl; Stock Connection 287bcr; **Allsport/Getty Images:** 238cl; **Alvey and Towers:** 209 acr, 215bcl, 215bcr, 241cl; **Peter Anderson:** 188cbr, 271br. **Anthony Blake Photo Library:** Charlie Stebbings 114cl; John Sims 114tcl; **Andyalte:** 98tl; **apple mac computers:** 268tcr; **Arcaid:** John Edward Linden 301bl; Martine Hamilton Knight, Architects: Chapman Taylor Partners, 213cl; Richard Bryant 301br; **Argos:** 41tcl, 66cbl, 66cl, 66br, 66bcl, 69cl, 70bcl, 71t, 77tl, 269tc, 270tl; **Axiom:** Eitan Simanor 105bcr; Ian Cumming 104; Vicki Couchman 148cr; **Beken Of Cowes Ltd:** 215cbc; **Bosch:** 76tcr, 76tc, 76tcl; **Camera Press:** 27c, 38tr, 256t, 257cr; Barry J. Holmes 148tr; Jane Hanger 159cr; Mary Germanou 259bc; **Corbis:** 78b; Anna Clopet 247tr; Bettmann 181tl, 181tr; Bo Zauders 156t; Bob Rowan 152bl; Bob Winsett 247cbl; Brian Bailey 247br; Carl and Ann Purcell 162l; Chris Rainer 247ctl; ChromoSohm Inc. 179tr; Craig Aurness 215bl; David H.Wells 249cbr; Dennis Marsico 274bl; Dimitri Lundt 236bc; Duomo 211tl; Gail Mooney 277ctcr; George Lepp 248c; Gunter Marx 248cr; Jack Fields 210b; Jack Hollingsworth 231bl; Jacqui Hurst 277cbr; James L. Amos 247bl, 191ctr; 220bcr; Jan Butchofsky 277cbc; Johnathan Blair 243cr; Jon Feingersh 153tr; Jose F. Poblete 191br; Jose Luis Pelaez.Inc 153tc, 175tl; Karl Weatherly 220bl, 247tcr; Kelly Mooney Photography 259tl; Kevin Fleming 249bc; Kevin R. Morris 105tr, 243tl, 243tc; Kim Sayer 249tcr; Lynn Goldsmith 258t; Macduff Everton 231bcl; Mark Gibson 249bl; Mark L. Stephenson 249tcl; Michael Pole 115tr; Michael S.Yamashita 247ctcl; Mike King 247cbl; Neil Rabinowitz 214br; Owen Franken 112tr; Pablo Corral 115bc; Paul A. Sounders 169br; 249ctcl; Paul J. Sutton 224c, 224br; Peter Turnley 105tcr; Phil Schermeister 227b, 248tr; R. W Jones 309; R.W. Jones 175tr; Richard

Hutchings 168b; Rick Doyle 241ctr; Robert Holmes 97br, 277ctc; Roger Ressmeyer 169tr; Russ Schleipman 229; Steve Raymer 168cr; The Purcell Team 211ctr; Tim Wright 178; Vince Streano 194t; Wally McNamee 220br, 220bcl, 224bl; Yann Arhus-Bertrand 249tl; **Dixons:** 270cl, 270cr, 270bl, 270bcl, 270bcr, 270ccr; **Education Photos:** John Walmsley 26tl; **Empics Ltd:** Adam Day 236br; Andy Heading 243c; Steve White 249cbc; **Getty Images:** 48bcl, 100t, 114bcr, 154bl, 287tr; 94tr; **Dennis Gilbert:** 106tc; **Hulsta:** 70t; **Ideal Standard Ltd:** 72r; **The Image Bank/Getty Images:** 58; **Impact Photos:** Eliza Armstrong 115cr; John Arthur 190tl; Philip Achache 246t; **The Interior Archive:** Henry Wilson, Alfie's Market 114bl; Luke White, Architect: David Mikhail, 59tl; Simon Upton, Architect: Phillippe Starck, St Martins Lane Hotel 100bcr, 100br; **Jason Hawkes Aerial Photography:** 216t; **Dan Johnson:** 26cbl, 35r; **Kos Pictures Source:** 215cbl, 240tc, 240tr; David Williams 216b; **Lebrecht Collection:** Kate Mount 169bc; **MP Visual.com:** Mark Swallow 202t; **NASA:** 280cr, 280ccl, 281tl; **P&O Princess Cruises:** 214bl; **P A Photos:** 181br; **The Photographers' Library:** 186bl, 186bc, 186t; **Plain and Simple Kitchens:** 66t; **Powerstock Photolibrary:** 169tl, 256t, 287tc; **Rail Images:** 208c, 208 cbl, 209br; **Red Consultancy:** Odeon cinemas 257br; **Redferns:** 259br; Nigel Crane 259c; **Rex Features:** 106br, 259tc, 259tr, 259bl, 280b; Charles Ommaney 114tcr; J.F.F Whitehead 243cl; Patrick Barth 101tl; Patrick Frilet 189cbl; Scott Wiseman 287bl; **Royalty Free Images:** Getty Images/Eyewire 154bl; **Science & Society Picture Library:** Science Museum 202b; **Skyscan:** 168t, 182c, 298; Quick UK Ltd 212; **Sony:** 268bc; **Robert Streeter:** 154br; **Neil Sutherland:** 82tr, 83tl, 90t, 118, 188ctr, 196tl, 196tr, 299cl, 299bl; **The Travel Library:** Stuart Black 264t; **Travelex:** 97cl; **Vauxhall:** Technik 198t, 199tl, 199tr, 199cl, 199cr, 199ctcl, 199ctcr, 199tcl, 199tcr, 200; **View Pictures:** Dennis Gilbert, Architects: ACDP Consulting, 106t; Dennis Gilbert, Chris Wilkinson Architects, 209tr; Peter Cook, Architects: Nicholas Crimshaw and partners, 208t; **Betty Walton:** 185br; **Colin Walton:** 2, 4, 7, 9, 10, 28, 42, 56, 92, 95c, 99tl, 99tcl, 102, 116, 120t, 138t, 146, 150t, 160, 170, 191ctcl, 192, 218, 252, 260br, 260l, 261tr, 261c, 261cr, 271cbl, 271cbr, 271ctl, 278, 287br, 302, 401.

DK PICTURE LIBRAR

Akhil Bahkshi; Patrick Baldwin; Geoff Brightling; British Museum; John Bulmer; Andrew Butler; Joe Cornish; Brian Cosgrove; Andy Crawford and Kit Hougton; Philip Dowell; Alistair Duncan; Gables; Bob Gathany; Norman Hollands; Kew Gardens; Peter James Kindersley; Vladimir Kozlik; Sam Lloyd; London Northern Bus Company Ltd; Lucky Luke Licensing; Tracy Morgan; David Murray and Jules Selmes; Musée Vivant du Cheval, France; Museum of Broadcast Communications; Museum of Natural History; NASA; National History Museum; Norfolk Rural Life Museum; Stephen Oliver; RNLI; Royal Ballet School; Guy Ryecart; Science Museum; Neil Setchfield; Ross Simms and the Winchcombe Folk Police Museum; Singapore Symphony Orchestra; Smart Museum of Art; Tony Souter; Erik Svensson and Jeppe Wikstrom; Sam Tree of Keygrove Marketing Ltd; Barrie Watts; Alan Williams; Jerry Young.

Additional Photography by Colin Walton.

Colin Walton would like to thank:
A&A News, Uckfield; Abbey Music, Tunbridge Wells; Arena Mens Clothing, Tunbridge Wells; Burrells of Tunbridge Wells; Gary at Di Marco's; Jeremy's Home Store, Tunbridge Wells; Noakes of Tunbridge Wells; Ottakar's, Tunbridge Wells; Selby's of Uckfield; Sevenoaks Sound and Vision; Westfield, Royal Victoria Place, Tunbridge Wells.

Front jacket image © Volkswagen

All other images are Dorling Kindersley copyright. For further information see www.dkimages.com